Minderheiten in und Übersiedler aus der DDR

SCHRIFTENREIHE
DER GESELLSCHAFT FÜR DEUTSCHLANDFORSCHUNG
BAND 34

Minderheiten in und Übersiedler aus der DDR

Herausgegeben von

Dieter Voigt und Lothar Mertens

Duncker & Humblot · Berlin

Die Deutsche Bibliothek – CIP-Einheitsaufnahme

Minderheiten in und Übersiedler aus der DDR / hrsg. von
Dieter Voigt und Lothar Mertens. – Berlin : Duncker und
Humblot, 1992.
  (Schriftenreihe der Gesellschaft für Deutschlandforschung ; Bd. 34)
    ISBN 3-428-07433-5
NE: Voigt, Dieter [Hrsg.]; Gesellschaft für Deutschlandforschung:
    Schriftenreihe der Gesellschaft . . .

Alle Rechte vorbehalten
© 1992 Duncker & Humblot GmbH, Berlin 41
Satz: Volker Spiess, Berlin 30
Druck: Werner Hildebrand, Berlin 65
Printed in Germany
ISSN 0935-5774
ISBN 3-428-07433-5

INHALT

Vorwort 7

Sabine Meck, Hannelore Belitz-Demiriz und Peter Brenske
  Soziodemographische Struktur und Einstellungen von DDR-Flüchtlingen/Übersiedlern.
  Eine empirische Analyse der innerdeutschen Migration im Zeitraum Oktober 1989 bis
  März 1990 9

Siegfried Grundmann und Ines Schmidt
  Übersiedlung aus der DDR in die Bundesrepublik Deutschland. Eine Bilanz des Jahres
  1989 39

Volker Ronge
  Übersiedler aus der DDR - ein Minderheitenproblem? 53

Wilhelm Bleek
  Kleingärtner, Kleintierzüchter und Imker. Eine exemplarische Nische in der DDR und
  deren Zukunft 67

Norman M. Naimark
  Sowjetische Streitkräfte in Deutschland. Einige Überlegungen 101

Karl Wilhelm Fricke
  Politische Opposition in der DDR - heute 117

Klaus-Peter Schwitzer
  Behinderte in der DDR 131

Waltraud Arenz
  Skinheads in der DDR 141

Lothar Mertens
  Das Buch Mormon oder Kommunistisches Manifest? Die Mormonen in der DDR 173

Stefan Schreiner
  Zwischen Hoffnung und Furcht. Die jüdischen Gemeinden in der DDR nach der Wende ... 189

Die Verfasserinnen und Verfasser 203

VORWORT

Es gehört *"zu den wichtigsten praktischen Aufgaben der Soziologie ..., denjenigen ihre Stimme zu leihen, die selbst zu schwach sind, um sich Geltung zu verschaffen"* (Helge Pross).

Diese Aussage meiner akademischen Lehrerin hat mein Verständnis für die praktischen Seiten dieser Wissenschaft und meines Berufes wesentlich beeinflußt. Soziologisches Wissen kann ein mächtiger Hebel gegen Unrecht und Unterdrückung sein.

Vor diesem Hintergrund war auch die vierte Tagung der Fachgruppe Sozialwissenschaft der Gesellschaft für Deutschlandforschung e.V. konzipiert. Sie wurde dann durch die Wirklichkeit der Entwicklung in der DDR eingeholt: aus Mitgliedern von Randgruppen und Geknechteten formen sich freie Menschen. Wir mußten unser Vorhaben dementsprechend ändern.

Dieser Band enthält die überarbeiteten Referate, die auf der Fachtagung an der Politischen Akademie Tutzing im März 1990 zum Thema: "Minderheiten **in** und Übersiedler **aus** der DDR" vorgetragen worden sind. Durch die Vereinigung Deutschlands und die damit einhergehende Auflösung des Bundesministeriums für innerdeutsche Beziehungen fehlte der ursprüngliche Förderer, so daß dieser Band nur mit einer zeitlichen Verzögerung erscheinen konnte. Für seine wohlwollende und engagierte Unterstützung möchten wir deshalb Herrn D. H. Kuchta vom Verlag Duncker & Humblot danken.

Bochum, im Dezember 1991   Dieter Voigt

Sabine Meck/Hannelore Belitz-Demiriz/Peter Brenske

SOZIODEMOGRAPHISCHE STRUKTUR UND EINSTELLUNGEN VON DDR-FLÜCHTLINGEN/ÜBERSIEDLERN

Eine empirische Analyse der innerdeutschen Migration im Zeitraum Oktober 1989 bis März 1990

I. Bedeutung der Untersuchung

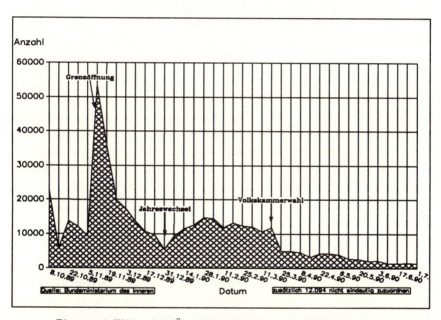

Diagramm 1: Wöchentliche Übersiedlerzahlen November 1989 bis April 1990

Im Jahre 1989 kamen 343.854 Flüchtlinge und Übersiedler aus der DDR zu uns. Allein in der Woche vom 6. bis zum 12. November 1989, also unmittelbar vor und nach Öffnung der Grenze, strömten 53.709 Menschen aus der DDR in die Bundesrepublik Deutschland (Diagramm 1). Diese Zahl entspricht annähernd der Einwohnerzahl einer Stadt wie Cuxhaven. Von Anfang Dezember 1989 bis zu den Wahlen in der DDR am 18. März 1990 registrierten die bundesdeutschen Aufnahmestellen im Durchschnitt 12.000 Übersiedler pro Woche. Obwohl direkt nach den Wahlen die wöchentlichen Übersiedlerzahlen deutlich auf nahezu ein Drittel zurückgingen (ca. 4.200 wöchentlich), ist die weitere

Entwicklung nicht kalkulierbar. Nach Schätzungen von Infratest muß sich die Bundesrepublik in den Jahren 1990/91 auf etwa eine Million Übersiedler einstellen (Köhler 1990, S. 430 f.).

Die Vereinigung der beiden Teile Deutschlands ist eine schwierige und sehr komplexe Aufgabe. So gut es war, daß der Anfang der Flüchtlingsbewegung ungesteuert verlief, heute gefährden Übersiedler die Entwicklung in Richtung vereinigtes Deutschland. Gesichertes Wissen um die Zusammenhänge werden deshalb immer zwingender. Die Migration zwischen den beiden Deutschland (derzeit fast nur in Richtung West) bildet heute und in naher Zukunft die zentrale Einflußgröße in Hinblick auf die soziale und wirtschaftliche Entwicklung unseres Landes. Wir gehen davon aus, daß eine Wirtschafts- und Währungsunion und schließlich auch die staatliche Einheit die Migration zwar in vielfältiger Weise beeinflußt, daß damit aber die Bedeutung der Ost-West-Migration nicht aufgehoben wird. Aus der Übersiedlerbewegung DDR-Bundesrepublik wurde dann eine Migration aus Deutschland Ost nach Deutschland West; aus der früheren Außenwanderung wird eine Form der Binnenwanderung. Um eine soziologische Analyse der innerdeutschen Wanderungsprozesse vornehmen und die Folgen der Migration (funktionale wie dysfunktionale) für die soziale, wirtschaftliche und politische Struktur des Ziel-/Abwanderungsgebietes beurteilen zu können, reicht die Auswertung demographischer Daten aus amtlichen Statistiken nicht aus. Vielmehr sind genaue Informationen über sozialstrukturelle Merkmale der Abwanderer, ihre Migrationsmotive, Bildungs- und Ausbildungsstand, Berufs- und Lebenspläne, Rechtsvorstellungen, politische Einstellungen, Unzufriedenheitsgrad etc. bedeutsamer als die bloße quantitative Erfassung der Wanderungsströme.

Bereits seit Oktober 1989 werden solche Daten in einer repräsentativen Befragung von bisher mehr als 6.000 Übersiedlern in den zentralen Aufnahmestellen Gießen und Schöppingen erhoben. Neben anderen wissenschaftlichen Disziplinen wie die Demographie, Geographie etc. hat insbesondere die Soziologie als Wissenschaft vom sozialen Handeln die migrationelle Mobilität von Individuen als Gegenstand ihres Forschungsinteresses zu berücksichtigen. Wir verstehen unter Migration (Wanderung) im folgenden eine räumliche Mobilität von Menschen, die mit dem vorübergehenden oder permanenten Wechsel des Wohnsitzes verbunden ist und die Verlagerung sämtlicher Aktivitäten (Wohnen, Arbeiten, Bilden Freizeit etc.) in das Zielgebiet zur Folge hat. (Wagner 1989, S. 25 f.). Migration kann als Verhalten von Individuen und kleinen sozialen Gruppen (insbesondere Familien) interpretiert werden, dem ein subjektiver Entscheidungsprozeß zugrunde liegt (geprägt von objektiven Gegebenheiten wie ökonomische und/oder politische Bedingungen). Aus systemorientierter Sicht wird Migration als eine kollektive Reaktionsform auf Systemprobleme verstanden. Räumliche Mobilität kann somit als Spannungsausgleich zwischen unterschiedlichen politischen, wirtschaftlichen und sozialen Bedingungen zweier Gesellschaftssysteme (Außenmigration) bzw. innerhalb eines Gesellschaftssystems (Binnenmigration) interpretiert werden, mit dem Ziel der Verbesserung der individuellen Lebensbedingungen (ebd., 1989, S. 21). Migranten repräsentieren aber nicht einen Querschnitt derjenigen Gesellschaft, die verlassen wird, sondern unterscheiden sich insbesondere hinsichtlich Alter, Familienstand und Bildungsniveau, aber auch in bezug auf Geschlecht, politische Einstellung, Aufstiegs- und Leistungsbereitschaft, Informationsniveau usw. von der übrigen Gesellschaft.

II. Fragestellung und Ziel der Untersuchung

Weshalb verlassen die Menschen auch nach den politischen Veränderungen die DDR? Wer kommt wann zu uns? Welche Faktoren beeinflussen die Bereitschaft zu Flucht und Aussiedlung? Welche Folgen ergeben sich für uns und für die DDR? Wie verläuft in der Bundesrepublik die soziale und ökonomische Integration der Flüchtlinge und Übersiedler aus der DDR (siehe hierzu Hilmer/Köhler 1989a/b, Ronge 1985, 1990)? Gibt es Unterschiede zwischen den Flüchtlings- bzw. Übersiedlerströmen **vor** und **nach** Grenzöffnung? Haben sich z. B. die Fluchtmotive und die Wünsche für das Leben in der Bundesrepublik Deutschland verlagert? Wie verändert sich das Berufsprestige in der DDR? Welche Präferenzen zeigen DDR-Übersiedler in Hinblick auf die Parteien in der Bundesrepublik Deutschland? Unsere Untersuchung will einen Beitrag zur Erhellung dieser wichtigen Problemfelder leisten, wobei hier nur ein Ausschnitt der Daten und ihrer Interpretationen vorgestellt werden kann.

III. Gegenstand und Methode der Untersuchung

Seit Anfang Oktober 1989 werden Flüchtlinge und Übersiedler aus der DDR kontinuierlich in der Zentralen Aufnahmestelle Gießen sowie in der Außenstelle Schöppingen schriftlich befragt. Somit ergeben sich fünf Phasen mit zu erwartenden unterschiedlichen Forschungsergebnissen: vor der Grenzöffnung (10.10.-08.11.89); unmittelbar nach der Grenzöffnung (09.11.-30.11.89); nach der Grenzöffnung (14.12.89-31.01.90); vor den Wahlen in der DDR (01.02.-14.03.90); nach den Wahlen in der DDR (17.03.-30.06.90). Befragt wurden bisher im Zeitraum vom 10.10.1989 bis zum 14.03.1990[1] 4.696

---

1 In den Diagrammen 7 und 9 werden auch Ergebnisse aus dem Zeitraum nach den Wahlen in der DDR vorgestellt.

Personen, die mindestens 18 Jahre alt waren. Als Erhebungsmethode wurde ein Fragebogen zum Selbstausfüllen gewählt, der von uns verteilt und wieder eingesammelt wurde. Teilweise wurden die Fragebögen von den Mitarbeitern der Aufnahmestellen in der Anmeldung ausgeteilt und bei der Abmeldung wieder eingesammelt. Der Rücklauf bei dieser Befragungsart lag jedoch unter dem der persönlichen Befragung, so daß letztlich auf den Einsatz des Lagerpersonals verzichtet wurde.

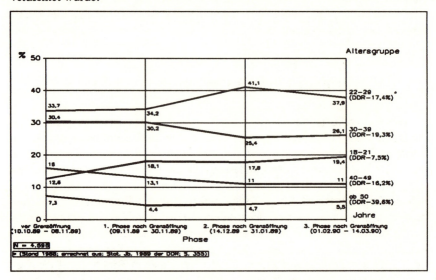

Diagramm 2: Veränderung der Altersstruktur der Flüchtlinge/Übersiedler im Zeitverlauf

Die Untersuchung ist für die Gruppe der Flüchtlinge/Übersiedler, die die oben genannten Lager durchliefen, repräsentativ und hinsichtlich der Anzahl der Befragten und der Länge des Untersuchungszeitraums einzigartig in der Bundesrepublik. Der Fragebogen ist in sieben Komplexe gegliedert.

1. Fragen zur Person: Alter, Geschlecht, Familienstand, Wohnort, Anzahl der Kinder, Religionszugehörigkeit, schulische und berufliche Ausbildung, schulische und berufliche Ausbildung der Eltern.
2. Einschätzung des Berufsprestiges von 18 ausgewählten Berufen.
3. Meinungsfragen zur Zukunft beider deutscher Staaten und zur Parteipräferenz für bundesdeutsche Parteien.
4. Fragen zur Wohnsituation.
5. Fragen zu Ausreisegründen und Vorstellungen über das neue Leben in der Bundesrepublik.
6. Ermittlung des Rechtsbewußtseins.
7. Spezielle Fragenkomplexe für solche Personen, die in der DDR beruflich im Bauwesen tätig waren.

IV. Ausgewählte Untersuchungsergebnisse

1. Demographische Daten

Der höchste und am stärksten steigende Anteil der Migranten lag bis zum 31.01.90 in der Altersgruppe zwischen dem 22. und 29. Lebensjahr (Diagramm 2). Betrug der Prozentsatz dieser im besten Arbeitsalter stehenden Menschen vor der Grenzöffnung schon 33,7 %, so waren es nach der Grenzöffnung (Dez. 89/Jan. 90) bereits 41,1 %. In der letzten von uns erhobenen Phase können wir einen leichten Rückgang dieser Altersgruppe verzeichnen. Der Gipfelpunkt ist überschritten. Bilden wir eine Altersgruppe 18 bis 29 Jahre - auf sie entfallen in der DDR 24,9 % der Bevölkerung ab 18 Jahre (1988; errechnet aus Stat. Jb. der DDR 1989, S. 355) - so ergibt sich folgendes Bild: Vor der Grenzöffnung (10.10.89-08.11.89) 46,3 %; 1. Phase nach Grenzöffnung (09.11.89-30.11.89) 52,3 %; 2. Phase nach Grenzöffnung (14.12.89-31.01.90) 58,9 %. In der 3. Phase nach Grenzöffnung (01.02.90-14.03.90) ging der Anteil der 18-29jährigen geringfügig auf 57,3 % zurück. Nicht nur, daß die DDR schon extrem überproportional von ihren arbeitsfähigsten Menschen verlassen wird (hier flieht die Zukunft) - hinzu kommt, daß gerade in dieser jungen Gruppe die Steigerungsrate der Übersiedler am höchsten ausfällt. Tabelle 1 zeigt einen wachsenden Anteil übersiedelnder Männer. Dadurch erhöht sich die jetzt schon in der DDR 6,4 % betragende Differenz noch mehr zuungunsten der Frauen.

Tabelle 1: Geschlechtszugehörigkeit der Flüchtlinge/Übersiedler im Zeitverlauf

	vor Grenzöffnung (10.10.89 -08.11.89)	1.Phase nach Grenzöffnung (09.11.89 - 30.11.89)	2.Phase nach Grenzöffnung (14.12.89 - 31.01.90)	3.Phase nach Grenzöffnung (01.02.90 - 14.03.90)	Gesamtgruppe	DDR[a]
	N = 1164 in %	N = 635 in %	N = 783 in %	N = 2114 in %	N = 4696 in %	in %
Frauen	41,0	40,6	31,2	35,9	37,0	53,2
Männer	59,0	59,4	68,8	64,1	63,0	46,8

a Stand 1988; errechnet aus Stat. Jb. 1989 der DDR, S. 360.
Chi² vor Grenzöffnung/1., 2. u. 3. Phase nach Grenzöffnung = 25,530; df = 3; p = 0,000 ++.

Die Tabellen 2 und 3 zeigen den Familienstand und mit wem die Migranten in die Bundesrepublik kamen. Der Anteil der verheirateten Flüchtlinge/

Übersiedler nimmt im Zeitverlauf ab. Waren vor Grenzöffnung noch 57,6 % der Flüchtlinge verheiratet, so gaben in der letzten Erhebungsphase nur noch 40,6 % der Übersiedler diesen Familienstand an. Umgekehrt verläuft die Entwicklung bei den Ledigen. Hier stieg der Anteil von 29,8 % auf 45,4 % an. Über den gesamten Erhebungszeitraum hinweg bleibt die Verteilung der Geschiedenen relativ stabil. Bemerkenswert ist hier, daß die prozentualen Anteile der Geschiedenen unter den Flüchtlingen/Übersiedlern im Vergleich zur DDR-Bevölkerung überdurchschnittlich hoch sind. Dies trifft auch für die Ledigen zu. 39,7 % aller Flüchtlinge/Übersiedler waren bei der Flucht/Übersiedlung alleinstehend. Demgegenüber sind nur 18,4 % der Bürger in der Gesamtbevölkerung der DDR (über 18 Jahre) ledig. Der Anteil der Ledigen steigt kontinuierlich im Zeitverlauf, wobei Männer überwiegen. Flüchteten vor Öffnung der Grenze die DDR-Bürger noch überwiegend zusammen mit ihren Familien (56,7 %), so reisen auch verheiratete Übersiedler heute primär alleine in die Bundesrepublik (69,8 %). Die Differenz in der 3. Phase nach Grenzöffnung zwischen den Verheirateten (40,6 %) und denen, die gemeinsam mit ihrer Familie übergesiedelt sind (29,4 %), beträgt 11,2 Prozentpunkte. Dies spricht für die These, daß **ein** Familienmitglied die Übersiedlung zunächst organisiert und später, nach dem die Arbeits- und Wohnsituation geklärt ist, die restlichen Familienmitglieder nachziehen. Deutlich wird: die Zahl derer, die ohne Familie kommen - sei es, weil sie hier erst Wohnung und Arbeit suchen wollen (um dann die Familie nachzuholen); sei es, weil sie ihre Familie verlassen wollen - nimmt hochsignifikant zu. Hier spiegeln sich viele Problemfälle.

Tabelle 2: Familienstand der Flüchtlinge/Übersiedler im Zeitverlauf

Familienstand	vor Grenzöffnung (10.10.89 -08.11.89) N = 1160 in %	1.Phase nach Grenzöffnung (09.11.89 - 30.11.89) N = 633 in %	2.Phase nach Grenzöffnung (14.12.89 - 31.01.90) N = 783 in %	3.Phase nach Grenzöffnung (01.02.90 - 14.03.90) N = 2110 in %	Gesamtgruppe N = 4686 in %	DDR[a] in %
verh.	57,6	51,2	45,2	40,6	47,0	63,7
ledig	29,8	35,9	42,0	45,4	39,7	18,4
gesch.	11,0	12,3	11,9	13,2	12,3	7,4
verw.	1,6	0,6	0,9	0,8	1,0	10,6

a Stand 1987; errechnet aus Stat. Jb. 1989 der DDR, S. 359.

Chi^2 vor Grenzöffnung/1., 2. u. 3. Phase nach Grenzöffnung = 106.957; df = 9; p = 0,0000 ++.

Tabelle 3: Mit wem kamen die Flüchtlinge/Übersiedler in die Bundesrepublik Deutschland?

Mit der Familie gekommen	vor Grenzöffnung (10.10.89 -08.11.89)	1.Phase nach Grenzöffnung (09.11.89 - 30.11.89)	2.Phase nach Grenzöffnung (14.12.89 - 31.01.90)	3.Phase nach Grenzöffnung (01.02.90 - 14.03.90)	Gesamtgruppe
	N = 1149 in %	N = 625 in %	N = 776 in %	N = 2069 in %	N = 4619 in %
ja	56,7	50,6	34,1	29,4	39,8
nein	39,9	48,2	65,2	69,8	58,7
teilweise	3,3	1,3	0,6	0,8	1,5

Chi^2 vor Grenzöffnung/1., 2. u. 3. Phase nach Grenzöffnung = 330,070; df = 6; p = 0,000 ++.

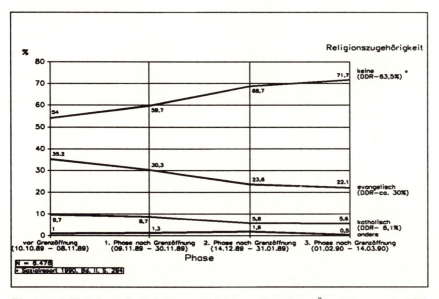

Diagramm 3: Veränderung der Religionszugehörigkeit von Flüchtlingen/Übersiedlern aus der DDR im Zeitverlauf

Vor dem 09.11.1989 waren die Flüchtlinge überdurchschnittlich häufig religiös gebunden. Nach der Grenzöffnung erhöhte sich der Anteil der Übersiedler, die keine Religionszugehörigkeit angaben. Somit war der Faktor der Religionszugehörigkeit und damit das Motiv der Glaubens- und Gewissensfreiheit für die Flucht mitentscheidend. Heute, da unter den Übersiedlern religionsgebundene deutlich unterrepräsentiert sind, können wir annehmen, daß gerade diese Menschen in der DDR bleiben wollen.

2. Zur beruflichen Qualifikation der Flüchtlinge und Übersiedler

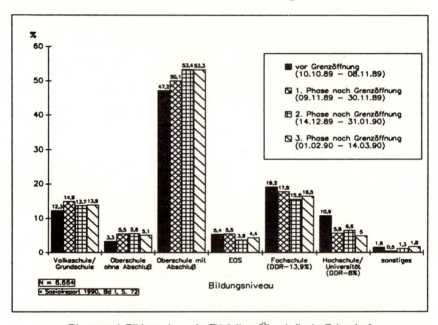

Diagramm 4: Bildungsniveau der Flüchtlinge/Übersiedler im Zeitverlauf

Relativ konstant bleibt der Anteil derjenigen Flüchtlinge/Übersiedler, die einen Volksschul-/Grundschul- oder einen EOS-Abschluß erworben haben bzw. die 10klassige Oberschule ohne Abschluß beendeten. Deutliche Veränderungen können wir dagegen bei der Verteilung auf die höchsten Abschlüsse (Fachschule und Hochschule) und den Regelabschluß (Oberschule) festmachen. Hatten vor Öffnung der Grenzen noch 19,2 % bzw. 10,9 % aller Flüchtlinge einen Fachschul- oder Hochschulabschluß erworben, sank der Anteil der Höchstqualifizierten im März 1990 auf 16,5 % bzw. 5,0 %. Folgerichtig ist der Anteil der Absolventen der 10klassigen Oberschule im gleichen Zeitraum von 47,2 auf 53,3 % gestiegen.

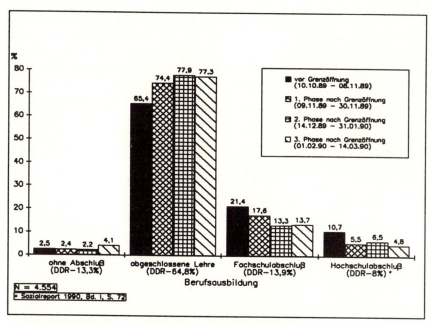

Diagramm 5: Berufliche Qualifikation von Flüchtlingen/Übersiedlern im Zeitverlauf

Dem Bildungsniveau entsprechend verändert sich auch das berufliche Qualifikationsniveau der Flüchtlinge/Übersiedler im Zeitverlauf. Vor der Grenzöffnung erwarben 21,4 % (DDR 13,9 %) der Befragten ihre Berufsausbildung über eine Fachschule und 10,7 % (DDR 8,0 %) an einer Universität/Hochschule. Die Flüchtlinge waren also, verglichen mit der DDR-Bevölkerung, überproportional qualifiziert ausgebildet. Später sank der Anteil dieser Hochqualifizierten auf 13,7 % bzw. 4,8 %, also unter DDR-Niveau. Demgegenüber können wir eine Zunahme der Facharbeiter und ungelernten Arbeitskräfte konstatieren. Die Differenz zwischen der Verteilung der Fach- und Hochschulabsolventen (Diagramm 4) und derjenigen, die eine berufliche Ausbildung über eine Fachbzw. Hochschule (Diagramm 5) erworben haben (Fach- und Hochschulabsolventen sind geringfügig häufiger vertreten), ist dadurch zu erklären, daß nicht alle Fach-/Hochschüler einen Beruf ihrer Qualifikation entsprechend ausgeübt haben, sondern aus den verschiedensten Gründen (z.B. aus politischen Gründen) fachfremd oder unterqualifiziert eingesetzt wurden. Fazit: Während vor der Wende die DDR überproportional häufig von ihren hochqualifizierten Bürgern verlassen wurde, so scheint gerade diese Gruppe jetzt vermehrt in der DDR zu verbleiben, um dort den Aufbau mitzugestalten.

Tabelle 4: Verteilung der Flüchtlinge/Übersiedler auf ausgewählte Berufsgruppen

Berufsgruppen	vor Grenzöffnung (10.10.89 - 08.11.89)	1.Phase nach Grenzöffnung (09.11.89 - 30.11.89)	2.Phase nach Grenzöffnung (14.12.89 - 31.01.90)	3.Phase nach Grenzöffnung (01.02.90 - 14.03.90)
	in %	in %	in %	in %
Ärzte/Zahnärzte	3,1	1,2	0,7	0,4
Dipl-Ingenieur	1,7	0,3	0,7	0,6
Krankenpflege	2,9	3,9	2,3	2,5
Lehrer	2,3	0,8	0,8	0,7
KFZ-Schlosser	2,9	1,3	1,4	1,1
Maurer	2,7	3,5	2,8	1,7

Besonders ausgeprägt ist der Rückgang bei Ärzten (3,1 zu 0,4 %); hier war die Fluchtquote bei geschlossener Grenze besonders hoch. Vergleichbar ist die Lage bei Lehrern (2,3 zu 0,7 %) und Diplom-Ingenieuren (1,7 zu 0,6 %). Konstant hoch bleibt die Abwanderung bei Krankenpflegeberufen (2,9 zu 2,5 %); wahrscheinlich wirkt hier ein besonders starker Sog aus dem Westen (Tabelle 4).

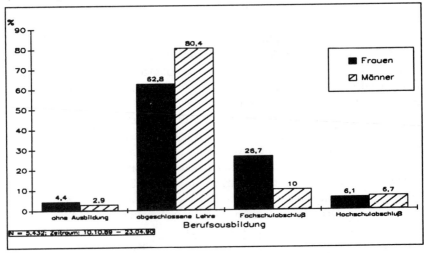

Diagramm 6: Qualifikationsniveau von weiblichen und männlichen Flüchtlingen/Übersiedlern aus der DDR

Vergleicht man über den gesamten Untersuchungszeitraum (10.10.89-14.03.90) das Qualifikationsniveau von weiblichen und männlichen Übersiedlern, so ergeben sich hochsignifikante Unterschiede. Besonders auffällig ist der hohe Anteil an Frauen mit Fachschulausbildung und die vergleichsweise geringe Verteilung der Frauen auf Lehrberufe. Im Zuge der Einführung der medizinischen und pädagogischen Fachschulausbildung direkt im Anschluß an die 10. Klasse seit Anfang der 70er Jahre hat der Frauenanteil an den Fachschulabsolventen deutlich zugenommen, da Frauen vermehrt die oben genannten Berufssparten wählen. Darüber hinaus erfolgte zur gleichen Zeit die Fachschulzuerkennung für mittleres medizinisches Personal. Auch bei diesen Berufen liegt der Frauenanteil über dem der Männer. Berücksichtigt man nun, daß einerseits auf die Generation der Übersiedler die Umgestaltung des Fachschulwesens in der DDR voll zutrifft, zum anderen überdurchschnittlich häufig Frauen mit pädagogischen und mittleren medizinischen Berufen die DDR verlassen haben, so läßt sich die Differenz, bezogen auf den Fachschulabschluß, zugunsten der Frauen erklären.

3. Meinungsfragen zur Zukunft beider deutscher Staaten und zur Parteipräferenz für bundesdeutsche Parteien

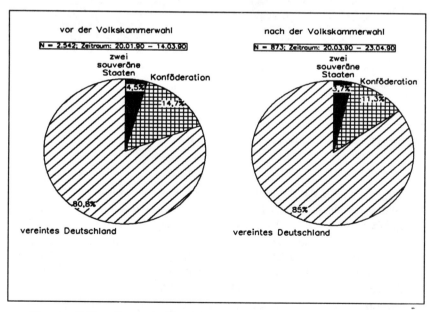

Diagramm 7: Vorstellungen der Übersiedler im Hinblick auf die zukünftige Entwicklung Deutschlands vor und nach der Volkskammerwahl in der DDR

Die Vorstellungen der Übersiedler in Hinblick auf die zukünftige Entwicklung Deutschlands haben sich, bezogen auf die Befragungszeiträume vor und nach der Volkskammerwahl in der DDR, leicht zugunsten eines vereinten Deutschlands verschoben (Diagramm 7). Sprachen sich vor der Wahl 80,8 % der Migranten für eine Vereinigung beider Staaten aus, so hatten im Zeitraum vom 20.03.90-23.04.90 85,0 % der Übersiedler diesen Wunsch. Für eine Konföderation stimmten nur noch 11,3 %, und das Votum für zwei souveräne Staaten ging von 4,5 % auf 3,7 % zurück. Der Befund ist unabhängig von der beruflichen Qualifikation oder der Altersstruktur.

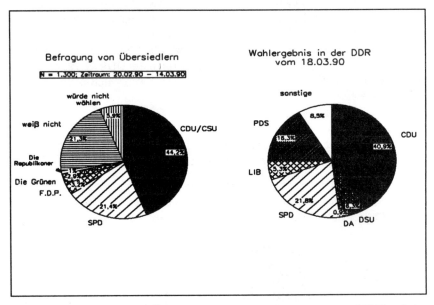

Diagramm 8: Parteipräferenz bei Übersiedlern für die nächste Bundestagswahl und Wahlergebnis in der DDR

Vergleichen wir die Parteipräferenz der Übersiedler mit dem Ergebnis der Volkskammerwahl in der DDR (18. März 1990), so zeigen sich Gemeinsamkeiten, aber auch wichtige Unterschiede (Diagramm 8). Bezogen auf die Parteien CDU/CSU und SPD, ist das Wahlverhalten der Übersiedler (Befragungszeitraum 20.02.90-14.03.90) hinsichtlich der nächsten Bundestagswahlen nahezu identisch mit dem Wahlergebnis in der DDR und zwar: CDU/CSU 44,2 %; CDU/DSU 47,2 %; SPD-West 21,4 % und SPD-Ost 21,8 %. Anders gestaltet sich die Parteipräferenz der Übersiedler, wenn es sich um kommunistische Parteien handelt. Erhielt die PDS bei den DDR-Wahlen noch einen beachtlichen Anteil (16,3 %), so würden die Migranten keiner kommunistischen Partei ihre Stimme geben. Das "Links-Potential" ist in der DDR unvergleichlich größer als bei den Übersiedlern und wahrscheinlich auch größer als das in der Bundesrepublik Deutschland.

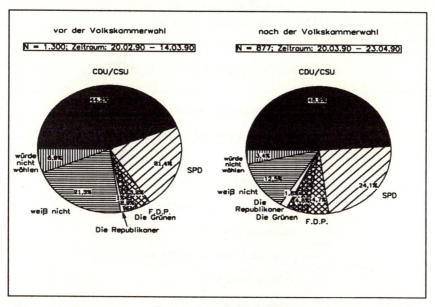

Diagramm 9: Parteipräferenz bei Übersiedlern für die nächste Bundestagswahl vor und nach der Volkskammerwahl der DDR

Übersiedler aus der DDR, die nach den DDR-Wahlen in die Bundesrepublik Deutschland kamen, würden eher konservativ wählen als solche, die vor dem 16. März 1990 ihr Land verließen (Diagramm 9). Vor der Volkskammerwahl gaben 44,2 % der Migranten an, sie wollten in der Bundesrepublik CDU/CSU wählen, nach der Wahl stieg das Votum für die konservativen Parteien auf 48,9 % an. 21,4 % stimmten vorher für die Sozialdemokraten, danach waren es 24,1 %. Auch bei den kleineren Parteien stiegen die Anteile, am stärksten bei den Grünen von 2,9 % auf 4,6 %. Die Zahl der unentschlossenen und Nicht-Wähler nahm indessen stark ab. Die Unionsparteien haben bei jüngeren Übersiedlern deutlich weniger Sympathien als bei älteren. Dennoch würde bei der nächsten Bundestagswahl aus der Altersgruppe der 18- bis 24jährigen eine deutliche Mehrheit von 41,7 % CDU/CSU wählen. Dieser Anteil steigt bei den 25- bis 39jährigen auf 45,7 % und liegt bei den über 40jährigen sogar bei 55,3 %. Auch das Votum zugunsten der SPD und FDP steigt mit dem Alter der Übersiedler, allerdings nicht in dem Umfang wie bei den Unionsparteien. Dieser Trend verläuft bei den Grünen und Republikanern umgekehrt. Mit Zunahme des Alters nimmt die Präferenz für diese Parteien ab. Würden noch 2,4 % der jüngsten Altersgruppe die Republikaner und 4,4 % dieser Altersgruppe "Grün" wählen, so sinken deren Anteile bei den über 40jährigen auf 0,7 bzw. 2,4 %. Weiter läßt sich feststellen, daß bei den älteren Übersiedlern die Zahl der unentschlossenen und Nicht-Wähler stark zurückgeht.

4. Zum Sozialprestige von Berufen in der DDR

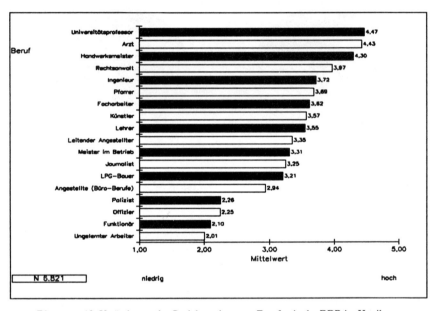

Diagramm 10: Veränderung des Sozialprestiges von Berufen in der DDR im Urteil von Flüchtlingen/Übersiedlern

Auch in der DDR ist der Beruf der wichtigste Indikator für die Soziallage (Tesch 1970, Voigt/Belitz-Demiriz 1987, Voigt/Voß/Meck 1987), sind soziale Schichten "Bündel" von Berufen. Für westliche Industriegesellschaften gilt: Je schwieriger die Situation eines Sozialsystems, um so enger ist der Zusammenhang zwischen der spezifischen Leistung des Berufes bzw. des Positionsinhabers einerseits und dem Prestige des Berufes und den mit ihm verbundenen Belohnungen (incentives) andererseits. Je ordnungskräftiger das Leistungsprinzip in einer Gesellschaft, um so mehr stimmt die spezifische Leistung des Positionsinhabers mit dem jeweiligen Ansehen der entsprechenden Gratifikation überein (Voigt/Meck 1984). Über das höchste Ansehen verfügen in der DDR im Urteil von den von uns befragten Flüchtlingen/Übersiedlern die Berufe

Universitätsprofessor (ausgenommen Gesellschaftswissenschaften etc.!), Arzt und Handwerksmeister; gefolgt von Rechtsanwalt, Pfarrer und Ingenieur. Bei Tesch (1970 [1956-1961]) ergibt sich bei den befragten Flüchtlingen auf den ersten sechs Plätzen folgende Reihenfolge: Arzt, Universitätsprofessor, Elektroingenieur, Technischer Direktor, Lehrer und Autoschlossermeister. Funktionäre, Partei- und Staatsdiener haben in der DDR ein sehr niedriges Ansehen. Das Berufsprestige (Diagramm 10) dürfte bereits tiefgreifend - das dokumentieren die Veränderungen in Richtung westlicher Wertstruktur - durch den Umbruch in der DDR beeinflußt sein! Vor allem zeigt sich das bei den Berufen Rechtsanwalt, Pfarrer (bei Tesch auf Rang 7), Ingenieur, Facharbeiter, Journalist und Polizist. Das Ansehen z.B. von Juristen, Journalisten, Polizisten, d. h. derjenigen, die zum größten Teil der SED mit und ohne Uniform dienten, war in der alten DDR äußerst gering; im Rahmen der sich nun verändernden Funktionen dieser Berufe nähert sich auch deren Bewertung dem westlichen Standard.

5. Weshalb drängen so viele Menschen aus der DDR in die Bundesrepublik Deutschland?

Die Messung von Motiven ist ein derart komplexes und vielgestaltetes Problem, daß es selbst von seiner Mutterwissenschaft, der Psychologie, deren Forschungsgegenstand es ist, bislang nicht einheitlich gelöst werden konnte. Wir müssen in unserer Untersuchung zunächst einmal darauf hinweisen, daß wir den Begriff "Motiv" in seiner umgangssprachlichen Bedeutung verwandt haben: als **Anlaß** oder **Beweggrund**, die DDR zu verlassen. Zur Erfassung dieser Motive im weitesten Sinne haben wir fünf Kategorien vorgegeben, die die Befragten bewerten sollten: Was war für Sie der vorrangige Grund, in den Westen zu kommen,
- die politischen Bedingungen in der DDR
- die persönliche Unfreiheit
- die schlechten Arbeitsbedingungen
- der niedrige Lebensstandard
- oder Familie oder Freunde sind im Westen?

Es ist im wissenschaftlichen Konsens wohl zulässig, diese Kategorien als 'Motivationen' zu bezeichnen, wobei die Motivation *"als ein Prozeß gedacht ist, der zwischen verschiedenen Handlungsmöglichkeiten auswählt, das Handeln steuert, auf die Erreichung motiv-spezifischer Zielzustände richtet und auf dem Weg dahin in Gang hält"* (Heckhausen 1980, S. 25). Die Auswahl der Kategorien, von denen wir annahmen, daß sie aufgrund tiefer liegender Motive die einzelnen DDR-Bürger zur Handlung "Flucht/Übersiedlung" veranlaßten, wollen wir im folgenden begründen. Die politischen Bedingungen in der DDR, die aufs engste mit der persönlichen Unfreiheit der Individuen verbunden waren, sind am deutlichsten zu beschreiben als das Konglomerat von Macht und Willkür einer Parteikaste, die mit Hilfe eines dichten Netzes von Kontroll-, Bespitzelungs- und Erziehungsmaßnahmen den Staat in ihrem Sinne lenkte. Das Diktat des Alltags, dem sich der DDR-Bürger ausgesetzt sah, war der Mangel: Mangel an Freiheit ebenso wie an daraus folgender eigener Leistungsbereitschaft (vgl. Voigt/Meck 1984) ebenso wie an Gütern des niedrigen und gehobenen Bedarfs. Der DDR-Bürger wurde aufgrund der Realität des Staatssozialismus gezwungen, ein Doppelleben zu führen: *"In der Systemwelt tritt der Mensch im Staatssozialismus auf als der den Erfordernissen des Systems angepaßte 'Produzenten-Untertan' mit seiner 'Marionetten-Natur'"* (Henrich 1990, S. 109). Demgegenüber stand die private Welt des einzelnen, die von anderen Werten geleitet wurde, wie Verantwortung, Organisationstalent, Kreativität etc. Geprägt durch die Schizophrenie des Doppellebens, in die die Diktatur ihn zwang, ist der DDR-Bürger in seiner Lebensbewältigung gezeichnet von Mißtrauen und Angst (vgl. auch Voigt/Belitz-Demiriz/Meck 1990, S. 22). Wir versuchen, diese verallgemeinernde These durch unsere Ergebnisse zu unterstützen und werden an späterer Stelle des Aufsatzes darauf zurückkommen. Damit - mit Angst und Furcht vor Mißerfolg sowie dem Wunsch nach sozialer Akzeptanz - haben wir auch zwei der Motive beschrieben, die als Handlungsdispositionen der Flucht/Übersiedlung zugrunde liegen mögen.

Die politischen Bedingungen und die Frage nach der persönlichen Freiheit der einzelnen sowie bestimmter Gruppen schaffen den Rahmen für die wirtschaftliche Leistungsfähigkeit einer Volkswirtschaft. Ziel der Volkswirtschaft sollte sein, die Bedürfnisse der Bevölkerung hinreichend zu befriedigen (siehe Voigt/Voß/Meck 1987, S. 212). Ein Indikator für eine solche Befriedigung ist der Lebensstandard, zu dem u. a. gehören: *"Einkommen; Arbeitszeit, Arbeitsbedingungen, Freizeit; die Versorgung mit Konsumgütern, die Preise dieser Güter und deren Qualität; die Verfügbarkeit von Dienstleistungen; die Bereitstellung der sogenannten Kollektivgüter, Altersversorgung, Gesundheitswesen, staatliche Verwaltung, Bildung; das Wohnungsangebot, die Mietkosten, die Baupreise und schließlich Umweltbelastungen, Reisemöglichkeiten, Freizügigkeit, Freiheit"* (ebd.). Wir faßten bei unserer Befragung die Arbeitsbedingungen in der DDR gesondert, da wir diese differenziert und detailliert - insbesondere für die Bauwirtschaft (Brenske 1991) - analysieren wollen. Arbeitsbedingungen beinhalten u. a. Entlohnung nach Leistung, Arbeitszeit und Arbeitsschutz, Rolle der Gewerkschaften und - nicht zuletzt - Umwelt. Betrachten wir die Zentren der Abwanderung, können wir die Hypothese aufstellen: Je schlechter die Arbeits- und Lebensbedingungen in den Regionen der DDR, desto höher die Abwanderungsquote.

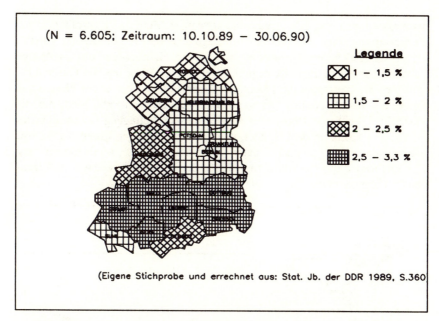

Diagramm 11: Prozentuale Verluste der Wohnbevölkerung der DDR (über 18 Jahre durch Flucht/Übersiedlung aufgeteilt nach Bezirken

Wir konnten in unserer Untersuchung eine hochsignifikante Korrelation zwischen der Herkunft der Flüchtlinge/Übersiedler und den Angaben zur Umweltbelastung nachweisen. Dazu ermittelten wir den Korrelationskoeffizienten zwischen den Angaben zur Herkunft der Abwanderer und den Angaben zur Umweltbelastung, wie die beiden folgenden Diagramme zeigen (Diagramme 11+12).

Der Süden verzeichnet dabei die höchsten Abwanderungstendenzen; er ist auch am stärksten umweltbelastet, wie sich auch anhand - nur als ein Beispiel - der Luftbelastung durch Schwefeldioxid (Fischer Weltalmanach Sonderband DDR 1990, S. 163) ablesen läßt. Bedenkt man, daß die mittlere Lebenserwartung aufgrund von Umweltbelastungen in der Umgebung von Bitterfeld um 6 Jahre unter dem Durchschnitt liegt (Arbeitsgruppe Ökologische Wirtschaftspolitik 1990, S. 1), dann wird die Dimension von Lebensstandardfragen in der Migration deutlich. Die fünfte von uns ausgewählte Kategorie "Familie und Freunde sind im Westen" erlangte im Zeitablauf unserer Untersuchung eine immer stärkere Legitimation. Die Frage nach den Flucht- bzw. Übersiedlungsmotiven muß sich zunächst der Kritik stellen, ob die Neuankömmlinge im Westen nicht im Sinne einer Erwartungshaltung antworten würden. Zu unserer Entlastung und zur Gewährleistung der statistischen Sicherheit unserer Ergebnisse lassen sich folgende Argumente anbringen. Zunächst kontrollierten wir die Bewertungsfrage mit einer Kontrollfrage nach den Wünschen und Vorstellungen der Flüchtlinge/Übersiedler, die sie im Hinblick auf das zukünftige Leben in der Bundesrepublik hegten. Zweitens bestätigte uns die Forschungssituation. Wir befragten die Flüchtlinge/Übersiedler in der ersten Phase ihres Eintreffens und Verweilens im westlichen Teil Deutschlands. Nicht nur die Flüchtlinge, auch die Übersiedler nutzten unsere Befragung als emotionales Ventil, ihre Kritik an dem System, dem sie sich entzogen hatten, zu äußern. Freiheitsaspekte wie auch materielle Aspekte als Motivationen zur Flucht/Übersiedlung konkretisierten sich in den Wünschen, wie wir im folgenden im Rahmen unserer Ergebnisse aufzeigen werden.

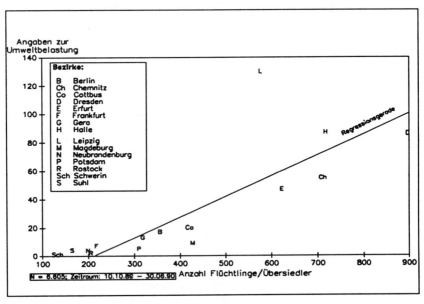

Diagramm 12: Korrelation zwischen den subjektiven Angaben zur Umweltbelastung und der Anzahl der Flüchtlinge/Übersiedler nach Bezirken

Als vorrangiges Motiv zur Flucht/Übersiedlung, das sich auch im Zeitablauf als konstant erwiesen hat, treten die politischen Bedingungen in der DDR hervor. In dieser Kategorie spiegeln sich sämtliche innenpolitischen Ereignisse und Krisen in der DDR sowie ökonomische Unsicherheiten (Staatssicherheitsaffären, Währungsdiskussionen). Die politischen Bedingungen stehen in direkter Korrelation zu der oben angesprochenen Unsicherheit und Angst, die die ehemaligen DDR-Bürger in ihrer Lebenssituation empfinden (vgl. Voigt/Belitz-Demiriz/Meck 1990). Der Zweifel an der Veränderung der bestehenden

Verhältnisse in der DDR durch die bloße Um- oder Versetzung der alten Kader drückt sich ebenso in dieser Kategorie aus wie die bestehende aufgestaute Aggression gegen die ehemaligen Machthaber, der man durch Flucht oder Abwanderung als Katharsis Ausdruck gab. Rolf Henrich (1990, S. 274) konkretisiert das in seiner Abhandlung zum Versagen des real existierenden Sozialismus treffend, indem er feststellt: *"Wer auf eine menschliche Form des Staatssozialismus hinwirken will, der darf die eigene Tugendhaftigkeit nicht auf den Sankt-Nimmerleins-Tag vertagen. Die Änderung der Verhältnisse allein - hier etwas weniger Zentralismus, da ein bißchen mehr Mitbestimmung - führt nicht weiter. Unser Unvermögen, konstruktiv und offen zu handeln, ist gewiß verschiedensten Umständen geschuldet. Aber diese Umstände wären nicht die, die sie eben sind, wenn nicht überall auch ein innerer angstbedingter Konformismus mit am Werke wäre, der uns ständig zuruft: nur nicht auffallen, es läßt sich sowieso nichts machen, sieh dich vor... Die Tugend, die diesen Konformismus überwindet, ist die Zivilcourage."*

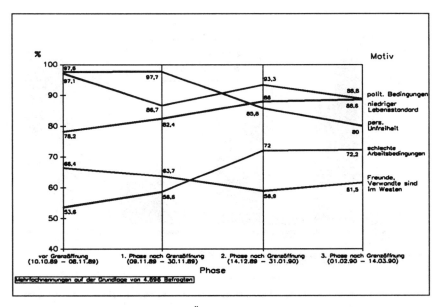

Diagramm 13: Flucht-/Übersiedlungsmotive im Zeitverlauf

Zweifel an eben dieser Tugend - bei sich und anderen -, auch das drückt sich in der Kategorie "politische Bedingungen" aus. Alle anderen Motive überragte in den ersten beiden Untersuchungsphasen die "persönliche Unfreiheit". Verständlicherweise sank sie im Zeitablauf kontinuierlich ab. Letztlich werden die späteren Übersiedler unter der "persönlichen Unfreiheit" auch die materiellen Bedingungen verstanden haben, die sie in der DDR daran hinderten, dieses oder jenes Ziel zu verwirklichen. Kontinuierlich im Zeitablauf abgenommen haben die Motive "schlechte Arbeitsbedingungen" und "niedriger Lebensstandard". In der 3. Phase nach Grenzöffnung hat diese Kategorie sich in den Werten der Kategorie "politische Bedingungen" weitgehend angenähert. Ist es daher berechtigt, die Übersiedler als "Wirtschaftsflüchtlinge" zu bezeichnen? Zunächst gilt: Je höher die Bildung, desto stärker wirken Faktoren wie Politik und Freiheit auf den Entschluß, das Land zu verlassen. Nicht berücksichtigt ist in dieser Hypothese - wie bereits erläutert - daß Flüchtlinge/Übersiedler mit höherem Bildungsabschluß sich eher im Sinne einer Erwartungshaltung über ihre Motive und Wünsche äußern könnten. Das folgende Diagramm 14 zeigt die Wünsche der Migranten - die wir in einer Kontrollfrage ermittelten - in Abhängigkeit von der beruflichen Qualifikation.

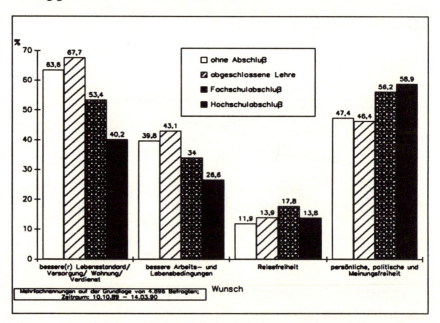

Diagramm 14: Wünsche von Flüchtlingen/Übersiedlern aus der DDR im Hinblick auf ihr neues Leben in der Bundesrepublik in Abhängigkeit von der beruflichen Qualifikation

Bei der Geschlechtskorrelation zeigt sich:
- die politischen Bedingungen wirken auf Männer und Frauen nahezu gleich stark motivierend; ebenso gilt das für die persönliche Unfreiheit;
- die schlechten Arbeitsbedingungen sind für die männlichen Flüchtlinge/Übersiedler stärker motivierend als für die Frauen; weiterführende Unter-

suchungen und Interpretationen, inwieweit die Männer unserer Untersuchungsgruppe in Berufszweigen tätig waren, die von vornherein schlechtere Arbeitsbedingungen aufweisen, steht noch aus. Ein Hinweis darauf mag zunächst der hohe Anteil an Bauarbeitern sein, auf den wir an späterer Stelle noch eingehen werden;
- umgekehrt sind Freunde und Verwandte, die bereits im Westen leben, für die Frauen ein wichtiger Grund, die Heimat zu verlassen. Das sind - wie oben aufgezeigt - die Frauen, die ihren Männern, die bereits in der Bundesrepublik arbeiten und wohnen, nachreisen.

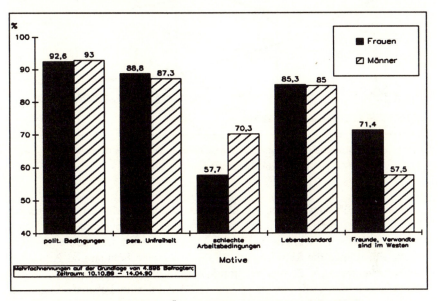

Diagramm 15: Flucht-/Übersiedlungsmotive verteilt nach Geschlecht

Untersucht man nun die Zusammenhänge zwischen Alter und Flucht-/Übersiedlungsgründen, dann ergibt sich bei drei Altersgruppen (18-24 Jahre, 25-39 Jahre, 40 Jahre und älter): für die älteste Gruppe ist das Motiv "politische Bedingungen" - relativ im Vergleich zu den Jüngeren - dominierender. Ebenso reist diese Gruppe häufiger Verwandten und Freunden nach. Wir gehen davon aus, daß diese Tendenz im Zeitablauf noch weiter zunimmt. Interessanterweise erhält der Lebensstandardfaktor in allen drei Altersgruppen in der letzten Untersuchungsphase herausragende Bedeutung. Wir kehren zu der Frage zurück, ob die Übersiedler, die sich nach Grenzöffnung entschlossen hatten, die DDR zu verlassen, als Wirtschaftsflüchtlinge zu bezeichnen sind. Die von den Befragten geäußerten Wünsche sollen darüber mehr Auskunft geben.

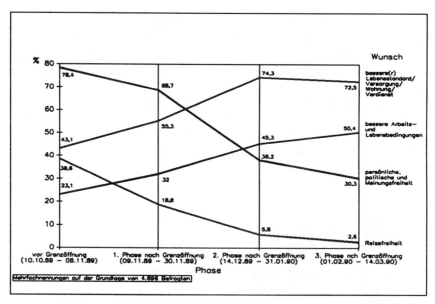

Diagramm 16: Wünsche von Flüchtlingen/Übersiedlern aus der DDR im Hinblick auf ihr neues Leben in der Bundesrepublik im Zeitverlauf

Vor Grenzöffnung wurden am häufigsten Wünsche geäußert, die Aspekte der Freiheit berühren. Persönliche, politische und Meinungsfreiheit erreichten 78,4 % der Mehrfachnennungen. Ebenso wichtig als Ausdruck von Freiheit war für die Flüchtlinge die Reisefreiheit (38,6%). Während Freiheit und Politik als Wunschkategorien im Zeitverlauf kontinuierlich abgenommen haben, stiegen Wünsche, die den Lebensstandard und die Arbeits- und Lebensbedingungen tangieren, kontinuierlich an. Unsere Ergebnisse zu den Motivkategorien sind bestätigt. Die Gründe, die die Übersiedler nach Grenzöffnung bewegten, das Land zu verlassen, interessierten uns aber noch weitergehend. Deshalb schlossen wir eine neue Frage in den Fragebogen mit ein und ermittelten so gesondert die neuen Motive zur Übersiedlung nach dem 9. November 1989. In der 2. Phase nach Grenzöffnung äußerten immerhin noch 38,9 % der Befragten, daß sie kein Vertrauen in die Politik hätten. 32,6 % glaubten nicht an Veränderungen, solange die Alten am Ruder säßen. 15,4 % hatten Angst vor der SED-PDS 7,1 % vermuteten, daß der Stasi weiterarbeite. Die schlechten Arbeitsbedingungen bemängelten 18,6 %, und enttäuscht vom Lebensstandard und der wirtschaftlichen Lage waren insgesamt 28,7 %.

In der Phase nach Grenzöffnung war die Anzahl derer, die kein Vertrauen in die Politik hatten, auf 28,9 % gesunken; gesunken auf 26,7 % war auch der Anteil derjenigen, die nicht an Veränderungen glaubten. In der 3. Phase nach Grenzöffnung reisten mehr der Familie oder den Freunden nach: 15,9 % zu 5,9 % in der 2. Phase. Die Angst vor der SED-PDS war erheblich gesunken, auf 2,6 %. Dafür äußerten jetzt 7,4 %: zu viele Verbrecher seien in der DDR verblieben. Die Zukunftsangst war in der 3. Phase gestiegen: 14,0 % meldeten sie an, in der 2. Phase nach Grenzöffnung waren es nur 8,1 % gewesen. Von der wirtschaftlichen Lage und dem schlechten Lebensstandard glaubten sich insgesamt weniger betroffen: 19,3 %.

Tabelle 5: Warum wurde auch nach der Wende die DDR verlassen: Rang der wichtigsten genannten Gründe im Zeitablauf

Gründe	Befragungsphase			
(Mehrfachnennungen)	2. Phase nach Grenzöffnung (14.12.89 - 31.01.90)		3. Phase nach Grenzöffnung (01.02.90 - 14.03.90)	
	N	in %	N	in %
kein Vertrauen in Politik..	197	38,9	506	28,9
keine Veränderungen/ Verbesserungen..........	165	32,6	467	26,7
Arbeitsbedingungen.........	94	18,6	365	20,8
Familienzusammenführung/ Freunde................	78	15,4	426	24,3
Wohnungsprobleme...........	53	10,5	235	13,4
Zukunftsangst.............	41	8,1	245	14,0
wirtschaftliche Lage/ Lebensstandard/Warenangebot	151	30,1	429	24,6
schlechter Verdienst.......	47	9,3	161	9,2
Lebensbedingungen/soziale Sicherung/Gesundheitswesen/Umweltbelastung...	73	14,5	301	17,2
eingeschränkte Persönlichkeitsentwicklung........	24	4,7	111	6,3
"noch zu viele Verbrecher in Leitungspositionen"..			130	7,4
Angst vor SED/PDS.........	78	15,4	45	2,6
Stasi arbeitet weiter......	36	7,1	48	2,7

Unsere Daten zu den "neuen" Gründen der Übersiedlung haben die Angaben zum Motiv "politische Bedingungen" und zu den Motiven "Lebensstandard" und "Arbeitsbedingungen" bestätigt. Die Wende allein konnte Mißtrauen und Angst gegen die ehemaligen Machthaber nicht beseitigen; tiefgründig bleibt die Skepsis nach 40 Jahren sozialistischer Diktatur als Triebfeder zur Migration bestehen. Das Mißtrauen besteht natürlich auch gegenüber der Geschwindigkeit und der Qualität der wirtschaftlichen Entwicklung und dem Anwachsen des Lebensstandards. Wir wollen im folgenden nun die Rolle der Arbeits- und Lebensbedingungen unter den Flucht- und Übersiedlungsgründen detaillierter an einem Fallbeispiel - den Bauarbeitern - erläutern.

6. Befragung der im Bauwesen Tätigen

Die im Bauwesen Tätigen, mehrheitlich Bauarbeiter, stellen eine der größten Berufsgruppen dar, die in der Gesamtgruppe vertreten sind. Ihr Anteil an den von uns befragten Flüchtlingen/Übersiedlern ist überproportional hoch. Zum Vergleich: nach dem Statistischen Jahrbuch der DDR 1989, (S. 112) betrug der Anteil der Bauleute an der Gesamtbevölkerung der DDR in demselben Jahr 6,6 %, der Anteil der im Bauwesen Tätigen an den Flüchtlingen/Übersiedlern beträgt dagegen im Zeitablauf: vor Grenzöffnung 20,1 %, in der 1. Phase nach Grenzöffnung 19,8 %, in der 2. Phase nach Grenzöffnung 26,1 %, in der 3. Phase nach Grenzöffnung 19,8 % bzw. er beträgt insgesamt bei 982 Bauarbeitern unter 4.696 Flüchtlingen/Übersiedlern 20,9 %. Um den hohen Anteil dieser spezifischen Gruppe zu erklären, können wir zunächst in der deskriptiven Phase des Forschungsprojekts nur hypothetische Angaben machen. Wir gehen dabei von folgenden Thesen aus: Die materielle Unzufriedenheit und die Unzufriedenheit mit den Arbeits- und Lebensbedingungen ist unter den Bauleuten noch höher als in der gesamten Bevölkerung. Zudem sind Bauleute auch mobiler, was u. a. ihre Tätigkeit auf Montage mitbedingt. Weiterhin, so unsere Vermutung, sind vor Grenzöffnung durch Medieneinflüsse Informationen über den Arbeitskräftemangel im westdeutschen Bauwesen in die DDR gedrungen. Später werden die Flüchtlinge/Übersiedler ihren Kollegen selbst berichtet haben, daß sie hier im Westen schnell eine Arbeitsstelle gefunden hätten.

Wie schätzten die im Bauwesen Tätigen ihre Arbeit auf den Baustellen in der DDR ein? Worin lagen die Hauptursachen ihrer Unzufriedenheit, die sie letztlich auch zur Flucht/Übersiedlung veranlaßten? Ein Indikator für Arbeitszufriedenheit ist der Arbeitseinsatz nach Qualifikation. Unsere Ergebnisse zeigen folgendes Bild bei den im Bauwesen Tätigen (Tabelle 6).

Tabelle 6: Einsatz der Bauarbeiter auf der Baustelle nach Qualifikation

	vor Grenzöffnung (10.10.89 - 08.11.89)	1.Phase nach Grenzöffnung (09.11.89 - 30.11.89)	2.Phase nach Grenzöffnung (14.12.89 - 31.01.90)	3.Phase nach Grenzöffnung (01.02.90 - 14.03.90)
	N = 225 in %	N = 126 in %	N = 193 in %	N = 404 in %
der Qualifikation entsprechend	56,6	56,8	50,5	51,7
der Qualifikation nicht entsprechend	8,6	10,4	6,8	9,9
mal so, mal so	34,8	32,8	42,7	38,4

Mehr als die Hälfte der geflüchteten/übergesiedelten Bauarbeiter/im Bauwesen Tätigen glaubte, in der DDR entsprechend ihrer Qualifikation eingesetzt worden zu sein. Insgesamt zeigt sich im Zeitablauf eine Abnahme dieser positiven Einschätzung der Situation. In der 2. Phase nach Grenzöffnung ist der Anteil derjenigen, die "der Qualifikation entsprechend" angaben, am niedrigsten. Allerdings war diese Gruppe auch in der Angabe "nicht entsprechend" der Qualifikation gearbeitet zu haben, mit den Prozentangaben (6,8 %) zurückhaltend. Sie wurden "mal so, mal so" eingesetzt. Der Anteil der Akademiker ist in dieser Gruppe relativ hoch. Vielleicht liegt durch deren Aussagen ein dadurch auch kritisches Potential zugrunde. Die Unzufriedenheit der befragten Bauleute steigert sich im Problemfeld der materiellen Entlohnung.

Tabelle 7: Einschätzung der Entlohnung durch die im Bauwesen tätig gewesenen Flüchtlinge/Übersiedler

	vor Grenzöffnung (10.10.89 - 08.11.89)	1.Phase nach Grenzöffnung (09.11.89 - 30.11.89)	2.Phase nach Grenzöffnung (14.12.89 - 31.01.90)	3.Phase nach Grenzöffnung (01.02.90 - 14.03.90)
	N = 221 in %	N = 127 in %	N = 199 in %	N = 409 in %
zu hoch	0,9	0,8	0,5	1,2
entsprechend	18,0	14,3	6,1	14,2
zu niedrig	81,1	84,9	93,4	84,6

Die geflüchteten/übergesiedelten Bauarbeiter fühlten sich durchweg als zu niedrig entlohnt. In der 2. Phase nach Grenzöffnung kommt dieser materielle Aspekt besonders zum Tragen: In dieser Übersiedlergruppe finden wir unter den Bauarbeitern die niedrigste Angabe (6,1 %) dazu, entsprechend der Tätigkeit/Leistung entlohnt worden zu sein. Der Prozentsatz liegt um zwei Drittel unter der Angabe vor Grenzöffnung (18,0 %). Insgesamt steigt die materielle Unzufriedenheit in der Gruppe der Bauarbeiter, die das Land verließen, zunächst kontinuierlich an. In der 2. Phase nach Grenzöffnung finden wir die höchste Angabe, danach fällt der Wert wieder ab. Weitere Indikatoren für die Arbeitszufriedenheit sind die Arbeitszeitregelung und die Arbeitsschutzmaßnahmen (Tabellen 8+9).

Tabelle 8: Einhaltung der Arbeitsschutzmaßnahmen auf den Baustellen der DDR

	vor Grenzöffnung (10.10.89 - 08.11.89)	1.Phase nach Grenzöffnung (09.11.89 - 30.11.89)	2.Phase nach Grenzöffnung (14.12.89 - 31.01.90)	3.Phase nach Grenzöffnung (01.02.90 - 14.03.90)
	N = 228 in %	N = 121 in %	N = 194 in %	N = 401 in %
ja	35,5	26,4	26,8	31,4
nein	64,5	73,6	73,2	68,6

Tabelle 9: Einsatz des Mehrschichtsystems auf den Baustellen der DDR

	vor Grenzöffnung (10.10.89 - 08.11.89)	1.Phase nach Grenzöffnung (09.11.89 - 30.11.89)	2.Phase nach Grenzöffnung (14.12.89 - 31.01.90)	3.Phase nach Grenzöffnung (01.02.90 - 14.03.90)
	N = 223 in %	N = 121 in %	N = 192 in %	N = 397 in %
ja	27,8	28,1	30,2	29,5
nein	72,2	71,9	69,8	70,5

Die Arbeitsschutzmaßnahmen auf den Baustellen in der DDR werden schwerpunktmäßig nicht eingehalten (vgl. Schwebig 1985), das bestätigen unsere Ergebnisse. Demgegenüber fand aber das Mehrschichtsystem nach

Aussagen der geflüchteten/übergesiedelten Bauleute nur begrenzt Einsatz auf den Baustellen in der DDR (vgl. Voigt 1986). Erstaunlicherweise ergeben sich auch innerhalb der einzelnen Phasen Unterschiede bei den Befragten. Es scheint, als ob die Bewertung der Arbeitsqualität durch die Gruppen, die in der 1. und 2. Phase nach Grenzöffnung in die Bundesrepublik kamen, noch schlechter ausfällt als in den beiden bisher erfaßten anderen Gruppen. Weitere Kritikpunkte unserer befragten Bauleute - die Ergebnisse können wir hier im Detail nicht wiedergeben - waren: Zustand und mangelnde Belieferung von Materialien, schlechte Arbeitsorganisation, keine Vertretung durch den FDGB. Treffend wurde die Situation auf den Baustellen durch einen Randkommentar im Fragebogen skizziert: *"Alles nach dem Motto: 'Keiner' hats gesagt und 'niemand' hats gesehen! Den Bauarbeitern bei uns in der DDR konnte man beim Laufen die Schuhe besohlen = Tatsache! Erst nach der nominellen AZ (Arbeitszeit) begann für diese Leute das Geldverdienen! Alles Material, welches für private Zwecke notwendig war, wurde gestohlen!"*

Vergleicht man die Motive der Bauleute mit denen der Gesamtgruppe, dann läßt sich unsere Anfangshypothese bestätigen: Die schlechten Arbeitsbedingungen waren für die im Bauwesen Tätigen herausragender Grund, die DDR zu verlassen. Hier ergeben sich hochsignifikante Unterschiede zur Gesamtgruppe (Tabelle 10). Der Familie oder den Freunden in den Westen nachzufolgen, war kein herausragendes Motiv für diese spezielle Gruppe. Auch hier ergeben sich hochsignifikante Unterschiede zur Gesamtgruppe (Tabelle 11). Keine Differenzen zeigt die Bewertung der Motive "Politische Bedingungen" und "Persönliche Freiheit". Nahezu identisch werden diese Motive gewichtet (Tabellen 12+13). Auch bei der Bewertung des Lebensstandards zeigen sich keine Unterschiede.

Tabelle 10: Vergleich des Flucht-/Übersiedlungsmotivs "Schlechte Arbeitsbedingungen" in der Gruppe der Bauleute (N= 957) mit der Gesamtgruppe (N= 3466)

	trifft nicht zu	trifft kaum zu	trifft zu	trifft sehr zu
Bauarbeiter	9,3	19,4	30,3	41,0
Gesamtgruppe	14,4	21,4	30,2	34,0

$Chi^2 = 26,557$ df = 3 p = 0,0000 ++

Tabelle 11: Vergleich des Flucht-/Übersiedlungsmotivs "Familie oder Freunde sind im Westen" in der Gruppe der Bauleute (N= 941) mit der Gesamtgruppe (N= 3497)

	trifft nicht zu	trifft kaum zu	trifft zu	trifft sehr zu
Bauarbeiter	26,5	17,0	26,7	29,9
Gesamtgruppe	20,1	15,6	24,7	39,6

$Chi^2 = 34,706$ df = 3 p = 0,0000 ++

Tabelle 12: Vergleich des Flucht-/Übersiedlungsmotivs "Politische Bedingungen" in der Gruppe der Bauleute (N= 959) mit der Gesamtgruppe (N= 3546)

	trifft nicht zu	trifft kaum zu	trifft zu	trifft sehr zu
Bauarbeiter	2,7	3,2	25,1	68,9
Gesamtgruppe	2,5	5,2	25,0	67,4

$Chi^2 = 6,373$ df = 3 p = 0,0948 ns

Tabelle 13: Vergleich des Flucht-/Übersiedlungsmotivs "Persönliche Freiheit" in der Gruppe der Bauleute (N= 958) mit der Gesamtgruppe (N= 3503)

	trifft nicht zu	trifft kaum zu	trifft zu	trifft sehr zu
Bauarbeiter	3,7	8,8	23,3	64,3
Gesamtgruppe	3,7	8,3	25,1	62,8

$Chi^2 = 1,519$ df = 3 p = 0,6778 ns

Tabelle 14: Vergleich des Flucht-/Übersiedlungsmotivs "Lebensstandard in der DDR" in der Gruppe der Bauleute (N= 957) mit der Gesamtgruppe (N= 3539)

	trifft nicht zu	trifft kaum zu	trifft zu	trifft sehr zu
Bauarbeiter	3,2	11,2	31,8	53,8
Gesamtgruppe	2,8	12,2	32,9	52,0

$Chi^2 = 1,858$ df = 3 p = 0,6024 ns

Literatur

Arbeitsgruppe Ökologische Wirtschaftspolitik: Kein ökonomischer Neubeginn für die DDR ohne ökologische Strukturreformen. Erklärung von UmweltökomomInnen aus der DDR anläßlich des deutsch-deutschen Wandels, 13. März 1990. Mannheim-Berlin (Ost) 1990 (vervielfältigtes Msk.).

Brenske, Peter: Bauarbeiter aus der DDR. Eine empirische Untersuchung über gruppenspezifische Merkmale bei Flüchtlinge und Übersiedlern der Jahre 1989 und 1990. Diss. Ruhr-Universität Bochum 1991.

Der Fischer Welt Almanach, Sonderband DDR. Frankfurt/M. 1990.

Fritze, Lothar: Dem Leben eine Wende geben, dem faden Trott entrinnen. Oder: Noch einmal ganz neu anfangen/Über die Motive der Bürger der DDR zur Ausreise. In: Frankfurter Rundschau, Nr. 117, 21. Mai 1990, S. 8.

Heckhausen, Heinz: Motivation und Handeln, Lehrbuch der Motivationspsychologie. Berlin-Heidelberg 1980.

Henrich, Rolf: Der vormundschaftliche Staat. Zum Versagen des real existierenden Sozialismus. Reinbek bei Hamburg 1990.

Hilmer, Richard/Köhler, Anne: Der DDR läuft die Zukunft davon. Die Übersiedler-/Flüchtlingswelle im Sommer 1989. In: Deutschland Archiv, 22. Jg. (1989a), Köln, S. 1383-1388.

Hilmer, Richard/Köhler, Anne: Die DDR im Aufbruch. Was halten die Bundesdeutschen Ende Oktober 1989 von Flüchtlingswelle und Reformen? In: Deutschland Archiv, 22. Jg. (1989b), Köln, S. 1389-1393.

Köhler, Anne: Ist die Übersiedlerwelle noch zu stoppen? Ursache - Erfahrungen - Perspektiven. In: Deutschland Archiv, 23. Jg. (1990), Köln, S. 425-431.

Ronge, Volker: Von drüben nach hüben. DDR-Bürger im Westen. Wuppertal 1985.

Ronge, Volker: Die soziale Integration von DDR-Übersiedlern in der Bundesrepublik Deutschland. In: Aus Politik und Zeitgeschichte, 40. Jg., B 1-2, 5. Jan. 1990, Bonn, S. 39-47.

Schwebig, Ekkehard: Der betriebliche Gesundheits- und Arbeitsschutz in der DDR. Anspruch und Wirklichkeit. Frankfurt/M.-Bern-New York 1985.

Statistisches Jahrbuch 1989 der DDR. Berlin (Ost) 1989.

Tesch, Christian: Die Prestigeordnung der Berufe als Maßstab sozialer Wertvorstellungen in der DDR. Diss. Erlangen 1970.

Voigt, Dieter: Schichtarbeit und Sozialsystem. Zur Darstellung, Entwicklung und Bewertung der Arbeitsorganisation in den beiden Teilen Deutschlands. Bochum 1986.

Voigt, Dieter/Belitz-Demiriz, Hannelore: Zum Bildungssystem der Eltern von Promovierten im deutsch-deutschen Vergleich. Eine empirische Untersuchung über den Einfluß von Herkunftsfamilie und Gesellschaftssystem auf die akademische Elitebildung in den Jahren 1950 - 1982. In: Elite in Wissenschaft und Politik. Empirische Untersuchungen und theoretische Ansätze. Hrsg. von Dieter Voigt. Berlin 1987, S. 25-142.

Voigt, Dieter/Meck, Sabine: Leistungsprinzip und Gesellschaftssystem. In: Die Gesellschaft der DDR. Untersuchungen zu ausgewählten Bereichen. Hrsg. von Dieter Voigt. Berlin 1984, S. 11-45.

Voigt, Dieter/Belitz-Demiriz, Hannelore/Meck, Sabine: Soziodemographische Struktur und Einstellungen von Flüchtlingen/Übersiedlern aus der DDR vor und nach Grenzöffnung. In: Deutschland Archiv, 23. Jg. (1990), Köln, S. 732-746.

Voigt, Dieter/Voß, Werner/Meck, Sabine: Sozialstruktur der DDR. Eine Einführung. Darmstadt 1987.

Wagner, Michael: Räumliche Mobilität im Lebensverlauf. Eine empirische Untersuchung sozialer Bedingungen der Migration. Stuttgart 1989.

Winkler, Gunnar (Hg.): Sozialreport 1990, Bd. I und II, Institut für Soziologie und Sozialpolitik der Akademie der Wissenschaften der DDR. Berlin (Ost) 1990.

Siegfried Grundmann/Ines Schmidt

ÜBERSIEDLUNG AUS DER DDR IN DIE BUNDESREPUBLIK DEUTSCHLAND
Eine Bilanz des Jahres 1989

Unabhängig vom Tempo der Vereinigung der beiden deutschen Staaten ist die Übersiedlung aus der DDR in die Bundesrepublik ein gesamtdeutsches Problem. Sie trägt bei zum Ruin der Wirtschaft in der DDR: sie gefährdet auch das soziale Netz der Bundesrepublik. Längerfristig dürfte eigentlich niemand ein Interesse daran haben, daß der Osten Deutschlands entvölkert wird und zum Armenhaus verkommt. Die zu lösenden Probleme sind auch so schon groß genug.

Im Jahre 1989 sind 343.854 DDR-Bürger in die Bundesrepublik und nach West-Berlin umgesiedelt, das sind 2,1 % der DDR-Bevölkerung. Für das Verständnis unserer Analysen ist wichtig, daß in der DDR-Statistik 255.256 Fälle von Übersiedlungen erfaßt sind: diese gelten als "amtlich abgemeldet". Das sind 74 % der tatsächlichen Zahl von Übersiedlern. Wir werden diese Statistik bei der Analyse der Struktur der Übersiedler und besonders bei der Analyse von Quellgebieten der Migration trotzdem nutzen, weil man annehmen darf, daß die Fehlerquote der Erfassung in allen Bevölkerungsgruppen und allen Territorien gleich groß gewesen ist. Die Differenz zwischen der tatsächlichen Zahl von Übersiedlern und dem in der DDR-Statistik ausgewiesenen Wert resultiert aus den Massenfluchten, die zu einem Großteil "ohne Anmeldung" und damit ohne statistische Registrierung erfolgten. 343.854 Übersiedler im Jahre 1989 sind das Maximum in den zurückliegenden 40 Jahren DDR-Geschichte (bisheriges Maximum = 331.390 Übersiedler im Jahre 1953). Wenn man davon ausgeht, daß siebzig Prozent der Übersiedler im Alter von 18 bis 60 Jahren gewesen sind und in der DDR 95 % der Bürger im arbeitsfähigen Alter erwerbstätig sind, bedeutet das, daß die DDR im Jahre 1989 etwa 230.000 Berufstätige verloren hat. Das wären 2,6 % aller Berufstätigen (einschließlich Lehrlinge).

Das alles wäre kein so schwerwiegendes Problem, wenn ebenso viele Migranten in die DDR gekommen wären. Aber sie kamen nicht. Selbst die Arbeitslosen in der Bundesrepublik sind "drüben" geblieben: offensichtlich hatte die DDR-Gesellschaft auch den sozial Schwächeren aus der Bundesrepublik nur wenig zu bieten. Auf 227 registrierte Übersiedler (also 303 bei Beachtung der erwähnten Fehlerquote) aus der DDR kam einige Person, die von West nach Ost gewandert ist.

Das kann und darf aus vielerlei Gründen nicht zum Alltag der DDR werden bzw. des Territoriums der dann ehemaligen DDR. In dieser Einseitigkeit, mit einer derart dominierenden Wanderungsrichtung und den extrem hohen Zahlen ist der Übersiedlungsprozeß nicht dauernd fortsetzbar. Darum wird das Jahr 1989 und vielleicht noch das Jahr 1990 - auch migrationell gesehen, ein besonderes Jahr in der Geschichte Deutschlands bleiben. Im Vergleich zu den vorherigen Jahren jedenfalls ist es das gewesen: Viele Besonderheiten der Migration im Jahre 1989 sind nur zu erklären, wenn man sie als Fluchtbewegung mit teilweise panikartigem Charakter versteht. Wenn man bedenkt, daß sich im Massenexodus der DDR-Bevölkerung langjährig angestaute Konflikte eruptiv gelöst haben, dann wird klar, daß Dimensionen und Strukturmerkmale der 89er Übersiedlungswelle nicht einfach extrapoliert werden können.

Sprunghaft stieg die Zahl der Übersiedler von 39.854 im Jahre 1988 auf nahezu 344.000 Personen: das ist eine Steigerung auf 863 %. Im Zusammenhang mit der durch Botschaftsbesetzungen erzwungenen Ausreise erhöhte sich die Zahl der registrierten Übersiedler von monatlich durchschnittlich 10.554 im Zeitraum Januar bis September 1989 auf 34.247 im Oktober und im Zusammenhang mit der Grenzöffnung am 9. November auf durchschnittlich 62.000 in den Monaten November und Dezember 1989. Im Oktober, als die Zahl der Übersiedler im Zusammenhang mit den erwähnten spektakulären Ereignissen sprunghaft nach oben schnellte, veränderte sich auch merklich die Altersstruktur der Übersiedler. Mit 15,0 % war der Anteil der 18- bis unter 25-jährigen bis Ende September verhältnismäßig niedrig. Man wartete mit dem Weggang aus der DDR offenbar bis zum Abschluß der Berufsausbildung oder des Studiums. Im Oktober dagegen waren 26,5 % der Übersiedler in diesem Alter, der Anteil sank danach wieder und hatte im Jahresdurchschnitt den Wert von 20,7 %. Je größer im Verlaufe des Jahres 1989 die Wahrscheinlichkeit der Übersiedlung wurde, um so größer war in der Regel auch der Anteil junger Leute. Das gilt auch im regionalen Vergleich. Die Extreme der Übersiedlungswahrscheinlichkeit hatten im Jahre 1989 die Bezirke Dresden (Maximum) und Neubrandenburg (Minimum). Im Bezirk Dresden war die Übersiedlungswahrscheinlichkeit 3,76mal so groß. Die Wahrscheinlichkeit der Übersiedlung von Bürgern im Alter bis zu 18 Jahren war im Bezirk Dresden dagegen 4,67mal so groß. Ein Beleg dafür, daß die Übersiedlung eine vom Süden ausgehende, geradezu ansteckende Wirkung hatte, ist aber auch, daß sich die Differenz zwischen den Bezirken Dresden und Neubrandenburg rasch verringerte. Bis Ende September war die Übersiedlungswahrscheinlichkeit im Bezirk Dresden 5,97mal so groß. Im gesamten Jahr 1989 aber eben nur 3,76mal so groß wie im Bezirk Neubrandenburg. Der gleiche Prozeß wiederholt sich in der Relation Großstadt - Umland der Großstadt.

gende Folgen für die territoriale Struktur der Wohnbevölkerung der DDR selbst dann, wenn alle Bezirke und Kreise, Städte und Dörfer davon gleichermaßen betroffen wären, um so problematischer ist die Tatsache, daß es diesbezüglich eine große territoriale Differenziertheit gab und gibt. Quellgebiete der Außenwanderung des Jahres 1989 waren vor allem:

1. die Hauptstadt Ost-Berlin:
2. die Bezirksstädte und die übrigen Stadtkreise im Süden der DDR;
3. die Landkreise in Sachsen und Thüringen.

Verluste hatten mit anderen Worten vor allem die intellektuellen Zentren und die Industriegebiete im Süden der DDR. Demgegenüber hatten geringere Verluste die Bezirke bzw. Kreise im Norden der DDR bzw. überhaupt die agrarisch strukturierten Gebiete, also auch die Dörfer. Es gibt ein ausgeprägtes Süd-Nord-Gefälle.

Es fällt auf, daß ein Unterschied, ja geradezu ein Gegensatz besteht zwischen den Quellgebieten der Außenwanderung und jenen der Binnenwanderung. Quellgebiete der Binnenwanderung waren im Jahre 1989 so wie schon viele Jahre vorher vor allem die agrarisch strukturierten Gebiete, dort vor allem die sehr kleinen Siedlungen - allerdings auch das industrielle Ballungsgebiet Halle-Leipzig-Bitterfeld. Der berechnete Rangkorrelationskoeffizient zwischen den Quoten der Außenwanderung und jenen der Binnenwanderung hatte 1989 bezogen auf die Bezirke der DDR den Wert $R = -0{,}5245$. Damit wäre exakt erwiesen, daß tendenziell hohe Binnenwanderungsverluste mit niedrigen Außenwanderungsverlusten zusammenfielen und umgekehrt.

Daraus folgt nicht, daß - bei einer Addition der Salden von Binnenwanderung und Außenwanderung - die Regionen und Kommunen der DDR im Jahre 1989 die Folgen der Migration in ausgeglichener Weise tragen mußten. Die Außenwanderung hatte vielmehr einen solchen Umfang, daß demgegenüber die Salden der Binnenwanderung bedeutungslos zu sein scheinen. Alle 217 Kreise (die Hauptstadt Ost-Berlin wird hier als ein Kreis betrachtet) hatten Außenwanderungsverluste; Binnenwanderungsverluste hatten 166 Kreise (d.h. 76,5 % aller Kreise). Im Mittel waren die Außenwanderungsverluste der Kreise um ein Mehrfaches größer als die Binnenwanderungsverluste. Selbst bei Beachtung nur der registrierten Übersiedler hatten ganze drei Kreise einen etwas größeren Binnenwanderungsgewinn als Außenwanderungsverluste gegenüber der Bundesrepublik und West-Berlin. Addiert man die Salden der Binnen- und der Außenwanderung, so zeigt sich, daß die Kreise und besonders die Stadtkreise im Süden der DDR die größten Migrationsverluste hatten.

Ein Demonstrationsobjekt für die Gegenläufigkeit von Binnenwanderung und Außenwanderung ist die Hauptstadt Ost-Berlin. Die Hauptstadt war das

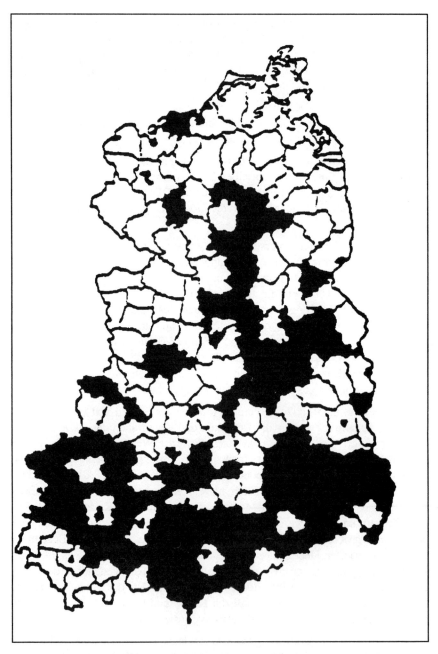

Diagramm 1: DDR-Kreise mit -10 Promille und größeren Wanderungsverlusten in Relation zur jeweiligen Wohnbevölkerung am 31. Dez. 1988

Übersiedlung aus der DDR

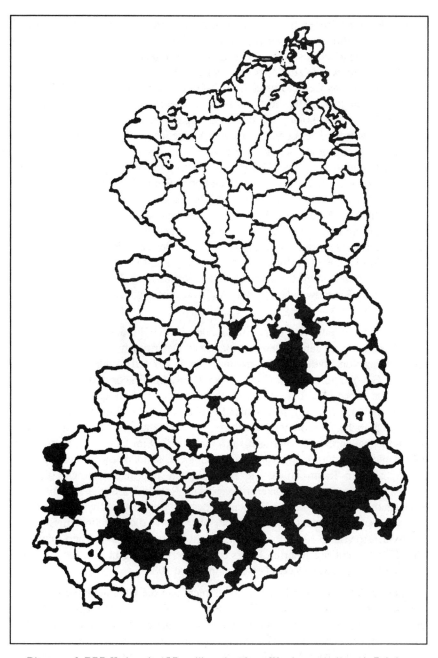

Diagramm 2: DDR-Kreise mit -15 Promille und größeren Wanderungsverlusten in Relation zur jeweiligen Wohnbevölkerung am 31. Dez. 1988

Hätschelkind der früheren Partei- und Staatsführung. Ost-Berlin als Schaufenster des Sozialismus zu gestalten, wurde als Politikum ersten Ranges angesehen, programmatisch festgeschrieben und zur Aufgabe des ganzen Landes erklärt. Ost-Berlin wurde zu einem Zentrum des Wohnungsbaus in der DDR. Die Hauptstadt war das Gebiet mit dem höchsten Lebensstandard in der DDR. Die fortschreitende personelle, institutionelle und territoriale Konzentration der Macht hatte u.a. zur Folge, daß der Staatsapparat besonders in der Hauptstadt aufgebläht wurde. Die demographische Konsequenz waren anhaltend hohe Binnenwanderungsgewinne; ein Binnenwanderungsgewinn von 114.624 Personen in den Jahren 1982 bis 1988 (im Jahr also durchschnittlich 21.172 Personen). Somit hatte Ost-Berlin erneut einen hohen Binnenwanderungsgewinn von 23.067 Personen. Um so drastischer sind die Folgen der Übersiedlerwelle desselben Jahres; ein Saldo von -29.733 An- bzw Abmeldungen. Wenn man davon ausgeht, daß im Mittel nur 25 % der Übersiedlungen amtlich registriert wurden, würde das bedeuten, daß die Hauptstadt gegenüber der BRD und West-Berlin etwa 40.000 Personen verloren hat. Daraus folgt, daß erstmals seit vielen Jahren die Hauptstadt Migrationsverluste hatte: Verluste von 20.000 Personen (bei Addition von Binnenwanderung und Außenwanderung). Das wären 1,6 % der Wohnbevölkerung.

Die Übersiedlung von Hunderttausenden in die Bundesrepublik und nach West-Berlin war im Jahre 1989 die wichtigste Determinante der Bevölkerungsentwicklung von Stadt- und Landkreisen sowie der territorialen Differenziertheit der Bevölkerungsentwicklung in der DDR. Im Ergebnis des Zusammenspiels von Übersiedlerbewegung, Außenwanderung nach bzw. aus anderen Staaten (Saldo = 51.751), natürlicher Bevölkerungsentwicklung (wobei durchschnittlich hohe Geborenenüberschüsse weitgehend ein Resultat früherer Migrationsgewinne bzw. -verluste sind), hatten 1989 im Gegensatz zu früheren Jahren nicht die agrarisch strukturierten Gebiete, sondern die Industriegebiete im sächsischen Raum sowie die benachbarten Thüringer Gebiete die vergleichsweise größten Bevölkerungsverluste. Relativ sind die Verluste der Hauptstadt wegen des hohen Binnenwanderungsgewinns und von Geborenenüberschüssen zwar nicht ganz so groß; aber schon die errechneten Bevölkerungsverluste von -5.323 Personen sind nicht bedeutungslos. Addiert man dazu die offiziell nicht registrierten Übersiedlungsverluste, ergibt sich ein Bevölkerungsverlust von etwa 15.000 Personen im Jahre 1989.

Es wäre allerdings ein Irrtum anzunehmen, daß die Übersiedlerbewegung in die Bundesrepublik und nach West-Berlin weniger schwerwiegende Konsequenzen für die agrarisch strukturierten Gebiete hätte. Im Gegenteil. Längerfristig haben vor allem diese Gebiete die Lasten der Auswanderung zu tragen. Denn es entsteht trotz Arbeitslosigkeit erneut eine Sogwirkung der Hauptstadt und anderer großer Städte auf die Bevölkerung und das Arbeitskräftepotential der Dörfer und ländlichen Gebiete. Es wird vor allem das intellektuelle Potential herausgesaugt: die ohnehin schon geringe Anzahl von Hochschulkadern wird sich weiter verringern, ebenso wie der potentielle Nachwuchs besonders von hochqualifizierten nichtlandwirtschaftlichen Tätigkeiten. So werden die momentanen demographischen Effekte der Außenwanderung an die strukturschwachen Gebiete weitergereicht. Vor allem der nordöstliche Teil der DDR wird zum Notstandsgebiet, wenn dieser Entwicklung nicht bald Einhalt geboten werden kann. Bei allem Vertrauen in die heilenden Kräfte des Marktes dürfte das ohne regulierende Maßnahmen des Staates kaum möglich sein.

Die Probleme, die infolge von lange Zeit anhaltenden Binnenwanderungsverlusten vor allem in agrarisch strukturierten Gebieten mit geringer Bevölkerungs- und Siedlungsdichte entstanden sind, mahnen zur Besonnenheit bei der Beurteilung von Salden der Außenwanderung. Die Reduktion der gegenwärtigen Übersiedlerzahlen auf die Hälfte oder ein Viertel wäre zwar ein Anlaß zur Zuversicht, aber noch lange kein Grund zu Triumphgeschrei. Das Ausbluten der DDR würde damit nur verzögert, nicht aufgehalten. Das mindeste, was die DDR braucht, wären ausgeglichene Salden der Außenwanderung. Aufgrund der Altersstruktur der Migranten würde sich die Bevölkerung der DDR (bzw. auf dem Territorium der heutigen DDR) trotzdem weiter verringern. Insbesondere wäre mit einer weiteren Entvölkerung von jetzt schon dünn besiedelten Gebieten zu rechnen. Migrationsgewinne sind nötig, wenn die Bevölkerungszahl auf dem jetzigen Stand gehalten werden sollte. Wer darauf Einfluß nehmen will, müßte die Ursache der massenhaften Übersiedlung aus der DDR in die Bundesrepublik beseitigen helfen. Daß dazu mehr gehört als nur die Veränderung der politischen Verhältnisse in der DDR, haben die ereignisreichen Wochen nach Öffnung der Grenze am 9. November 1989 und auch die Tage nach den Volkskammerwahlen am 18. März 1990 bewiesen.

Der Unterschied zwischen den Quellgebieten der Binnenwanderung und denen der Außenwanderung zwingt zu der Annahme, daß die Ursachen der Binnenwanderungssalden nicht dieselben sein können wie die Ursachen der massenhaften Übersiedlung aus der DDR in die Bundesrepublik. Sonst hätten die Quellgebiete der Binnenwanderung auch extrem hohe Übersiedlerzahlen haben müssen. Zwar hat z.B. die Bündelung problematischer Lebensbedingungen in kleinen Siedlungen vor allem im Bezirk Neubrandenburg (schlechte Verkehrsanbindung, Versorgungsprobleme, komplizierte Arbeitsbedingungen in der Landwirtschaft und fehlende Arbeitsmöglichkeiten in anderen Bereichen) - eine Hauptursache der Binnenwanderung - auch zur Übersiedlung beigetragen, aber die Salden der Außenwanderung waren in den meisten Kreisen der DDR größer (negativer) als die Salden der Binnenwanderung. Aus den Mechanismen der Binnenwanderung sind die hohen Übersiedlungsverluste in den großen Städten im Süden der DDR oder der Hauptstadt nicht zu erklären.

Auch und gerade der Hauptstadt haben Tausende den Rücken gekehrt, obwohl hier vergleichsweise viel investiert wurde, allerdings um den Preis des Verfalls vieler Altbaugebiete und von ganzen Städten.

Man kann dieses Phänomen nur so deuten, daß besonders in der Hauptstadt und in den großen Städten im Süden der DDR ein beträchtliches Migrationspotential akkumuliert gewesen ist, das dann vor allem im Ergebnis der Botschaftsbesetzungen und schließlich nach Öffnung der deutsch-deutschen Grenze in die potentiellen Zielgebiete der Migration fließen konnte - in die Bundesrepublik und nach West-Berlin. Die Salden der Migration waren wie vorher schon die Salden der Binnenwanderung ein Gradmesser von Niveauunterschieden in den Lebensbedingungen; diesmal von Niveauunterschieden zwischen der DDR und der Bundesrepublik Deutschland. Hunderttausende haben das Gesellschaftssystem der DDR mit dem der Bundesrepublik verglichen und das letztere als das bessere befunden. Daß massenpsychologische Umstände eine Rolle gespielt haben, muß erwähnt werden, ändert daran jedoch nichts. Die großen Städte hatten nicht nur absolut, sondern auch relativ zur Bevölkerungszahl so viele Übersiedler, weil sich dort die Schwächen des Systems in extremer Weise zeigten - verbunden mit auch dort zugespitzten örtlichen Problemen: Verschleiß der Infrastruktur, ein beklagenswerter Zustand der Kommunalpolitik, Ruin von Altbauwohngebieten, Umweltprobleme. Unter spezifischen ländlichen Bedingungen erschienen manche Probleme der Gesellschaft nicht ganz so schroff, wurden wohl auch nicht ganz so kritisch reflektiert und darüber hinaus kamen hier begrenzte Bindungsfaktoren in ganz besonderem Maße zum Tragen - Eigentum an Haus und Garten, familiäre Bindungen, soziale Kontrolle, fehlende Anonymität etc. In den Städten hat dadurch zweifellos auch die besondere Sozialstruktur eine wichtige Rolle gespielt (insbesondere in Ost-Berlin, Leipzig, Dresden und Jena): der hohe Anteil von Angehörigen der Intelligenz und das Vorhandensein aller Intelligenzgruppen. Die Freiheit des Denkens, der Forschung und der Kunst, der publizistischen Fähigkeit hat für diese soziale Gruppe bekanntlich einen besonders hohen Stellenwert. Die weitgehend intelligenzfeindliche Haltung der "Partei- und Staatsführung" zeigte sich in den großen Städten in geballter Weise.

Es kann nicht verwundern, daß eine Analyse der Gründe für die Übersiedlung die Defekte des gesellschaftlichen Systems offenlegt und damit auch die Probleme der meisten DDR-Bürger, die im Land geblieben sind und bleiben wollten. Eine von uns durchgeführte Sekundäranalyse von Quartalsberichten über die Anträge auf ständige Ausreise, die in der Abteilung Inneres beim Magistrat von Ost-Berlin erstellt wurden, zeigte, daß schon lange vor der Grenzöffnung - im Jahre 1986 - besonders häufig die folgenden Motive für die Antragstellung genannt wurden:

- unmenschliche Abgrenzungspolitik, praktiziert ohne Rücksichtnahme auf menschliche und familiäre Probleme der Betroffenen (Mauer und Schießbefehl);
- Bruch des Postgeheimnisses frei nach Ermessen der Staatssicherheitsorgane;
- fehlende Pressefreiheit, einseitige und unvollständige Informationspolitik von Presse, Rundfunk und Fernsehen;
- unzureichende Reisemöglichkeiten in das westliche und sozialistische Ausland;
- permanent unzufriedenstellendes Angebot und mangelhafte Qualität von Waren und Dienstleistungen: zunehmende Diskrepanz zwischen der Qualität der Waren und den geforderten Preisen: versorgungsseitige Diskriminierung von Bürgern, die nicht im Besitz von Valuta sind;
- schonungsloser Umgang mit der Umwelt nach ausschließlich politisch-ökonomischen Gesichtspunkten ohne die reale Möglichkeit der Einflußnahme durch die Bürger der DDR. Hierzu gezielte Desinformation.

Im Jahre 1989 hat es innerhalb von nur wenigen Wochen eine erhebliche Veränderung in der Struktur der Motive für die Übersiedlung gegeben. Das mußte auch so sein, denn mittlerweile sind zahlreiche Gründe gegenstandslos geworden. Vorausgesetzt, daß das nötige Geld vorhanden ist, können nun auch DDR-Bürger reisen, wohin sie wollen. Die politische Bevormundung der Presse ist vorbei und noch vieles andere. Um so mehr fällt auf, daß die Zahl der Übersiedler sich kaum verkleinert hat. Daraus folgt: Es hat sich nicht nur die Struktur der Motive geändert, vielmehr sind die neuerdings dominierenden Motive im Endeffekt ebenso wirksam wie die früher dominierenden. Je mehr sich das politische System der DDR dem der Bundesrepublik annähert und überhaupt der Unterschied zwischen den Gesellschaftssystemen schwindet, um so mehr verlieren politische Motive die frühere Bedeutung. Und wenn man die Sache genauer betrachtet, sind diese schon jetzt gegenstandslos geworden. Übersiedler des Jahres 1990 haben aufgehört, politische Flüchtlinge zu sein. Ausschlaggebend sind soziale und ökonomische Gründe, die Salden der Außenwanderung sind immer mehr ebenso wie die Salden der Binnenwanderung Gradmesser territorialer Unterschiede im Niveau der Lebensbedingungen, insbesondere der materiellen Lebensbedingungen. Diese Tendenz wurde verstärkt durch den totalen Zusammenbruch von Werten und die massenhafte Orientierung auf einen möglichst schnellen Anschluß an die Bundesrepublik. Hinzu kommt, daß vieles zerbricht, was trotz allem auf der Haben-Seite der DDR-Bevölkerung stand. Das System sozialer Sicherheit bröckelt, Preissubventionen werden abgebaut, die vielfältigen wirtschaftlichen Umstrukturierungen bringen soziale Unsicherheit und Arbeitslosigkeit. So stellt sich für viele die Frage: Wenn es einen neuen sozialen Anfang geben muß, warum dann nicht gleich in der Bundesrepublik? Das soziale Netz ist dort noch eng geknüpft, die Arbeitslosenunterstützung relativ hoch. Warum sollte man die Vereinigung der beiden deutschen Staaten im strukturschwachen Gebiet Deutschlands erleben?

Daraus ergibt sich eine Schlußfolgerung, die bisher viel zu selten gezogen wird: Tendenziell hat das heutige Territorium der DDR noch längere Zeit nach der Vereinigung der beiden deutschen Staaten erhebliche Migrationsverluste. Die Herstellung der Einheit Deutschlands ist nicht das Ende der Ost-West-Migration. Vielleicht hat sich bis dahin die Zahl der Übersiedler wesentlich verringert. Dringend nötig wäre das. Wenn wir absehen von der Wanderung spezifischer Bevölkerungsgruppen, wird die Richtung der Migration jedoch die bisherige geblieben sein. Aus der Außenwanderung ist dann eine Form der Binnenwanderung geworden: die Wanderung aus dem Osten in den Westen Deutschlands. Bis zur nötigen Trendwende werden Jahre vergehen. Denn die Wurzeln der Migrationsverluste sind nicht so schnell zu beseitigen. Die Infrastruktur der DDR befindet sich in einem katastrophalen Zustand: es wird in den nächsten Jahren vieles möglich sein. Wunder allerdings sind nicht zu erwarten.

Was man tun müßte, wenn die Migrationsverluste eines Territoriums verringert werden sollen, ist hinlänglich bekannt. Die Einflußnahme erfolgt sowohl über die Veränderung der Bedingungen in den Quellgebieten der Migration als auch in den Zielgebieten. Es sind sowohl die "push"- als auch die "pull"-Effekte zu reduzieren. Nötig ist also

1. die generelle Verbesserung der Lebensbedingungen auf dem Territorium der DDR, das heißt unter anderem: die Schaffung einer wettbewerbsfähigen Wirtschaft, die Modernisierung der Produktion, die Umprofilierung von Arbeitsplätzen und die Schaffung neuer Arbeitsplätze, Erneuerung der gesamten Infrastruktur, Erhaltung und menschengerechte Umgestaltung der Städte und Dörfer.

2. die Abschaffung der Sonderrechte für Übersiedler aus der DDR. Solange die Übersiedlung prämiert wird, wird sie auch stimuliert. (Problematisch wäre allerdings auch das Gegenteil: die gezielte Diskriminierung von Übersiedlern z.B. in Form einer Nichtanerkennung von Berufsabschlüssen. Das wäre eine neue, subtile Form der Ausgrenzung, eine Mauer in anderer Gestalt). Notwendig ist die völlige Gleichstellung der DDR-Übersiedler mit Bürgern der Bundesrepublik: wer keine Wohnung und keinen Arbeitsplatz nachweisen kann, sollte keine Aufnahme in den Kommunen und Bundesländern finden. Was man nicht wünschen muß, was aber von selbst kommt und die Sogwirkung der Bundesrepublik verringern wird, das sind Arbeitslosigkeit, Obdachlosigkeit und Heimweh. Es wird nicht ausbleiben, daß die früheren Übersiedler die neuen Übersiedler nicht haben wollen.

Es ist keine Bitte um Mitleid und Erbarmen, wenn heute aus der DDR der Ruf nach Investitionen aus der Bundesrepublik kommt. Die Lösung des Problems der Übersiedler ist auch im Interesse der Bundesrepublik. Längerfristig steht nicht die Zukunft der DDR zur Diskussion. Es wird die DDR bald nicht mehr geben. Worum es geht, ist vielmehr die Zukunft Deutschlands und insbesondere seines östlichen Teiles. Mit dem Abbau des Niveaugefälles zwischen dem Osten und dem Westen Deutschlands ist schon jetzt zu beginnen. Der Fortbestand oder die Vertiefung dieses Gefälles könnte zu einer Gefahr für die Zukunft Deutschlands werden, für den ökonomischen Wohlstand und den sozialen Frieden in diesem Lande. Dann wären die sozialen Spannungen heutzutage zwischen Übersiedlern und der bisherigen Bevölkerung der Bundesrepublik sowie zwischen Übersiedlern nur der Prolog zu noch größeren Konflikten. Die Lösung dieses Problems ist von größter Bedeutung auch für die Zukunft Europas. Das Problem der Übersiedler ist ein europäisches Problem.

Abschließend der Versuch einer Prognose:

1. Der Wiederaufbau der Wirtschaft auf dem Territorium der DDR und die sich verringernde Sogwirkung der Bundesrepublik auf das Arbeitskräftepotential der jetzigen DDR wird dazu führen, daß die Übersiedlerzahlen noch im Jahre 1990 erheblich reduziert werden. Es ist wahrscheinlich, daß bis zur Mitte der 90er Jahre eine Trendwende eintritt und das Territorium der DDR Migrationsgewinne verzeichnen kann. Die Gesundung der Wirtschaft auf dem Territorium der DDR wird begünstigt durch den trotz allem nicht gebrochenen Leistungswillen der Bevölkerung und deren vergleichsweise niedriges Anspruchsniveau.

2. Es wird sehr bald, in größerem Umfange nach Vereinigung der beiden deutschen Staaten, eine umfangreiche West-Ost-Wanderung von Politikern, Managern und Beamten geben. Jede Revolution, also auch die in der DDR stattgefundene, hat zur Konsequenz die personelle Neubesetzung der Schlüsselpositionen in der Wirtschaft und im Staate, also auch eine personelle Erneuerung des Staatsapparates (wobei allerdings auch zu sagen wäre, daß Revolutionen bisher den vorhandenen Apparat genutzt und weiterverwendet haben).

3. Zunehmen wird aber auch die Ausländermigration aus West und Ost in Richtung DDR. Binnen kurzem wird so die DDR-Bevölkerung mit einem Phänomen konfrontiert, auf das sie nicht vorbereitet sind. DDR-Bürger werden lernen müssen, mit Menschen anderer Nationen, Kulturkreise und Glaubensbekenntnisse nicht nur zeitweilig, sondern ständig zusammenzuarbeiten, unter einem Dach zu wohnen. Ausländer werden in größerer Zahl auch in solche Regionen und Kommunen ziehen, die bisher von der Außenwelt so gut wie abgeschnitten waren. Es ist nicht auszuschließen, daß

es immer mehr Konflikte gibt. Um so dringlicher wäre eine langfristig präventive Politik.

4. Neben Struktur- und Richtungsverschiebungen der Migration wird es auch zu Veränderungen ihrer Ursachen und Motive kommen. Es wird der Anteil "vorbereiteter" Übersiedlungen zunehmen. Nach Wegfall der Sonderregelungen und Schließung der Auffanglager wird es mehr als bisher erforderlich, Integrationschancen zu testen und die dafür erforderlichen Bedingungen (Arbeitsplatz, Wohnung) zu sichern. Umfang und Struktur der Übersiedlung werden so immer stärker durch die Situation auf dem (regionalen) Arbeits- und Wohnungsmarkt reguliert. Die Motive zur Übersiedlung dürften zunehmend komplexer werden, in Vielfalt und Struktur denen der Binnenwanderung ähnlicher. Eine bleibende Form der Übersiedlung wird wohl die von alleinstehenden Männern sein - eine Form der Übersiedlung, die zeitlich begrenzt und vor allem verdienstorientiert ist, gewissermaßen eine Form des Fern- und Langzeitarbeitspendelns darstellt. Besonders in grenznahen Regionen wird das grenzüberschreitende Arbeitspendeln als Vorstufe oder als Alternative zur Übersiedlung an Bedeutung gewinnen. Anwachsen wird sicherlich auch der Trend zum Nachzug aus familiären Gründen. Zunehmen wird im Ergebnis des Verschwindens der Grenzen zwischen der DDR und der Bundesrepublik auch die Zahl und der Anteil von Wanderungen aus familiären Gründen, insbesondere im Zusammenhang mit Eheschließungen.

5. In der DDR bzw. auf dem Territorium der DDR wird die Binnenwanderung zunehmen. Wenig Chancen im Wettbewerb der Regionen haben der Nordosten der DDR (das Gebiet Vorpommerns) und der jetzt weitgehend durch die Energie- und Brennstoffwirtschaft geprägte Cottbuser Raum. Im Zusammenhang mit der Umstrukturierung des Staatsapparates und der Wirtschaft ist mit überdurchschnittlich großen Arbeitsmarktproblemen im Berliner sowie im Halle-Leipziger Raum zu rechnen, die perspektivisch aber dennoch große Chancen haben und unter bestimmten Bedingungen wieder zu Zielgebieten der Binnenwanderung werden können.

6. Vorbei ist die Zeit einer im internationalen Vergleich geringen räumlichen Mobilität der DDR-Bevölkerung. Wenigstens in den 90er Jahren wird auch die migrationelle Mobilität wachsen. Was aber auch und in viel größerer Dimension wachsen dürfte, das sind andere Formen räumlicher Mobilität. Dazu gehört die Arbeitspendelwanderung, für die sich im Zusammenhang mit der Erneuerung der Verkehrsinfrastruktur völlig neue Perspektiven ergeben.

Die genannten Entwicklungen wird es geben unabhängig davon, ob man sie wünscht oder nicht wünschen kann. Trotzdem kann und sollte es auch in einer

Umbruchzeit Werte und Ziele geben. Es wäre sehr zu wünschen, daß ein soziales Netz geschaffen wird, das diese Entwicklungen für die Menschen erträgbar werden läßt. Soziale Konflikte dürfen nicht zur Gefahr für die Zukunft des deutschen Volkes und anderer Völker werden.

Volker Ronge

ÜBERSIEDLER AUS DER DDR - EIN MINDERHEITENPROBLEM?

I. Die soziale Integration von DDR-Übersiedlern in der Bundesrepublik Deutschland

1. Migration und Integration

Die soziale Integration von "Zuwanderern" aus einer anderen Gesellschaft, wie es die amtliche Statistik nennt, oder von - um den in der Soziologie üblichen Terminus zu wählen - Migranten in der Zuzugsgesellschaft stellt allemal einen zeitaufwendigen Vorgang dar, der nicht selten über mehrere Generationen hinwegreicht. Die Zeitlichkeit der sozialen Prozesse bildet eine wesentliche (und in vieler Hinsicht problematische) Vorgabe für ihre soziologische Erforschung. Untersuchungen, die zeitlich in der Nähe der Migration verbleiben, können deshalb von vornherein für Integrationsprozesse und -effekte nur geringe - bestenfalls (immer riskante) prognostische - Aussagekraft beanspruchen. Der Sache angemessen sind allein Untersuchungen, die sich dem längerfristigen Verlauf der Integration anpassen, ihm konzeptionell entsprechen. Ideal wären langfristige "Begleitforschungen" (methodisch z.B. Panel-Konzepte), die jedoch, je länger man zeitlich ausgreifen will, umso schwieriger und aufwendiger werden, sodaß sich fast zwangsläufig pragmatische "Abbrüche" der Integrationsforschung ergeben.

Die Zusammenhänge zwischen der Migration von einer Gesellschaft in eine andere und der sozialen Integration der Migranten in der (oder die) Zuzugsgesellschaft stellen sich, ohne daß an dieser Stelle ausschweifende Ausführungen zur Begrifflichkeit erfolgen sollen, in Kürze folgendermaßen dar: Aufwand und Probleme der migrationsbedingten Integration reflektieren die Unterschiedlichkeit der jeweiligen beiden Gesellschaften, zwischen denen die Migration erfolgt. Durch seine Sozialisation trägt der Migrant seine Herkunftsgesellschaft sozusagen "im Gepäck" mit in die - anders geartete - Zuzugsgesellschaft. Der Migrant muß dann in seiner Person die beiden betreffenden Gesellschaftlichkeiten vermitteln und kann dabei mehr oder weniger erfolgreich sein - was immer das unter Berücksichtigung der subjektiven Komponente genau bedeuten mag. Dabei übt die Zuzugsgesellschaft qua Mehrheit auf den Migranten (als Minderheit) einen Anpassungsdruck aus. Soziale Integration des Migranten in der Zuzugsgesellschaft bedeutet insofern eine Re-Sozialisation,[1] d.h., unter dem engeren Aspekt des Lernens, ein "Umlernen" mit seinen beiden Facetten: dem Erlernen von Neuem sowie dem Verlernen von Altem. Das Ganze erfolgt sozusagen strukturell unter Streß.

Für erwachsene Migranten vollzieht sich dieser Integrationsvorgang unter der altersbedingten Erschwernis: Erwachsene sind - in dem Maße, in dem Sozialisation im Kindes- und Jugendalter stattfindet ("Erwachsenensozialisation" soll nicht bestritten, aber auch nicht überbewertet werden) - einigermaßen "fertig sozialisiert" und aus der Soziabilität herausgewachsen. Bei Kindern und Jugendlichen ist demgegenüber mit der Migration ein vorzeitiger Abbruch der "primären" Sozialisation (in der Herkunftsgesellschaft) verbunden und stellt sich das Integrationsproblem als Frage der Weiterführung der Sozialisation in der Zuzugsgesellschaft auf der - an sich günstigen - Basis altersbedingter Soziabilität. An sich haben auch "Binnenmigrationen", also Umzüge innerhalb einer Gesellschaft, soziale Integrationsaufgaben und -probleme zur Folge. Es ist aber anzunehmen, daß zwischen einem Umzug und einer Gesellschaftsgrenzen überschreitenden Migration doch eine qualitative Differenz besteht.

2. Soziale Integration nach Übersiedlung aus der DDR

Die Basishypothese für die Erforschung der Integration von Zuwanderern aus der DDR im bundesdeutschen Westen besteht in der Annahme einer markanten Unterschiedlichkeit der beiden deutschen Gesellschaften der Nachkriegszeit in Sozialstruktur und - wie man im Sozialismus so schön sagt - "Weltanschauung", die sich über die jeweiligen Sozialisationsvorgänge den Individuen mitgeteilt und tief eingeprägt hat. Die "innerdeutsche" Übersiedlung wird von daher in soziologischer Perspektive wie (nicht als!) eine Zuwanderung von Ausländern - unter gewissen erleichternden Bedingungen: keine zugangsrechtlichen, sprachlichen, ethnischen Probleme - betrachtet.

Sieht man von Untersuchungen aus der Nachkriegszeit bis einschließlich der Selbstabgrenzung der DDR nach Westen durch den Mauerbau 1961 ab, so sind DDR-Übersiedler, also Personen, die dauerhaft aus der DDR in den bundesdeutschen Westen zugewandert sind - auf amtliche Differenzierungen dieser

---

1 Mit dieser begrifflichen "Annäherung" von Integration und Sozialisation bewege ich mich auf den Pfaden einer Gesellschaftstheorie, die jegliche Sozialisation als soziale Integration versteht. Siehe etwa Popitz 1980, S. 70, der hinsichtlich der demographischen gesellschaftlichen Reproduktion von der "Integration 'endogener Neuankömmlinge'" spricht. Siehe ferner den Integrationsbegriff, der der berühmten Unterscheidung zwischen System- und Sozialintegration von Lockwood (1971) zugrundeliegt.

Migranten sei hier verzichtet -, erst im Zusammenhang mit der sogenannten Übersiedlerwelle von 1984 zu sozialwissenschaftlicher Aufmerksamkeit avanciert. Mit dieser damals - in Relation zu den vergangenen Jahren zu Recht - als neuartig und bemerkenswert groß erscheinenden Übersiedler"welle", die sich aus heutiger Sicht, im Licht der Übersiedlungsbewegung von und seit 1989, natürlich etwas anders darstellt, setzte verständlicherweise auch eine, wenn gleich begrenzte, soziologische und z.T. auch psychologische Forschung ein. Es hatten sich ja im Übersiedlerzugang von 1983 auf 1984 nicht nur die Zahlen markant erhöht, sondern zugleich die soziodemographische Zusammensetzung der Übersiedlerpopulation sowie die Motivstruktur der Übersiedler. Und das mußte ein Forschungsinteresse auf sich ziehen.

Tabelle 1: Zuzug von DDR-Übersiedlern in die Bundesrepublik (in Tsd.)

Jahr	in Tsd.
1974-1983 im Durchschnitt	13
1984	41
1985	25
1986	26
1987	19
1988	40
1989	344
1990, Jan.-April (= p.a. hochgerechnet)	175 525)

Quelle: Statistik des Bundesausgleichsamts/Bundesnotaufnahmeverfahrens bzw. Pressemitteilungen des Bundesministers des Innern

Bei den meisten dieser - insgesamt jedoch wenigen - Untersuchungen handelt es sich um (mehr oder weniger repräsentative) Befragungen von Übersiedlern unmittelbar nach ihrer Ausreise aus der DDR. Den - relativ leicht zugänglichen - Ansatzpunkt ihrer Befragung bildete ihre Meldung im Rahmen des Bundesnotaufnahmeverfahrens (in den Lagern Gießen und Berlin-Marienfelde). Themen der Befragung waren dabei, von soziographischen Variablen abgesehen, vornehmlich die Motive zur Ausreise aus der DDR und die Erwartungen an das gewählte Leben, u.a. die Integrationserwartungen, in der Bundesrepublik. Integrationsprozesse oder gar Integrationseffekte konnten mit Untersuchungen dieses Typs prinzipiell nicht angegangen werden.

Die von uns für die Übersiedlerpopulation der 84er Welle durchgeführte, - unseres Wissens bislang einzige - explizit auf Integration ausgerichtete Forschung (vgl. die Berichterstattung bei Ronge 1990a) hat zusammengefaßt, bei

Unterscheidung von insbesondere drei für DDR-Übersiedler relevanten Integrationsdimensionen - Wohnung, Arbeit und "soziale" Integration im engeren Sinne -, folgende Ergebnisse erbracht:

- Die **Wohnungsversorgung** der 84er Übersiedler warf, obwohl es sich um einen zahlenmäßig erheblichen Zugang in gedrängter Frist gehandelt hat, kaum Probleme auf. In deutlichem Unterschied zur Situation im Jahre 1989 gab es nur wenige Übersiedler der 84er Welle, die längere Zeit in sogenannten Übergangsheimen zubringen mußten, bevor sie eine eigene Wohnung fanden. Die für diesen Vorgang m.E. entscheidende Erklärung ergibt sich nicht etwa aus einer in den beiden Bezugsjahren unterschiedlichen Situation am Wohnungsmarkt, sondern daraus, daß die 84er Übersiedler erstens auf eine relativ große Aufnahmebereitschaft der westdeutschen Bevölkerung stießen und, vor allem, zweitens verbreitet auf verwandtschaftliche Hilfe rekurrieren konnten, die sich insbesondere für die Wohnungsvermittlung positiv auswirkte. Dies wiederum findet seine Erklärung darin, daß zu jener Zeit das Ausreisebegehren in der DDR meistens auf den von den KSZE-Normen privilegierten Tatbestand der Familienzusammenführung gestützt wurde und in der Regel nur in diesem Begründungszusammenhang erfolgreich war. Die Übersiedler hatten von daher im Westen meistens eine verwandtschaftliche Anlaufadresse, wenngleich es sich dabei oft um entfernte, z.T. auch erst zur Stützung des Ausreisebegehrens aktivierte Verwandte gehandelt hat. Für die Integration generell haben sich diese Verwandtschaften meistens als nur begrenzt hilfreich und förderlich erwiesen; bei der Wohnungsintegration jedoch haben sie verbreitet positiv gewirkt.

- Unter volkswirtschaftlichen Umständen, die sich im Vergleich mit den Folgejahren noch als relativ ungünstig darstellten, was insbesondere das Ausmaß der Arbeitslosigkeit betrifft, ist die Integration der 84er Übersiedler in das bundesdeutsche **Arbeitsleben**, von der Einkommen und erreichbarer Lebensstandard abhängen, relativ erfolgreich verlaufen. Die Gründe hierfür sind vor allem in zwei einigermaßen durchgehenden Merkmalen der damaligen Übersiedlerpopulation zu suchen: Erstens waren diese Übersiedler überdurchschnittlich formal gebildet und beruflich qualifiziert - und dies zu großem Anteil in industriegewerblichen Berufen, für die auf dem bundesdeutschen Arbeitsmarkt bessere Vermittlungsaussichten bestehen als etwa in Dienstleistungsberufen. Sie waren in günstigem - mittleren - Lebensalter und besaßen Berufserfahrung. Hinzu kam, zweitens, das verbreitete Vorhandensein von "extrafunktionalen" Qualitäten, die sich in den Augen westlicher Unternehmen als attraktiv darstellen und bei denen sich die Übersiedler dieser "Generation" positiv gegenüber den Einstellungen und Haltungen bundesdeutscher Arbeitnehmer und Arbeitssuchender abhoben: Die Übersiedler zeigten einen starken Arbeitswillen und große Leistungsbereitschaft im Beruf, sie hatten ein starkes Verdienstinteresse und von daher auch Überstundenbereitschaft, und sie demonstrierten schon bei der Arbeitssuche ein für bundesdeutsche Verhältnisse ungewöhnliches Maß an Eigeninitiative und z.T. unkonventioneller Aktivität, was den potentiellen Arbeitgebern imponierte. Hinter diesen - an die berühmten, spezifisch deutschen Tugenden erinnernden - die Integration ins Arbeitsleben befördernden Merkmalen stand eine typische Ausreise- bzw. Übersiedlungsmotivation dieses Übersiedler-Jahrgangs, in der die individuelle berufliche Entwicklung und der Wunsch nach einer angemessenen Honorierung von Arbeitseinsatz und -leistung durch Einkommen und Lebensstandard dominierte.

Natürlich bedarf diese pauschalisierende Darstellung einiger **Differenzierung**. Ich überspringe dabei den Aspekt zeitlicher Differenzierung: die obigen Darlegungen beziehen sich auf den Stand der Integration der Übersiedler (der 84er Welle) nach fünf Jahren im Westen. Berichtenswert ist allerdings die besondere Situation von **weiblichen** Übersiedlern.

Die - in der Hauptsache im Familien- bzw. Haushaltszusammenhang - in den Westen gelangten weiblichen Übersiedler erlebten, generell gesehen, eine etwas schlechtere oder langsamere Integration in das Arbeitsleben als die männlichen. Dabei ist die DDR-spezifische Normalität vorauszusetzen, daß Frauen sich, vom sog. Babyjahr abgesehen, am Erwerbsleben nahezu ebenso beteiligen wie die Männer. Weibliche Übersiedler brachten diese Normal-Erwartung mit in den Westen, auch für sich selbst. Bei der Umsetzung dieser Erwartung und Absicht - die noch verstärkt wurde durch den verständlichen Drang der Frauen, durch Erwerbsbeteiligung den möglichst schnellen ökonomischen Entwicklungsprozeß von Familie und Haushalt zu befördern - stießen die weiblichen Übersiedler im Westen allerdings auf zwei gravierende Hindernisse: Erstens erzeugte die hier im Vergleich zur DDR deutlich verminderte Versorgung mit Kinderbetreuungseinrichtungen für viele Mütter den Zwang, zur Versorgung ihrer Kinder länger als aus der DDR gewohnt zu Hause zu bleiben. Das zweite Problem hängt mit der Divergenz der Wirtschafts- und, damit einhergehend, der Berufsstrukturen in den beiden deutschen Gesellschaften zusammen: Aus der DDR-Konstellation resultierend stammen überproportional viele Übersiedler-Frauen aus Dienstleistungs- und Handelsberufen. Zudem waren sie häufig, ebenfalls DDR-typisch, auf Teilzeitarbeitsplätzen beschäftigt und strebten solche im Westen auch wieder an. Damit trafen die weiblichen Übersiedler im Westen - ganz im Unterschied zu den männlichen Übersiedlern, die auf den in den letzten Jahren mit günstiger Konjunktur zunehmend absorptionsfähigen technisch-industriellen Teilarbeitsmarkt drängten - allerdings auf einen besonders engen und schwierigen Sektor des bundesdeutschen Arbeitsmarktes: den für Dienstleistungsberufe und dort insbesondere Teilzeitarbeitsplätze. (Die Frage der Anpassung an das gegenüber der DDR höhere technologische Niveau der bundesdeutschen Arbeitsplätze dürfte sich kaum geschlechtsspezifisch ausgewirkt haben.) Im Effekt dauerte die "ökonomische" Integration bei den

Frauen aus den genannten Gründen länger als bei den Männern. Sie führte nach einigen Jahren allerdings auch hier zum gewünschten Erfolg - dies allerdings häufiger als bei den Männern um den Preis von notwendigen beruflichen Umorientierungen und Umschulungen oder "unterqualifizierter" und dementsprechend geringer entlohnter Arbeit.

Insgesamt läßt sich sagen, daß die Übersiedler der 84er Welle eine gewisse **elitäre** Auswahl aus der DDR-Bevölkerung darstellten. Das zeigen nicht nur ihre soziodemographischen Merkmale, insbesondere das Formalbildungsniveau, sondern das betrifft auch ihre personelle Disposition und, damit zusammenhängend, ihre Ausreisemotivation. Bei diesen "frühen" Übersiedlern, die nicht im Rentenalter oder aus primär verwandtschaftlichen Gründen in den Westen wollten und gelangten, handelte es sich um typische Emigranten, die um eigener, insbesondere beruflicher Entwicklung und "Selbstverwirklichung" willen unter strategischer Inkaufnahme längerer und erheblicher sozialer Diskriminierung mit ihrer Heimatgesellschaft gebrochen und - am Ende erfolgreich - ihre Ausreise betrieben haben, obwohl sie dort durchaus (insbesondere) beruflich einigermaßen erfolgreich waren und ein relativ gesichertes Leben geführt hatten. Auch, was Ichstärke, Aktivitäts- und Leistungspotential u.ä.m. anbetrifft, handelte es sich bei diesen Übersiedlern der ersten "Generation" um eine "Elite".

- Von besonderem soziologischen Interesse sind natürlich diejenigen Aspekte der Integration, die jenseits der sozusagen materiellen Versorgung mit einem "Dach über dem Kopf", d.h. einer eigenen Wohnung, und einem Einkommen begründenden und Konsum ermöglichenden Arbeitsplatz liegen und die wir als "**soziale Integration** im engeren (oder eigentlichen) Sinne" bezeichnen wollen. Hierbei geht es um die "Sozialintegration" im Sinne Lockwoods (1971), d.h. um die soziale "Verortung" in alltagsweltlichen, "einfachen" sozialen Kontexten wie Nachbarschaft, Arbeitskollegen, Verwandtschaft und Bekanntschaft, Freizeitkontakte, Kontakte zu "Schicksalsgenossen" (anderen Übersiedlern) usw. In der empirischen Wohlfahrtsforschung spricht man von "privaten Netzwerken" (vgl. Statistisches Bundesamt 1989, S. 460 ff.). In dieser Dimension spielen dann auch "lebensweltliche" Prägungen, Traditionen und Normierungen eine Rolle - und werden problematisch -, die sich schwerer "erlernen" lassen als die in der Regel stärker institutionalisierten und formalisierten "systemischen" Normen und Rollen (beispielsweise des Arbeitslebens).

Um das Ergebnis unserer Untersuchung in dieser soziologisch zentralen Integrationsdimension auf den Punkt zu bringen: Die Integration der Übersiedler stellt sich hier - ganz abgesehen von den unterschiedlichen Zeithorizonten der verschiedenen Dimensionen - deutlich problematischer dar als in den angesprochenen "materiellen" Dimensionen. Die ehemaligen DDR-Bürger "bezahlen" sozusagen für ihre in materieller Hinsicht relativ schnelle und erfolgreiche Integration verbreitet in Form von sozialer Isolation. Dies gilt im Verhältnis zu Arbeitskollegen ebenso wie in der Wohnnachbarschaft und im Hinblick auf Freizeitkontakte - aus jeweils unterschiedlichen Gründen, die an dieser Stelle nicht vertieft werden können. Kompensationsmöglichkeiten für dieses Defizit - das die Übersiedler durchaus empfinden, das sie allerdings nicht etwa dazu führt, ihren Übersiedlungsschritt nachträglich zu bereuen[2] - bietet allenfalls, sofern vorhanden, die (Klein-)Familie. Westliche Verwandte dagegen bilden ebensowenig einen Ausgleich wie "Landsleute", sprich: andere ehemalige DDR-Bürger. Allerdings muß man für diese frühe Übersiedler-"Generation" auch berücksichtigen, daß sie verbreitet aus, psychologisch gesehen, stark individualistisch geprägten Personen besteht, die unter sozialen Integrationsdefiziten vergleichsweise wenig leiden.

Tabelle 2: Zuzug von DDR-Übersiedlern in die Bundesrepublik im Zuge der "Wende" im Herbst 1989

Monat	Zuzug
Januar 1989	4.600
(...)	
Mai 1989	10.000
(...)	
August 1989	21.000
September 1989	33.000
Oktober 1989	57.000
November 1989	133.400
Dezember 1989	43.200
Januar 1990	58.000
Februar 1990	59.000

Quelle: INDEX-FUNK 4147 (Westdeutsche Zeitung vom 21.3.90) sowie Pressemitteilungen des Bundesministers des Innern

---

2 Inzwischen liegen - aus verläßlicher STASI-Quelle - partielle Daten über die Rückwanderung von Übersiedlern in die DDR vor (vgl. Mitter/Wolle 1990, S. 90). Bezogen auf sog. ungesetzliche Übersiedlungen (d.h. ohne behördliche Ausreisegenehmigung) im 1. Halbjahr 1989 - deren Zahl nur einen Bruchteil der genehmigten ausmachte - gab es (trotz sog. Rückgewinnungsmaßnahmen) eine Rückwanderungsrelation von 117 : 4.849. Für das - ebenfalls datenmäßig bekannte - 1. Halbjahr 1988 lautete die Relation mit 88 : 3.050 ähnlich, sodaß man davon ausgehen kann, daß dieses Verhältnis verallgemeinerungsfähig ist: 2 bis 3 Rückwanderer auf 100 Übersiedler. Die Verhältnisse bei den "ordentlich" Ausgereisten dürften sich davon nicht besonders unterscheiden.

Exkurs: Wandel des Übersiedlertyps von 1984 auf 1989

Der "elitäre" Übersiedlertyp, der seit 1984 und wohl auch in den Folgejahren in den bundesdeutschen Westen gelangte, mußte mit der 1989 extrem ausgeweiteten Zugangszahl zurücktreten und konnte seitdem nicht mehr als Pauschalcharakterisierung Verwendung finden. "Elitäre" Selektion aus einer Bevölkerung läßt sich ja auch nicht unbegrenzt "nachfüllen". Mit der Quantität des Übersiedlerstroms seit dem Herbst 1989 (vgl. Tabelle 2) mußte sich die Übersiedlerpopulation tendenziell zum soziodemographischen Querschnitt (unter Einschluß eines üblichen Anteils von "Problemfällen") entwickeln. Diese Entwicklung wurde unterstützt durch die - die großen Ausreisezahlen erst ermöglichende - Erleichterung der Übersiedlungsentscheidung. Der Emigrantentypus, der mit dem Ausreiseantrag eine schwere Entscheidung in großer Verantwortung (für die Familie) und unter Einrechnung erheblicher wahrscheinlicher Kosten zu treffen hatte und der sich in längerer Wartezeit auf seine Ausreise und sein "neues Leben" im Westen vorbereiten konnte, weil mußte, für den es dann auch "kein Zurück" gab (auch nicht "im Hinterkopf"), der wurde jetzt abgelöst durch Übersiedler, die aus unterschiedlichsten Motiven in den Westen wollten und denen dieser Wechsel relativ leicht gemacht wurde. Die Elite ist von daher in der Übersiedlungsbewegung mit der Öffnung der innerdeutschen Grenzen soziodemographisch verallgemeinert worden: jetzt kam der demographische Durchschnitt in voller Streubreite. Eine Selektivität gibt es dabei jedoch - und keine unproblematische: Jetzt kommen verstärkt jüngere und noch nicht durch Familie gebundene Übersiedler, aus alterstypischer Mobilitätsbereitschaft und "Abenteuerlust".

Tabelle 3: Übersiedlertypus im Vergleich

Übersiedlertypus	
vor der Wende/84er Typ	mit/nach der Wende/89er Typ
- beantragte Ausreise	- ohne Ausreiseantrag
- längere Wartefrist	- keine oder nur kurze Wartefrist
- vorher noch nie im Westen	- Tendenz: vorher schon einmal im Westen
- mittlerer Jahrgang	- jüngerer Jahrgang
- Ausreise mit Familie	- Ausreise allein oder zu zweit
- (entfernte) Verwandte im Westen	- keine Westverwandten
- Motiv: (insbes. berufliche) Selbstverwirklichung; Entwicklungschancen für die Kinder	- Motiv: Abenteuerlust
- sofort Privatwohnung	- einige Zeit im Wohnheim
insgesamt: Elite	insgesamt: sozialer Durchschnitt

Auf der Basis einer neueren - noch nicht publizierten - empirischen Untersuchung der "jüngeren" Übersiedlerpopulation[3] wage ich ein vergleichendes Psychogramm des "alten" und des "neuen" Übersiedlertyps (Tabelle 3). Selbstverständlich handelt es sich bei dieser Typologie nicht nur um eine - wie immer: problematische - Pauschalisierung, sondern auch um eine Stilisierung. Denn insbesondere bei den Übersiedlern nach der "Wende" gibt es wohl auch wesentliche kurzfristige Veränderungen ihres "Charakters".

II. Theoretische Überlegungen zum Begriff der sozialen Minderheit aus Anlaß der Übersiedler

Die vorangehende Abhandlung beschrieb die DDR-Übersiedler als in vieler Hinsicht besondere, abgrenzbare Kategorie von Individuen im Westen, wo sie - natürlich -, rein quantitativ, eine extreme Minderheit bilden (bzw. bildeten - denn im Zuge der mit der Wende im Herbst 1989 eingeläuteten deutschen Wiedervereinigung wird sich diese "Minderheit" mit einem Schlage auf mehr als 16 Millionen erhöhen und d.h. wohl auch: qualitativ anders darstellen).

Die Frage ist jedoch, ob man im Hinblick auf die Übersiedler - im Westen - von einer "Minderheit" nicht nur in einem statistischen, sondern in **einem soziologischen Sinne** sprechen kann oder sollte. Hierzu bedarf es einiger soziologischer Überlegungen. Der Begriff der **sozialen Minderheit** sollte m.E. nicht Verwendung finden, wo es bloß um eine **sozialstatistische Kategorie** geht. Der Begriff der Minderheit enthält gegenüber demjenigen der Sozialkategorie (für die aus sprachlichen Gründen, aber ganz mißverständlich häufig auch der Begriff der "Gruppe" Verwendung findet) eine zusätzliche Qualität: Die "Angehörigen" einer kategorialen Minderheit haben auch ein Gemeinsamkeits- oder Zusammengehörigkeitsempfinden bzw. werden von der mehrheitlichen sozialen Umwelt zum sozialen Kollektiv "gelabelt" (vgl. dazu Bukow/Llaryora 1988). Die Marxsche (von Hegel entlehnte) Unterscheidung zwischen einer Klasse "an sich" und "für sich" bildet eine gewisse Analogie zu unserer Differenzierung. Den Zustand des (politischen) "für sich"-Seins erreicht eine (ökonomisch-funktional definierte) Klasse nicht zwangsläufig; dieser Zustand läßt sie jedoch erst zu einer sozial relevanten Größe werden.

Der Übergang vom "an sich"- zum "für sich"-Sein, von der sozialen Kategorie zur sozialen Minderheit (bzw., allgemeiner, zum sozialen Kollektiv), läßt

---

3 Es handelt sich um eine schriftliche Befragung von Übersiedlerzugängen in einer Stadtkommune im Dezember 1989. Untersuchungsbasis sind 85 Haushalte mit ca. 225 Personen, deren Übersiedlung z.T. kurz vor, z.T. kurz nach der "Wende" erfolgt war.

sich komplex operationalisieren: über ein Kollektivbewußtsein bzw. ein Kollektiv-Labeling hinaus lassen sich Indikatoren formulieren im Hinblick auf gemeinsame "habits", auf Kommunikations- und Interaktionsverknüpfungen mit unterschiedlicher Dichte und - wie schon bei Marx von Bedeutung - gemeinsame Aktionen von unterschiedlichem Institutionalisierungsgrad und -modus (von "sozialer Bewegung" bis Organisation, beispielsweise "Landsmannschaft"). Wie lassen sich vor dem Hintergrund dieser Überlegungen die Übersiedler - insbesondere diejenigen der 84er "Generation" - interpretieren? Eine soziale Kategorie bilden sie allein schon durch den Vorgang ihrer Übersiedlung. Dieses objektive Merkmal verbleibt den Übersiedlern natürlich; allerdings können sie sich zu diesem Merkmal auch subjektiv "stellen", es sozial mehr oder weniger "einsetzen". In dieser Hinsicht hat unsere Untersuchung ein starkes Bemühen der Übersiedler im Westen ergeben, dieses Merkmal, d.h. ihre Herkunft aus der DDR, im sozialen Verkehr zu unterdrücken. Sie zeichnen sich in dieser Hinsicht geradezu durch Überanpassung aus - ein Muster übrigens, das in der Integrationsforschung häufiger vorkommt.

Unabhängig von diesem Herkunfts-Merkmal tragen die Übersiedler, wie ausgeführt, gewisse selektive Elite-Merkmale. Dies allerdings zunächst im Verhältnis zu ihrer Herkunftsgesellschaft (DDR). In mancher Hinsicht heben sie sich jedoch wohl auch im Westen von der Durchschnittsbevölkerung ab - hier freilich weniger als Elite, sondern eher als typische Emigranten: Es handelt sich bei den Übersiedlern um "egozentrische" Individuen (bzw. Haushalte), deren Übersiedlung bereits vornehmlich "egoistisch" motiviert war, die sich im Integrationsprozeß weitgehend eigenständig, "monomanisch" mit Erfolg durchgesetzt haben, was ihre individualistische Disposition noch einmal verstärken mußte. Übrigens gilt diese strukturelle Vereinzelung der Übersiedler nicht nur für ihre Integrationssituation im Westen, sie bestimmte - aus ganz anderen Gründen - auch ihre Lage vor der Ausreise in der DDR. Die übliche soziale Diskriminierung nach Stellung eines Ausreiseantrags, verbunden mit dem Zwang, sich sozial zurückhaltend zu verhalten, wenn man den Erfolg dieses Antrags nicht gefährden wollte (politische Aktivisten bildeten eine seltene Ausnahmeerscheinung), führte dazu, daß die Ausreisewilligen in der DDR sich schon aus Eigeninteresse nicht zu einer sozialen Minderheit im soziologischen Sinne konstituierten. Aus dieser Charakterisierung des Übersiedlertyps ergibt sich folgerichtig, daß sie zur Bildung einer sozialen Minderheit - gemäß der obigen Bestimmung - sozusagen strukturell ungeeignet sind. Und genau dies bestätigt auch die empirische Forschung.

Die soziologisch begründete "Verweigerung" des Minderheitenstatus für die Übersiedler bedeutet mitnichten ihre gesellschaftliche Geringschätzung. Soziale Relevanz haben sie sicherlich trotzdem. Obwohl sie keine Minderheit gebildet haben (in der DDR) bzw. bilden (im Westen), hinterlassen sie Spuren bzw. bewirken sie soziale Veränderung. Bei aller Komplexität des Umbruchs in der DDR im Herbst 1989 wird man sagen können, daß die Ausreisebewegung insgesamt mit zu ihm beigetragen hat (vgl. Ronge 1990 b). In der Bundesrepublik dürfte die Wirkung der Übersiedler, nachdem sie selbst zur Überanpassung neigen und solange ihre Zahl in Relation zur westdeutschen Bevölkerung gering war, eher indirekt sein bzw. gewesen sein: Die Bundesbevölkerung bekam die Übersiedler vornehmlich über die Massenmedien vermittelt "zu Gesicht" und dies ziemlich manifest. Dabei wurden jedenfalls die 84er Übersiedler ausgesprochen positiv gezeichnet, insbesondere im Hinblick auf ihre extrafunktionalen ökonomischen Qualifikationen. In der bundesdeutschen Bevölkerung ergaben sich daraus dann Einstellungen gegenüber den Übersiedlern - als sozialer Kategorie (vgl. Ronge 1985, S. 31 ff.).

Exkurs: DDR-"Ausreiser" unter der Beobachtung des Staatssicherheitsdienstes

Die veränderte deutschlandpolitische Situation hat auch für die "DDR-Forschung" - die als solche eben dadurch zu einem historischen Unternehmen geworden ist - gewisse positive Effekte. Beispielsweise - und auf unser Thema bezogen - läßt sich aus inzwischen publizierten STASI-Akten (Mitter/Wolle 1990, S. 82 ff.) herauslesen, daß und in welcher Weise die Ausreisewilligen in der DDR durch die ihnen gewidmete Aufmerksamkeit und Beobachtung seitens der STASI praktisch zu einer - gefährlichen und eben deshalb beobachtungsbedürftigen - sozialen Minderheit "gestempelt" (soziologisch: "gelabelt") wurden. Die massenhaften Vorgänge der - genehmigten - "ständigen Ausreise" aus der sowie des "ungesetzlichen Verlassens" der DDR haben die STASI unter der, wie es heißt, *"politisch-operativen Lage zur Zurückdrängung von Antragstellungen auf ständige Ausreise nach der BRD und Westberlin"* (ebd., S. 82) zur intensiven Beobachtung der Ausreisewilligen bzw. -antragsteller veranlaßt.

III. Das Übersiedler-Thema nach dem Umbruch in der DDR

Der gesamten Übersiedler-Thematik ist, jedenfalls was ihre deutschlandpolitische Bedeutung anbelangt, mit dem Umbruch in der DDR vom Herbst 1989 und der daran anschließenden Entwicklung in Richtung der deutschen Wiedervereinigung sozusagen die Geschäftsgrundlage entzogen worden. Spätestens mit dem Inkrafttreten der deutsch-deutschen Wirtschafts-, Währungs- und Sozialunion zum 1. Juli 1990 reduzieren sich Wanderungsbewegungen aus dem Gebiet der DDR in dasjenige der Bundesrepublik auf - weit weniger interessante - Binnenmigrationen, auf Umzüge "innerhalb Deutschlands". Mit Reinhard Koch (1986, S. 47) gesprochen: Der *"Basis-Satz deutscher Politik seit den fünfziger Jahren"* - daß *"sehr viele DDR-Bürger ..., wenn es ihnen möglich wäre, lieber heute als morgen in die Bundesrepublik 'ausreisen'"* würden - verliert im Zuge der deutschen Wiedervereinigung und der damit zu erwartenden Angleichung der Lebensverhältnisse in beiden Teilen Deutschlands seine Bedeutung, die er bis zur deutschen "Wende" gehabt hat. Die Bundesregierung hat dieser Veränderung inzwischen dadurch Rechnung getragen, daß sie das jahrzehntelang praktizierte Notaufnahmeverfahren für DDR-Übersiedler Ende Juni 1990 beendet.

Das Thema der Übersiedler-Integration entfällt damit freilich nicht unmittelbar. Als soziologische Fragestellung bleibt es so lange relevant, wie unter DDR-Bedingungen sozialisierte Personen davon abweichenden bundesdeutschen gesellschaftlichen Umständen konfrontiert sind und sich ihnen mehr oder weniger anzupassen haben. So gesehen, könnten die Erkenntnisse der Übersiedler-Integrationsforschung zunächst noch einmal "Konjunktur" bekommen, weil sich aus ihnen Anhaltspunkte und Prognosen für den deutschen Wiedervereinigungsprozeß entnehmen lassen. Wie bei der Übersiedler-Integration läßt sich ja auch die Wiedervereinigung - wenn man sie versteht als "Übersiedlung" der gesamten DDR-Bevölkerung in die in Zukunft sicherlich primär "bundesdeutsch" geprägte deutsche Gesamtgesellschaft - in einerseits eher materielle und andererseits genuin soziale bzw. soziologische Integrationsdimensionen differenzieren. Hinter der zunächst betriebenen Währungs-, Wirtschafts- und Sozialunion und der anschließenden politischen und rechtlichen Vereinigung verbleiben ja noch durchaus erhebliche Anpassungs- und Integrationsprobleme zwischen den beiden sozialisatorisch so unterschiedlich geprägten Bevölkerungen.

Der Integrationsprozeß dieser beiden Bevölkerungen, deren zahlenmäßige Relation zwar ungleichgewichtig ist, aber doch nicht entfernt dem Mehrheits-/Minderheitsverhältnis der früheren DDR-Übersiedler im bundesdeutschen Westen entspricht, wird gleichfalls zeitaufwendig sein und keineswegs ohne Probleme - auf beiden Seiten! -, Auseinandersetzungen und Friktionen vonstatten gehen. Das "Absinken" des Übersiedler-Integrationsthemas aus der Soziologie in die Geschichtswissenschaft ist somit eingeläutet, wird sich aber mit Sicherheit als längerfristiger Prozeß darstellen.[4]

---

4 Es sei nur darauf hingewiesen, daß in den vergangenen Jahren das Thema der Integration der Oder-Neiße-Vertriebenen in die bundesdeutsche Gesellschaft nach langer Aufmerksamkeitspause erneut sozialwissenschaftliches Interesse gefunden hat. Vgl. etwa Frantzioch 1987, Schulze et al. 1987.

Literatur

Bukow, Wolf-Dietrich/Llaryora, Roberto: Mitbürger aus der Fremde. Soziogenese ethnischer Minoritäten. Opladen 1988.

Frantzioch, Marion: Die Vertriebenen. Hemmnisse und Wege ihrer Integration. Berlin 1987.

Koch, H. Reinhard: Die Massen-Migration aus der SBZ und der DDR. In: Zeitschrift für Soziologie, H. 1/1986, Stuttgart, S. 37-40.

Lockwood, David: Soziale Integration und Systemintegration. In: Zapf, Wolfgang (Hg.): Theorien des sozialen Wandels. Köln-Berlin 1971, 3. Aufl., S. 124-137.

Mitter, Armin/Wolle, Stefan (Hg.): Ich liebe Euch doch alle! Befehle und Lageberichte des MfS, Januar-November 1989. Berlin (Ost) 1990.

Popitz, Heinrich: Die normative Konstruktion von Gesellschaft. Tübingen 1980.

Ronge, Volker: Von drüben nach hüben. DDR-Bürger im Westen. Wuppertal 1985.

Ronge, Volker: Die soziale Integration von DDR-Übersiedlern in der Bundesrepublik Deutschland. In: Aus Politik und Zeitgeschichte, 40. Jg., B 1-2, 5. Jan. 1990a, Bonn, S. 39-47 (Inzwischen wieder abgedruckt in: Ders., Die Einheit ist erst der Anfang, Wuppertal 1991, S. 23-46).

Ronge, Volker: Loyalty, Voice or Exit? Die Fluchtbewegung als Anstoß und Problem der Erneuerung in der DDR. In: Gegenwartskunde, Sonderheft, 1990b, S. 29-46.

Statistisches Bundesamt (Hg.): Datenreport 4. Zahlen und Fakten über die Bundesrepublik Deutschland 1989/90. Stuttgart 1989.

Schulze, Rainer et al. (Hg.): Flüchtlinge und Vertriebene in der westdeutschen Nachkriegsgeschichte. Hildesheim 1987.

Wilhelm Bleek

KLEINGÄRTNER, KLEINTIERZÜCHTER UND IMKER

Eine exemplarische Nische in der DDR und deren Zukunft

I. Vorbemerkung

Als Erich Honecker, der vormalige Partei- und Staatschef der DDR, im April 1986 in seinem Bericht auf dem XI. Parteitag der SED mehrfach den Beitrag des Verbandes der Kleingärtner, Siedler und Kleintierzüchter (VKSK) zur Vollendung des Sozialismus in der DDR hervorhob, provozierte das bei den meisten Deutschen in Ost und West mehr oder weniger versteckte Heiterkeit (Honecker 1986, S. 46 u. S. 59). Die politische Erwähnung der Kleingärtner, Kleintierzüchter und Imker erschien den Nichteingeweihten skurril und den Eingeweihten symptomatisch für die Kleinkariertheit der Verhältnisse in der DDR.

Kleingärten in der DDR machen acht Promille der landwirtschaftlichen Nutzfläche aus. Doch diese rund 50 000 ha werden von an die 700 000 Familien genutzt und rund 3,5 Millionen Bürger sind bei der Gestaltung ihrer Freizeit auf verschiedenartigste Weise dem Verband der Kleingärtner verbunden. Harry Tisch, der vormalige Gewerkschaftschef der DDR, teilte auf dem XI. FDGB-Kongreß 1987 sogar mit, daß 53 % aller Haushalte in der DDR einen Kleingarten oder ein Wochenendgrundstück haben. Kleingärtner in der DDR sind also eine beachtliche Minderheit und die Tätigkeit in Kleingärten war ein wesentlicher Bestandteil des Alltagslebens im anderen deutschen Staat. In diesem Beitrag sollen die Funktionen der Kleingärtner, Kleintierzüchter und Imker für das ökonomische, soziale und politische System der DDR analysiert werden. Da diese Systeme durch die demokratische Revolution vom Herbst 1989 in Frage gestellt und durch die Vereinigung der beiden deutschen Staaten im Jahre 1990 hinfällig wurden, wird abschließend nach der Zukunft der deutschen Kleingartenbewegung auf dem Gebiet zwischen Elbe und Oder zu fragen sein.

II. Die Tradition der Schrebergärten

Kleingärten haben eine lange Tradition im industriellen Zeitalter, auch und gerade in dem mitteldeutschen Gebiet, ohne die ihre gegenwärtige gesellschaftliche und rechtliche Verfaßtheit nicht zu verstehen ist (zur Geschichte des Kleingartenwesens insbesondere Wille 1939, S. 9-49 u. Hessing 1958, S. 7-10). Erste Vorläufer der Kleingärten waren im Vormärz die Armengärten, die im Rahmen der kommunalen Sozialpolitik z.B. von den Städten Flensburg, Kiel und Schleswig, aber auch Frankfurt am Main und Königsberg angelegt wurden.

Das eigentliche Geburtsjahr der Kleingärten und der Kleingartenbewegung ist aber das Jahr 1869, und der eigentliche Geburtsort ist Leipzig - zwei Daten, die sich für den Kenner der Gründungsgeschichte der deutschen Arbeiterbewegung leicht einordnen lassen. Seit ihrer Gründung tragen die Kleingärten auch den Namen des Leipziger Arztes Doktor Schreber. Doch war dieser nicht der Geburtshelfer, sondern nur der Namenspate der Kleingärten. Doktor Daniel Gottlieb Moritz Schreber, 1808 geboren und 1861 gestorben, war ein Orthopäde, der sich als Schriftsteller besonders dem Gebiet der ärztlichen Pädagogik zuwandte und eine präventive Gesundheitspflege durch eine ganzheitliche Erziehungslehre popularisierte (zur Biographie: Brümmer 1891). Der eigentliche Gründer der Leipziger Schreber-Vereine war vielmehr sein Schwiegersohn, der Schuldirektor Dr. Ernst Hauschild, der 1864 im Geiste Schrebers die Anlage von Kinderspielplätzen propagierte und dabei versuchsweise auch kleine Beete zur Bearbeitung durch die Kinder einrichtete. Als dieser Versuch fehlschlug - man kann sich vorstellen, wie der Sand in die Gartenbeete kam und die Beete zertrampelt wurden -, kam es zu einer klassischen Ausdifferenzierung von auf der einen Seite Kinderspielplätzen und auf der anderen Seite Umwandlung der Kinderbeete in Familiengärten. Ende 1869 umfriedete man die Gärten, errichtete die ersten Lauben und erließ vor allem eine Gartenordnung: das war die Geburtsstunde der Kleingartenbewegung.

Die zweite Wurzel der heutigen Kleingartenbewegung waren die Berliner Laubenkolonien. In den 70er Jahren des vergangenen Jahrhunderts erlebte die Hauptstadt des neugegründeten Deutschen Reiches einen explosionsartigen Wandel von einer beschaulichen preußischen Residenz- und Universitätsstadt zu einer industriellen Metropole mit Millionen von Arbeitern. Die Wohnungsnot in den Innenstädten bewirkte die Anlage von sogenannten Laubenkolonien zu Wohnzwecken am Rande der Großstadt. Außerdem gingen die um die Jahrhundertwende vom Roten Kreuz zu Erholungs- und Gesundheitszwecken initiierten Arbeitergärten, vor allem aber die Gartenverpachtungen der Bergwerksverwaltungen und großer Industrieunternehmungen an ihre Belegschaften, insbesondere an den wegen des Funkenflugs der Dampflokomotiven freigehaltenen Bahndämmen, in die sich entfaltende Kleingartenbewegung ein. Im Jahr

1909 fand man sich in dem "Zentralverband deutscher Arbeiter- und Schrebergärtenvereine" zusammen, aus dem 1921 der "Reichsverband der Kleingartenvereine Deutschlands" hervorging.

Einen riesigen Aufschwung nahm die Kleingartenbewegung dann im Ersten Weltkrieg, vor allem in Folge des Nahrungsmittelmangels. Ein ähnlicher Entwicklungsschub war wieder im Zweiten Weltkrieg und der anschließenden Notzeit zu beobachten. Zu Ende des Ersten Weltkrieges und Beginn der Weimarer Republik entdeckte der Staat die Kleingärten als eine ernährungs- und sozialpolitische Aufgabe und übernahm die Förderung aber auch die juristische Reglementierung dieser Institution. Nach Kriegsverordnungen zur Pachtfestsetzung und Bereitstellung von Kleingartengelände wurde am 31. Juli 1919 die Kleingarten- und Kleinpachtlandordnung erlassen (RGBl. 1919, S. 1371), die bis heute für das sehr penible Kleingartenrecht in beiden deutschen Staaten grundlegend ist. Rechtliche Regulierung und ökonomische Bedeutung der Kleingärten wurde zum Gegenstand zahlreicher juristischer und wirtschaftlicher Dissertationen (Maul 1925, Schäfer 1938, Wille 1939). In der Weltwirtschaftskrise wurde am 6. Oktober 1931 von der Regierung Brüning durch die 3. Verordnung des Reichspräsidenten zur Sicherung von Wirtschaft und Finanzen die Bereitstellung für Erwerbslose (RGBL. I, S. 537-551) geregelt. Die Nationalsozialisten machten die Kleingärten zum Instrument ihrer Siedlungspolitik und erließen weitere Vorschriften und finanzielle Anreize für die Schaffung von neuen Kleingartenanlagen (vergl. die Verordnung zur Veränderung der Vorschriften über Kleinsiedlung und Kleingärten vom 26.2.1939 in: RGBl.I, S. 233). Anfang des Zweiten Weltkrieges wurde der Gesamtbestand an Kleingärten im damaligen Reichsgebiet auf 1,5 Millionen Gärten geschätzt (Hessing 1958, S. 10).

Blickt man zurück auf die Geschichte der deutschen Kleingartenbewegung, so lassen sich gesellschaftliche, wirtschaftliche und politische Gründe für ihre Entstehung und Verbreitung unterscheiden. Aus sozialgeschichtlicher Sicht sind die Kleingärten eine Reaktion auf die mit der Industrialisierung einhergehende Verstädterung. Immer größere Bevölkerungsmassen, die in der zweiten Hälfte des neunzehnten Jahrhunderts vom Lande in die Städte kamen, wurden in den vielgeschoßigen Mietskasernen unter fragwürdigen sanitären und sozialhygienischen Umständen zusammengepfercht und hatten dort auf Familiengarten, Kinderspielmöglichkeiten, gesunde Luft und erholsame Ruhe weitgehend zu verzichten. Die Kleingärten waren der Versuch einer Kompensation für diese mit der Industrialisierung einhergehenden Einschränkungen und Verluste. Das vorindustrielle "ganze Haus" (Otto Brunner) blieb zwar verloren, doch wenigstens sollte ein "ganzer Garten" mit vielfältigen sozialen Möglichkeiten an seine Stelle treten. Von Anfang an standen bei der Kleingartenhaltung durch die überwiegend proletarischen und kleinbürgerlichen Kleingärtner auch ökonomische Motive im Vordergrund. Durch den Obst- und Gemüseanbau und die Kleintierhaltung sollten die sehr beschränkten Familienfinanzen entlastet und sollte die Qualität der Lebensmittel verbessert werden. Die Kleingärten nahmen daher gerade in den wirtschaftlichen Notzeiten der beiden Weltkriege einen großen Aufschwung.

Bei der wohlfahrtstaatlichen Tradition in Deutschland kann es nicht verwundern, daß die staatlichen Instanzen die Kleingärten als wichtiges Objekt und Instrument ihrer Politik entdeckten. Das gilt gleichermaßen für das autoritär-patriarchalische System des Kaiserreichs, die demokratischen Notmaßnahmen der Weimarer Republik wie die Autarkiebestrebungen des Dritten Reiches. Obwohl die politischen Machthaber des "realen Sozialismus" in der SBZ/DDR nach 1945 auch auf dem Gebiet der Kleingartenpolitik die Eigenständigkeit und Unvergleichbarkeit ihrer Bemühungen herausstellten, so sind doch die Traditionsbezüge, in denen die Kleingärten in der DDR mit ihren ökonomischen, sozialen und politischen Funktionen standen, nicht zu übersehen.

III. Der Beitrag zur Volkswirtschaft

In der DDR sind die Kleingärtner und ihre Vereine lange Zeit von der herrschenden Partei und der von ihr gesteuerten öffentlichen Meinung ignoriert, wenn nicht sogar abschätzig angesehen worden. In Funktionärskreisen der Einheitspartei wurden Kleingärtner mit apolitischen Kleinbürgern gleichgesetzt und galt das Motto: *"Wer Kaninchen züchtet, macht keine Revolution."* Nach dem Bau der Mauer sah die Parteiführung in den Kleingärtnern verhinderte Republikflüchtlinge, hielt ihnen aber zugute, daß sie sich der politischen Opposition enthielten. Diese negative Einschätzung schlug erst Mitte der 70er Jahre in das Gegenteil um, die Kleingärtner und Kleintierzüchter wurden nun als systemerhaltende Produzenten von Mangelwaren erkannt und zur gehegten Klientel der Partei- und Staatsbürokratie. Der Grund dafür war die volkswirtschaftliche Bedeutung ihrer Produkte, deren Beitrag zur pflanzlichen und tierischen Gesamtproduktion der DDR. Er kann, wie die Tabelle 1 zeigt, nicht hoch genug eingeschätzt werden (vgl. auch die detaillierten Angaben bei Spindler 1983 und 1988).

*Tabelle 1: Lieferungen der Kleingärtner, Siedler und Kleintierzüchter
an die staatlichen Aufkaufstellen im Jahre 1987*

Erzeugnis	Anteil am staatlichen Aufkommen	
	(in Tonnen)	(in %)
Obst	115.930	38,2
Gemüse	166.346	25,9
Bienenhonig	5.724	98,9
Schlachtkaninchen	35.370	99,9
Schlachtgänse	6.760	--
Eier, Mio. Stk.	1.600	42,4
Wolle	2.230	31,3

Quelle: Spindler 1988, S. 3

Die Kleingärtner produzierten im Schnitt um die 11 % des Gemüses in der DDR, doch bei Tomaten waren es 25 % und bei Radieschen sogar 46 %. Durchschnittlich ein Drittel des gesamten Obstaufkommens stammte von den Kleingärtnern, doch während in den Kleingärten nur 25 % der Äpfel wuchsen, machte der Anteil bei den Stachelbeeren 87,5 % aus. Dieses nach Gemüse und Obstarten differenzierte Bild ist eindeutig: Je mehr es sich um arbeitsintensive Feinkulturen handelte, bei denen kaum Maschinen eingesetzt werden konnten, desto größer ist der Anteil der Kleingärtner an der DDR-Produktion.

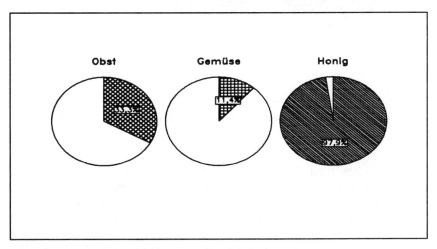

Diagramm 1: Anteile am staatlichen Aufkommen ausgewählter pflanzlicher Produkte 1986 (in %);
Quelle: GuK 7/86, S. 15

Auch bei der tierischen Lebensmittelproduktion übernahmen die Mitglieder des VKSK einen wesentlichen Anteil. 14 % des Schlachtviehs in der DDR stammten von den Kleinzüchtern, doch bei Schlachtgänsen wuchs die Prozentzahl auf 64 % und bei Schlachtkaninchen auf fast 100 %. Die Kleintierhalter produzierten außerdem an die 40 % der Eier in der DDR und 30 % der Schafwolle. Enorme Steigerungsraten hatten die Züchter von Edelpelztieren zu verzeichnen, so stieg von 1960 auf 1985 der Bestand an Nerzen in der DDR von 93.000 auf 556.000 und von Nutria einschließlich Breitschwanzbibern von 87.000 auf 242.000 (Stat. Jb. der DDR 1986, S. 211). Absoluter Spitzenreiter unter den fünf Fachsparten des Verbandes war aber die Sparte der Imker, deren Anteil an der Honigproduktion der DDR seit Jahren um die 98 % lag. Die Gesamtleistung der Kleingärtner und Kleintierzüchter belief sich im Jahr 1987 auf 9 % des staatlichen Aufkommens aller Nahrungsgüter und Agrarrohstoffe mit einem Wert von 7,4 Milliarden DDR-Mark (ZK-Sekretär Felfe auf dem VI. Verbandstag des VKSK, nach Spindler 1988, S. 1).

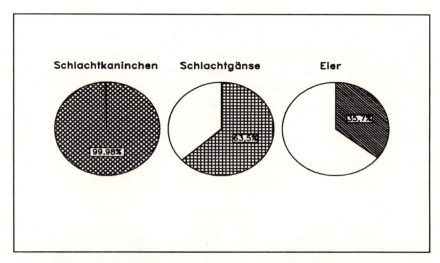

Diagramm 2: Anteile am staatlichen Aufkommen ausgewählter tierischer Produkte 1986 (in %); Quelle: GuK 7/86, S. 15

Diese reiche Ernte konnten und sollten die Kleingärtner, Kleintierzüchter und Imker in der DDR nicht allein verzehren. Während ihre Tätigkeit nach herkömmlicher sozialer Tradition und juristischer Definition als *"die nicht gewerbsmäßige gärtnerische Bewirtschaftung einer gepachteten Bodenfläche durch Eigenarbeit des Gartenbesitzers und seiner Angehörigen zur Erzeugung von Obst und Gemüse für den Eigenbedarf"* verstanden wird (Hessing 1958, S. 5), so war sie in der DDR ein fest eingeplanter Bestandteil der öffentlichen

Versorgung der Bevölkerung mit frischem Obst, Gemüse und Fleisch geworden. Ein Großteil der Produkte aus den Kleingärten wird an Dritte verkauft. Zu diesem Zweck waren verschiedenste An- und Verkaufswege von den staatlichen Behörden genehmigt und institutionalisiert worden (vgl. Pannach 1986, S. 90 ff. u. Seifert in: GuK 15/89, S. 3). Der VEB-Großhandel OGS (Obst, Gemüse, Speisekartaffeln) unterhielt an die 2600 Ankaufstellen, doch arbeitete dieser zentrale Warenkontor meist bürokratisch schwerfällig. In 322 Kleingartenanlagen hatte der VKSK Ankaufsstellen organisiert, von denen der Großhandel das frischgeerntete Gemüse und Obst besonders an Wochenenden abholte. Die Kleingärtner hatten außerdem Aufkaufvereinbarungen mit 15.300 HO- und Konsumverkaufsstellen abgeschlossen, durch die der Einzelhandel direkt am Ort und zügig beliefert wurde. Seit 1982 durften die Kleingärtner schließlich auf den Wochenmärkten selbst verkaufen, was 1989 auf 170 Obst- und Gemüsemärkten der Fall war. Es wurde den Kleingärtnern und Kleintierzüchtern auch freigestellt, auf weiteren Plätzen, z.B. vor Kaufhallen, ihre Produkte feilzubieten.

Die Absicht der politischen und staatlichen Instanzen der DDR, mit Kleingartenprodukten die allgemeine Lebensmittelversorgung zu sichern, läßt sich auch bei der Preisregelung des An- und Verkaufs erkennen. In der DDR bestand bis zur Einführung der Marktwirtschaft Anfang Juli 1990 ein System von staatlich festgesetzten Erzeuger- und Verkaufspreisen. Um den Beitrag der Kleingärtner zur Versorgung des Binnenmarktes der DDR mit Obst und Gemüse zu stimulieren, sind die entsprechenden Erzeugerpreise immer wieder erhöht worden, z.B. zum Januar 1984 bei Rosenkohl um 44, bei grünen Stachelbeeren um 185 und bei Gartenbrombeeren um 200 % (Spindler 1983). Diese gezielte Erhöhung der Ankaufspreise für rare Gartenprodukte ist aber nicht auf die Verkaufspreise umgeschlagen worden, wurde also faktisch dem aufkaufenden Handel auferlegt und durch erhöhte Subventionen aus dem Staatshaushalt ausgeglichen.

Doch nicht nur für den Binnenmarkt, selbst für den Außenhandel der DDR spielten die Produkte aus den Kleingärten eine Rolle. So konnte die DDR in den Jahren 1982 bis 1987 von Kleintierzüchtern gezüchtete Schafe, Ziegen, Ziergeflügel und Exoten sowie Rassehunde im Wert von 18,8 Millionen Valuta-Mark an das Ausland verkaufen (Spindler 1988, S. 2). Die DDR war das größte europäische Zuchtgebiet für Biber und hat z. B. im Jahre 1988 zahlreiche dieser Tiere an die Niederlande abgegeben. Ob damit der Dammbau an der Nordseeküste gefördert werden sollte, mag dahingestellt bleiben.

Diese ökonomische Funktion der Kleingärtner und Kleintierzüchter für das volkswirtschaftliche System in der DDR wurde in offiziellen Erklärungen und Publikationen der Verantwortlichen in Partei, Staat und Verband ganz offen ausgesprochen: Es ging darum, *"Reserven zu erschließen"* (Handbuch 1985,

S. 161). Diese Metapher trifft schon im Hinblick auf die Grundstücke zu, die den Kleingärtnern zugewiesen werden. Es handelte sich zunehmend um sogenannte "Rest- und Splitterflächen" an den Rändern zwischen Bebauung und Agrarwirtschaft, die von den Großmaschinen der landwirtschaftlichen Produktionsgenossenschaften kaum bearbeitet werden konnten. Dieses Gelände ließ sich leicht aufteilen in Kleingärten, die eine Richtgröße von 250 bzw. 400qm haben. *"Ziel der kleingärtnerischen Bodennutzung ist es"*, so hieß es in der Kleingartenordnung der DDR, *"auf 100 qm Gartenland mehr als 100 kg Obst und Gemüse zu ernten"*, wobei auch gleich eine Empfehlung über die Verteilung der Obst- und Gemüsearten über das ganze Jahr folgt (Kleingartenordnung, § 1). Insbesondere bei arbeitsaufwendigen Feinkulturen wie Beerenobst, Rosenkohl und dergleichen verließ sich die Versorgungsplanung in der DDR ganz auf den Ertrag aus den Kleingärten. Was die Kleingärtner, Kleintierzüchter und Imker der DDR über ihren Eigenbedarf hinaus produzierten, war fest in das planwirtschaftliche Versorgungssystem der DDR einbezogen. Die gesamte Ernte, selbst der Ertrag an Blumen, mußte in der DDR zweimal jährlich an den Rat des Kreises gemeldet werden. So bestand die Hauptfunktion des Verbandes der Kleingärtner, Siedler und Kleintierzüchter darin, in Publikationen, Reden und Aussprachen diese Planvorgaben zu propagieren und zu ihrer Erfüllung durch Wettbewerbe, Selbstverpflichtungen und dergleichen beizutragen. Den Kleingärten in der DDR kam somit aus politökonomischer Perspektive vor allem die Aufgabe zu, die Versorgungslücken der Planwirtschaft auszugleichen.

Die Kleingärtner, Kleintierzüchter und Imker haben diese ihnen zugewiesene öffentliche Versorgungsfunktion bis zum Ende der DDR zu aller Zufriedenheit erfüllt, aus welchen Motiven auch immer, sei zunächst einmal dahin gestellt. Es drängt sich sogar der Eindruck auf, daß sie diese Planvorgaben oft übererfüllten und dabei Probleme schafften, von denen meist nur informell gesprochen wurde, die sich aber aus ihrer Verbandszeitschrift herauslesen lassen. Offen kritisiert wurden auf dem letzten, dem VI. Verbandstag im April 1988, die Mißbräuche beim Einsatz von Pflanzenschutzmitteln und die Probleme mit der Müllbeseitigung trotz aller Kompostanlagen. Von Kleintierzüchtern in der DDR ist mir bekannt, daß sie an ihre Kaninchen und Edelpelztiere das hochsubventionierte Brot verfütterten, was wiederum die kostenspielige Einfuhr von Brot- und Futtergetreide zum Beispiel aus Kanada notwendig machte (siehe Bleek 1987). Züchter von Rassekatzen fütterten ihre Tiere mit Babynahrung, weil keine tiergerechten Futtermittel zur Verfügung standen. Weiterhin gab es nicht genügend Schlacht- und Verarbeitungskapazitäten für die tierische Produktion aus den Kleingärten. Imker klagten über die mangelnde Versorgung mit Imkerartikeln. Geflügelzüchter verkauften ihre Eier an die Aufkaufstellen und kauften sie dann zu den niedrigeren Verkaufspreisen gleich zurück. Zusammenfassend kann man also für die ökonomische Funktion der Kleingärten in der DDR feststellen, daß auf diesem privaten Sektor die Quasi-Planvorgaben des Verbandes der Kleingärtner, Kleintierzüchter und Siedler weitgehend erfüllt, aber auch die typischen Mangelerscheinungen einer Planwirtschaft offenbar wurden.

IV. Die gesellschaftliche Nische der Kleingärtner

Am Anfang der Kleingartenbewegung in Deutschland stand ihre soziale Funktion. In der DDR wurde zwar von seiten der Partei-, Staats- und Verbandsführung das meiste Gewicht auf die ökonomische Bedeutung der Kleingärten gelegt, doch ohne Zweifel war und ist für die Kleingärtner und Kleintierzüchter selbst der soziale Aspekt ihrer Lebens- und Tätigkeitsform mindestens so bedeutend, wenn nicht wichtiger. Die individuelle und gesellschaftliche Funktion der Kleingärten in der DDR ist aber bisher in den offiziellen Stellungnahmen und akademischen Arbeiten zur Freizeit- und Kultursoziologie weitgehend vernachlässigt worden (einige Hinweise zur soziologischen Bedeutung der Kleingärten in den frühen Jahren der Bundesrepublik bei Hessing 1958, S. 79 ff.). Die folgenden Ausführungen beruhen daher weitgehend auf persönlicher Anschauung und Mitteilungen von kleingärtnerischen Freunden aus der DDR.

Träger der Kleingärten, sowohl in der früheren deutschen Geschichte als auch in der zur Vergangenheit gewordenen und doch nachwirkenden DDR und in der Gegenwart der Bundesrepublik sind in aller Regel nicht Einzelpersonen, sondern Familien. Im Kleingarten arbeiten und erholen sich Familienmitglieder gemeinsam, die ansonsten in der städtischen Arbeit- und Freizeitwelt eher getrennte Wege gehen. *"Der Kleingarten ist eines der Mittel, die Familie wieder zu einer Arbeits- und Erlebniswelt zusammenzuführen."* (Hessing 1958, S. 79). Im Kleingarten kommt man nach der Arbeits- und Schulzeit am Wochenende, aber im Sommer auch wochentags am Spätnachmittag zusammen. Man arbeitet gemeinsam an den Obst- und Gemüseanlagen, genießt ausführliche Kaffee- und Kuchennachmittage und Bier- und Grillabende. Während in der Bundesrepublik nach hergebrachtem Kleingartenrecht die Übernachtung in den Lauben nicht erlaubt ist, wurde und wird auf dem Gebiet in diesen Behausungen oft übernachtet. Die ostdeutschen Lauben sind zum größten Teil keine Behelfsunterkünfte mehr, sondern komfortabel und liebevoll ausgestattete, wenn auch enge Räume. So waren und sind die Kleingärten ein Refugium, in dem die Familie für sich sein kann und gemeinsam ihre Freizeit gestaltet, die auch Hobbyarbeit an Garten und Laube beinhaltet.

Die Kleingärtnerfamilien umfassen in aller Regel mehrere Generationen. Die Sorge um das gesunde Aufwachsen der Kinder unter den Bedingungen des Industriezeitalters hat, wie geschildert, historisch am Anfang der Kleingartenbewegung gestanden. Kinder sollen im Kleingarten Spiel- und Betätigungsmöglichkeiten erhalten, die ihnen in den Mietskasernen und Großstadtvierteln im sprichwörtlichen Sinne verbaut sind. Viele Kleingartenanlagen haben gemeinschaftliche Spielplätze und -wiesen. Vor allem aber können Kinder in Familienkleingärten spielend den Ablauf der Natur erleben, gemeinsam mit Eltern den Garten bearbeiten und eigene Blumen- und Gemüsebeete betreuen. Es bestanden bis vor kurzem in der DDR knapp über 1000 Arbeitsgemeinschaften Junger Kleingärtner, Junger Züchter und Junger Imker, deren Zahl aber seit 1986 rückläufig war und die sicherlich durch die gesellschaftlichen und wirtschaftlichen Auswirkungen des deutschen Vereinigungsprozesses noch weiter zurückgehen wird. Die kindliche Sozialisation in Kleingärten mit ihrer Betonung auf Ordnung, Sauberkeit und Eigentum ist nicht ganz unproblematisch und manchen modernen Beobachtern wird die kleingärtnerische Familienidylle im Zeitalter der Massenkommunikation und des Massenkonsums antiquiert erscheinen. Doch können sich in Kleingärten Fähigkeiten, Interessen und Werthaltungen ausformen, auf die auch zukünftige Gesellschaften hoffentlich nicht verzichten müssen.

Die andere Seite der intergenerativen Funktion der Kleingärten ist ihre Bedeutung für ältere Menschen (allgemein dazu Hessing 1958, S. 86 ff.). In den modernen Industriegesellschaften werden ältere Menschen zumeist abrupt aus dem Arbeitsprozeß ausgegliedert und auch im gesellschaftlichen Alltag in die Isolation abgeschoben, wobei dieser Prozeß bisher in der DDR aus vorwiegend ökonomischen Gründen weniger rigide ausgefallen ist als in der Bundesrepublik (vgl. Helwig 1980 u. von Kondratowitz 1988). Doch in den Kleingärten können ältere Menschen auch nach Erreichen der Altersgrenzen ihre fortbestehende Erfahrungskompetenz und Leistungskraft einbringen, Teil des Familien- und Gemeinschaftslebens sein. So heben Kleingärten die gesellschaftliche Vereinsamung der Alten auf und geben ihrem funktionsarmen Dasein weiterhin Sinn (Hessing 1958, S. 88).

Im Kleingarten können also soziale Funktionen und Netzwerke erhalten und gestärkt werden, die im Alltag der Industriegesellschaft eher gefährdet und auf dem Rückzug sind. Nicht nur die Kluft zwischen Arbeit und Freizeit, zwischen Arbeitsplatz und Wohnort, auch die Separierung der Generationen kann tendenziell gemildert werden. Im Kleingarten kann findet die Großfamilie wieder zusammenfinden. Das ist sicherlich idealtypisch formuliert, doch wer Einblick in das Alltagsleben der Kleingärtner in der DDR gehabt hat, wird die zugrundeliegenden Realeindrücke bestätigen.

Die einzelnen Kleingärten haben nach deutscher Sozialtradition ein starkes Element der Abschottung gegeneinander. Die Zäune spielen im Alltag und in der Rechtsgestaltung des Kleingartenwesens auch in der DDR eine große Rolle. Doch gleichzeitig blickt und handelt man auch immer wieder über den Zaun hinweg. Alle Kleingärten sind Teil einer Kleingartenanlage, in der die ausgeprägte Individualisierung der einzelnen Familiengärten durch ein starkes Gemeinschafts- und Nachbarschaftsgefühl ergänzt und ausbalanciert wurde. Untereinander tauscht man fachlichen Rat, Gartengeräte, aber auch Erntehilfe aus, und zumal in der Mangelgesellschaft der DDR half man einander beim Organisieren von Pflanz- und Zuchtmaterial, aber auch von Ausstattungsgegenständen für Garten und Laube. Kleingartenanlagen haben mit Wegen, viele auch mit Spielplätzen und zahlreiche mit Kleingartenheimen - in der DDR "Spartenheime" genannt - und selbst Gaststätten Gemeinschaftsobjekte, zu deren Ausbau und Pflege alle Mitglieder verpflichtet sind.

In diesen gemeinsamen Anlagen kommt man nicht nur zu den Mitgliederversammlungen der Sparte zusammen, von denen noch zu sprechen sein wird, sondern feiert auch eine Vielzahl von Festen. Am beliebtesten sind die "Gartenfeste", von denen der Verband z.B. für das Jahr 1985 10.400 mit 1,9 Millionen Teilnehmern verzeichnete (GuK 7/86, S. 15). Dazu kommen noch Wohngebietsfeste für die breite Öffentlichkeit mit 2,7 Millionen und Kinderfeste mit 400.000 Teilnehmern, aber auch Siedlerfeste, Züchterbälle und dergleichen mehr verzeichnen die Annalen des Verbandes. Diese Zahlen sind sicherlich in einem gewissen Umfang von der früheren Verbandsführung geschönt worden, um damit gegenüber der Parteiführung Erfolgsergebnisse vorweisen zu können. Doch auf der anderen Seite steht hinter ihnen auch die Tatsache, daß man auf dem Gebiet der DDR Feste zu feiern wußte, auch und gerade unter Kleingärtnern.

Alle diese Feststellungen über die soziale Funktion von Kleingärten treffen in etwa auch für die Bundesrepublik zu. Der eigentliche Unterschied liegt in der Bedeutung der Kleingartengemeinschaft für die politisch verfaßte Gesellschaft. Während in der Bundesrepublik die Kleingärten ein Teil der pluralistischen Gesellschaft sind und als solche nicht sonderlich auffallen, stellten sich in der DDR im Kleingarten soziale Beziehungen her, die zumindest der öffentlichen Gesellschaftsgliederung im "realen Sozialismus" zuwiderliefen bzw. sie aufhoben. In den Kleingartenanlagen arbeiteten und lebten nicht nur einfache Arbeiter und Kader, sondern auch Parteisekretäre und Bürgermeister auf der einen und evangelische Pfarrer und widerspenstige Kulturschaffende auf der anderen Seite nebeneinander und miteinander in der Eintracht von "Gartenfreunden". So stellte sich in der DDR, überspitzt formuliert, erst im Kleingarten jene klassenlose Gesellschaft her, die von den kommunistischen Ideologen zwar immer wieder behauptet wurde, aber nicht verwirklicht worden ist. Alle diese Gartenfreunde verbindet, daß für sie Arbeiten und Leben im Kleingarten vor allem einen Erholungs- und Freizeitwert hat. Im Kleingarten erholen sich die Stadtmenschen bei frischer Luft, Licht und Sonne von der Fabrik- und Bürotätigkeit, die Kleingartenarbeit dient ihnen als Ausgleich für beruflichen Streß, in Garten und Laube findet man nach der Hektik des Stadtlebens Ruhe und Ausgeglichenheit. So waren 1988 in der DDR 2.500 Kleingartenanlagen als staatliche Naherholungsgebiete anerkannt und wurden entsprechend gefördert. Etwa 3,5 Millionen Bürger der DDR sind bei der Gestaltung ihrer Freizeit auf verschiedenartigste Weise mit der Tätigkeit des Verbandes der Kleingärtner, Siedler und Kleintierzüchter verbunden (vgl. Handbuch 1985, S. 161).

Diese Freizeitfunktion der Kleingartenbewegung in der DDR findet in keinem Bereich einen deutlicheren Ausdruck als bei den sogenannten "Datschen" (dazu Gaus 1983, S. 164 ff. u. Der Alltag in der DDR 1983, S. 29 f.). Die Datschen haben an sich nichts mit den Kleingärten zu tun, denn bei ihnen handelt es sich um eine Siedlungsform ohne jede oder nur mit unbedeutender Produktionsfunktion. Sie sind Sommer- und Wochenendhäuser am Waldrand oder Seeufer, die oft winterfest ausgebaut worden sind. Das Wort, fest im Alltagssprachgebrauch der DDR verankert, kommt von dem russischen "Datscha" und meint ein Landhäuschen. In die Datsche zieht man sich am Wochenende zurück, um mit Familie und Freundeskreis allein zu sein und jenen Tätigkeiten oder auch Müßiggang nachgehen zu können, nach denen einem der Sinn steht. In der Datsche vergißt man den Alltagsärger in Beruf, Politik, aber auch Familie, macht die Garten- und Datschentür hinter sich zu, streckt die Beine aus und läßt einen zischen. Für die DDR-Bürger war die Datsche mehr als alles andere ein Statussymbol, für dessen Erwerb und Ausbau man keine Mühen scheute und immer neue Zeit, aber auch Geld investierte.

Daß die Kleingärten und die Datschen eine wichtige Rolle im gesellschaftlichen Alltag der DDR-Bürger spielen, ist als Tatbestand unumstritten. Doch die Interpretation und Wertung der gesellschaftlichen Funktion der Kleingärten fiel sehr verschieden aus. Für die Ideologen und Repräsentanten des bisherigen Systems einschließlich der alten Verbandsführung des VKSK war auch der soziale Alltag in den Kleingärten ein fester Bestandteil des politisch-gesellschaftlichen Systems der DDR, das sich durch die Einheit von öffentlichen Zielen und privaten Interessen sowie das Verblassen der aus der kapitalistischen Gesellschaft überlieferten Widersprüche auszeichne. Offiziell wurde daher bis zum Herbst 1989 geleugnet, daß die Kleingärten ein Refugium von Individuen und Familien vor den politischen Überforderungen im Beruf, öffentlichkeit, aber auch Wohngebiet seien. Der Verband beanspruchte, in den Kleingärten *"über die Gestaltung einer sinnvollen Freizeit auch die sozialistische Lebensweise und die sozialistische Persönlichkeitsentwicklung mit auszu-*

prägen" (Handbuch 1985, S. 161). Auch beim Arbeiten und Leben im Kleingarten, so die offizielle Version, seien die Bürger der DDR stets am Aufbau des Sozialismus beteiligt. Freiräume, in denen man von der Politik abschaltet und von ihr nicht erfaßt wird, konnte es der Herrschaftsideologie der SED zufolge nicht geben.

Ganz entgegengesetzt war der Eindruck vieler westdeutscher Beobachter vom Alltagsleben in den Kleingärten der DDR. Dort ließ man den beruflichen und politischen Alltag weit hinter sich und war auf ungehemmte Weise privat und familiär. Und wenn über politische Verhältnisse und gesellschaftliche Verpflichtungen gesprochen wurde, dann eher nebenher und mit meist abschätzigem Tenor. So konnte mancher westdeutsche Besucher gar zu dem Schluß kommen, bei den Kleingärten in der DDR habe es sich um versteckte Widerstandsnester gehandelt, in deren abgezäunter Idylle die DDR-Bürger ihre wahre Opposition zum System offenbarten.

Beide Interpretationen treffen meines Erachtens nicht zu, weil sie die gesellschaftliche Funktion der Kleingärten für ihre Besitzer von außen her, sei es von der aufokroyierten Herrschaftsdoktrin oder aus der Perspektive des ganz anderen westlich-pluralistischen Gesellschaft aus, betrachteten und beurteilten. Vielmehr scheinen mir die Kleingärten in der DDR für die Kleingärtner und Kleintierzüchter einen privaten Freiraum zur Verfügung gestellt zu haben, der Erholung auch angesichts der vorgeblich totalen Ansprüche des Systems ermöglichte. Diese Vorstellung von gesellschaftlichen Lebensbereichen im "realen Sozialismus", die durch ihren Charakter als Freiräume den Bürgern eine Art Arrangement mit Politik und Staat gewährte, hat Günter Gaus auf den treffenden Begriff der "Nische" und der "Nischengesellschaft" gebracht und dabei auch explizit Datschen und Schrebergärten als Beispiele genannt (Gaus 1983, S. 156 ff.). Nischen sind nach Gaus *"der bevorzugte Platz der Menschen drüben, in dem sie Politiker, Planer, Propagandisten, das große Ziel, das kulturelle Erbe - an dem sie das alles einen guten Mann sein lassen, Gott einen guten Mann sein lassen und mit der Familie und unter Freunden die Topfblumen gießen, das Automobil waschen, Skat spielen, Gespräche führen, Feste feiern"* (ebd., S. 160). Die Nischen sind jene privaten Lebensräume, in die man sich vor den Ansprüchen der Politik und der politischen Öffentlichkeit zurückzog und sowohl als Individuum wie auch in der Familie und im Kollektiv, wenn man ihm vertraute, seine Glücksvorstellungen zu verwirklichen suchte. Diese Nischen waren kein Ort des Protestes und der Opposition gegen Regime und Staat, sondern Ausdruck des stillschweigenden Arrangements mit ihm. Die Nischen, das hat Günter Gaus sehr richtig gesehen, existierten als solche nicht außerhalb sondern innerhalb des Sozialismus der DDR (ebd., S. 156). Die Mehrzahl der DDR-Bürger hatte sich in den Jahren zwischen dem Bau der Mauer im August 1961 und ihrer Öffnung ab Sommer 1989 mit der staatlichen

Existenz der DDR und der Parteiherrschaft der SED abgefunden, wenn diese nur ihnen Freiräume in Familie, Freundeskreis, Kirche und eben auch Kleingärten ließen. Umgekehrt fand sich die Staatspartei damit ab, daß die gesellschaftlichen Nischen entgegen der ideologischen Programmatik weitgehend der autonomen Gestaltung durch deren Mitglieder überlassen waren, wenn nur das öffentliche Herrschaftsmonopol nicht in Frage gestellt wurde, Sicherheit und Ordnung nicht unterminiert, sondern gefestigt und der ökonomische Ertrag nicht gefährdet sondern gesteigert wurde. Alles das ist bei den Kleingärten der Fall gewesen und deshalb konnten sie sich im letzten Jahrzehnt der ausgesprochenen Wertschätzung von Partei- und Staatsinstanzen erfreuen, auch wenn die in ihnen praktizierte Lebensweise den öffentlichen Ansprüchen des Kollektivismus eher widersprach. Dieser von der herrschenden Partei hingenommene Widerspruch zwischen ideologischem Anspruch auf Durchdringung der ganzen Gesellschaft und faktischer Resistenz von gesellschaftlichen Teilbereichen war typisch für den Alltag von Gesellschaft und Herrschaft in der DDR. Deshalb kann man verallgemeinernd die DDR nicht nur als ein riesiges Kombinat (so Ernst Richert Ende der 60er Jahre), sondern auch als eine umfassende Kleingartenanlage charakterisieren.

Die gesellschaftliche Funktion der Kleingärten im Realsozialismus läßt sich auch mit der sozialwissenschaftlichen Theorie des Neokorporatismus erfassen. Dieser Verbandstheorie zufolge, die speziell für die pluralistischen Gesellschaften der westlichen Industriestaaten entwickelt worden ist (vgl. Alemann 1981 u. Heinze 1981), übernehmen Verbände öffentliche Aufgaben und erhalten öffentliche Satzungsgewalt und entlasten auf diese Weise den Staat. Strukturen und Funktionen des Verbandes der Kleingärtner, Siedler und Kleintierzüchter sind ein gutes Beispiel dafür, daß das Modell des Neokorporatismus auch bei seiner Anwendung auf Massenorganisationen und Verbände im "realen Sozialismus" von Erklärungswert ist.

V. Die Massenorganisation der Kleingärtner, Siedler und Kleintierzüchter

Der "Verband der Kleingärtner, Siedler und Kleintierzüchter der Deutschen Demokratischen Republik", wie er offiziell hieß, in der Regel aber als VKSK abgekürzt wurde, konnte im Herbst 1989 seinen 30. Geburtstag unter leicht dramatischen Umständen feiern, auf die noch einzugehen sein wird. Nach 1945 waren die Kleingarten-, Siedler- und Züchtervereine zunächst nur auf örtlicher, dann ab 1946 auf Landesebene organisiert, später wurden Kleingärtner vom Freien Deutschen Gewerkschaftsbund (FDGB) und Kleintierzüchter von der

Vereinigung für gegenseitige Bauernhilfe (VdgB) angeleitet und 1954 zu Kreisverbänden zusammengefaßt. Daraus ging 1959 der VKSK als *"die demokratische Massenorganisation der Kleingärtner, Siedler und Kleintierzüchter"* in der DDR hervor, wie er sich im ersten Satz seines Statuts definiert (vgl. allgemein zu Aufgaben und Struktur des VKSK DDR-Handbuch 1985, S. 1403 f.; Handbuch 1985, S. 160-164; Autorenkollektiv 1980, S. 81 f. u. Musiolek/Sahn 1990).

Aufgaben und Organisationsstruktur des VKSK wurden offiziell in seinem Statut vorgegeben. Es ist auf dem I. Verbandstag im April 1963 beschlossen, 1966 ergänzt und 1977 auf dem IV. Verbandstag und 1988 auf dem VI. Verbandstag umfassend überarbeitet worden (Text des Statutes von 1963 in der Fassung von 1977 in der Anlage zu: GuK 22/77). In dieser Fassung galt das Statut noch im Frühjahr 1990, auch wenn einzelne Formulierungen und Bestimmungen faktisch schon außer Kraft gesetzt worden waren. Die genannten Daten der Verabschiedung und Ergänzung des Status des VKSK deuten schon an, was aus seinem Inhalt im einzelnen hervorgeht; es steht ganz in der offiziellen Programmgeschichte der Sozialistischen Einheitspartei. Nicht nur beschwört das Statut an mehreren Stellen die Leitungsfunktion der SED, auch übernimmt es bis hin zu Detailformulierungen die Aussagen des jeweils gültigen Programms und Statuts der Einheitspartei.

Aufgaben und Ziele des Verbandes wurden im Abschnitt I. des Statuts postuliert. Danach fördert der Verband Erholungsmöglichkeiten in der Freizeit durch gärtnerische, züchterische und geistig-kulturelle Betätigungen in den Kleingartenkollektiven, trägt zur Ausprägung der "sozialistischen Lebensweise" und Formung *"allseitig entwickelter sozialistischer Persönlichkeiten"* bei, setzt sich für die Verschönerung der Wohngebiete und den Schutz der natürlichen Umwelt ein, nimmt im Rahmen der Nationalen Front an der politischen Massenarbeit teil, fördert hohe Leistungen in Gärten, Kleintierzucht und Bienenhaltung, pflegt Erfahrungsaustausch mit einschlägigen Organisationen insbesondere in den sozialistischen Bruderländern und fördert vor allem *"bei seinen Mitgliedern die Freundschaft zur Sowjetunion und anderen Staaten der sozialistischen Gemeinschaft"*. Erst im Anschluß an diese allgemeinen politischen, gesellschaftlichen und ökonomischen Ziele setzt sich der Verband "weitere Aufgaben", in denen die spezifischen Interessen der Verbandsmitglieder zum Ausdruck kommen, wie die Durchführung von Erfahrungsaustauschen und Ausstellungen, die Vermittlung von Beratungen, die Herausgabe von Zeitschriften und Informationsmaterial und die Unterstützung bei der Versorgung mit Saat- und Pflanzgut, Futtermitteln, Kleingeräten und dergleichen.

Mitglied im Verband konnte jeder Bürger der DDR nach Vollendung des 18. Lebensjahres und bei Zustimmung der Erziehungsberechtigten bereits ab dem 14. Lebensjahr werden, der das Statut anerkannte und in einer Kleingartenanlage organisiert war (Statut Abschnitt II). Die Zahl der Mitglieder im Verband ist in den 30 Jahren seiner Existenz kontinuierlich angewachsen (siehe Tabelle 2) Im Gründungsjahr 1959 wurden 850.000 Mitglieder gezählt, 1974 überschritt man die Millionengrenze, 1981 waren 1,2 Millionen und 1988 1,4 Millionen Mitglieder im Verband der Kleingärtner, Siedler und Kleintierzüchter, davon 400.000 weibliche Mitglieder (29 %).

Tabelle 2: Mitgliederentwicklung und -struktur des VKSK

Sparte	1963	1973	1978	1983	1988
Kleingärtner u. Siedler	734.193	834.336	897.268	1.092.132	1.319.522
Rassegeflügel- züchter	78.297	77.283	74.080	59.933	53.307
Rassekaninchen- züchter	41.465	47.945	41.931	32.278	34.410
Edelpelztier- züchter	2.438	2.860	3.320	4.262	4.962
Rassehunde- züchter	5.440	8.547	12.607	19.466	18.369
Imker	45.841	42.908	36.317	34.536	36.805
Ziegen- u. Milch- schafzüchter	24.799	11.855	7.264	8.630	8.268
Ziergeflügel- u. Exotenzüchter	--	11.900	14.779	16.363	14.642
insgesamt	889.641	996.240	1.056.541	1.261.890	1.487.238

Quelle: Statistisches Jahrbuch der DDR 1986, S. 406; 1989, S. 414

Der Verband gliederte sich in insgesamt elf Fachrichtungen. Die weitaus größte Fachrichtung ist diejenige für Kleingärtner, Siedler und Wochenendsiedler mit 1988 87 % der Verbandsmitglieder. Davon kamen mit 78 % der Löwenanteil auf die Kleingärtner mit intensivem Obst- und Gemüseanbau. Siedler sind 7,5 % der Verbandsmitglieder und pflegen auf ihren meist größeren Grundstücken neben dem Obst- und Gemüseanbau besonders die Kleintierzucht mit eigenem Futteranbau. 1982 beschloß der VKSK auf dem V. Verbandstag die Bildung einer eigenen Fachrichtung für "Wochenendsiedler", d.h. für Mitglieder, die ihre Grundstücke lediglich sonnabends und sonntags nutzen und ihre Flächen - ohne Obst- und Gemüsegärtner zu sein - vor allem als Naturgarten gestalten wollen. 1989 gehörten dieser Fachrichtung 17.000 Wochenendsiedler, d.h. 1,2 % der Verbandsmitglieder, an. Es handelt sich bei diesen "Wochenendsiedlern" um die zuvor beschriebenen Besitzer von "Datschen", und die Gründung einer eigenen Fachrichtung im Verband war der Versuch, diese soziale Erscheinung in der DDR unter Verbandskontrolle zu nehmen. Das ist aber der Partei- und Verbandsführung nur in einem sehr geringen Umfang gelungen; die meisten Datschenbesitzer gehörten nicht dem VKSK an, sondern waren in örtlichen Interessengemeinschaften organisiert.

Weit abgeschlagen nach Kleingärtnern und Siedlern folgten im VKSK die Rassegeflügelzüchter mit 57.000 Mitgliedern, was 4 % der Verbandsmitgliedschaft ausmacht. Sie halten und züchten Hühner, Gänse und Puten und sollen dabei auf die "Einheit von Schönheit und Leistung" der Tiere achten, wie es in dem Verpflichtungsbeschluß des V. Verbandstages von 1982 hieß (GuK 11/82, S. 14).

Von etwa gleicher Größenordnung war im VKSK die Fachrichtung der Imker mit 37.000 Mitgliedern (2,7 %) und die der Rassekaninchenzüchter mit 34.000 Mitgliedern (2,5 %). Die Züchter von Rassekaninchen verpflichteten sich in dem Beschluß von 1982, *"jährlich 3 Würfe pro Häsin aufzuziehen und im Spartendurchschnitt .. Zuchttiere und Schlachttiere mit einem Gesamtgewicht von etwa 100 kg zu verkaufen"* (GuK 11/82, S. 14). Das Monopol der Freizeitimker auf die Honigproduktion in der DDR ist bereits erwähnt worden; auch sie gingen zur Erfüllung dieser Aufgabe Verpflichtungen ein, unter anderem durch artifizielle Insemination die Zahl der Bienenvölker in der DDR auf 550.000 zu halten.

Jeweils auf etwa ein Prozent der Verbandsmitgliedschaft kommen die beiden Fachrichtungen der Rassehundezüchter mit 19.000 und der Ziergeflügel-, Exoten- und Kanarienzüchter mit 16.000 Mitgliedern. Die Zahl der Rassehundezüchter hat im Vergleich zu anderen Fachrichtungen über die 30 Jahre des Verbandes durch Vervierfachung am stärksten zugenommen; sie setzten sich neben der Zuchtlegung vor allem die Aufgabe, die vielen Hundehalter in der DDR zur zweckmäßigen Haltung und artgerechten wie gesellschaftlich vertretbaren Fütterung ihrer Tiere anzuhalten (GuK 11/82, S. 15). Die Ziergeflügel- und Exotenzüchter warben insbesondere für die *"traditionsreiche Zucht von Gesangskanarien"* (ebd.).

Als einzige der Fachrichtungen des VKSK hatten die Halter und Züchter von Ziegen und Milchschafen über die Jahre einen erheblichen Mitgliederschwund zu verzeichnen, von 27.000 im Jahr 1965 auf 8.000 (0,6 % der Verbandsmitgliedschaft) im Jahre 1989. Das erklärt sich mit der allgemeinen Entwicklung des Lebensstandards und der Lebensverhältnisse, der auch an der DDR nicht vorbeigegangen ist. Dennoch verpflichteten sich die Ziegen- und Milchschafzüchter 1982 zur langfristigen Erhöhung der Ablamm- und Aufzuchtergebnisse, Verbesserungen der Milch- und Wolleistung und zum Ausbau der Bockhaltung mit "hochwertigen Vatertieren" (ebd.).

Schlußlichter in der Statistik sind die Edelpelztier- und die Rassekatzenzüchter mit jeweils etwa einem Drittel Prozent der Verbandsmitglieder. 4.600 Edelpelztierzüchter verfolgten in der DDR vor allem die Sumpfbiberzucht und verpflichteten sich zur jährlichen Ablieferung von 200.000 Nutriafellen, während die 2.800 Rassekatzenzüchter die Rassen- und Farbenvielfalt ihrer Tiere auf Ausstellungen präsentieren wollten. Der Verband setzte sich also, um es zusammenzufassen, aus einer Millionenzahl alltäglicher Kleingärtner auf der einen Seite und aus kleinen Fachrichtungen der Haltung und Zucht von oft exotischen Tierarten auf der anderen Seite zusammen. Kein Wunder, daß sich im Verbandsalltag schon lange vor dem revolutionären Umbruch der DDR-Gesellschaft im Herbst 1989 z.B. die Imker und Rassekaninchenzüchter, ganz zu schweigen von den Edelkatzenzüchtern, von den Kleingärtnern und ihren Funktionären oft majorisiert und überfahren fühlten.

Der Aufbau des Verbandes der Kleingärtner, Siedler und Kleintierzüchter gestaltete sich dem Statut zufolge nach dem Prinzip des demokratischen Zentralismus (Statut III., 1). Die Grundorganisationen auf der örtlichen Ebene sind die sogenannten "Sparten", der Zusammenschluß der Verbandsmitglieder gleicher Fachrichtung an einem Ort (Statut VI.). Insgesamt gab es in der DDR an die 20.000 Sparten, von denen die Hälfte Kleingärtner organisierte. Die jährlichen Mitgliederversammlungen der Sparten wählten ihre Vorstände. Diese 20.000 Grundorganisationen des VKSK waren in 205 Kreisorganisationen, 23 Stadtbezirksorganisationen und 6 Stadtorganisationen und des weiteren in 15 Bezirksorganisationen zusammengefaßt, also nach der staatlichen Territorialgliederung der DDR aufgebaut. Auf jeder dieser Ebenen gab es Delegiertenkonferenzen, Vorstände und Sekretariate, die in den Städten, Stadtbezirken und Kreisen je einen und in den Bezirken sechs bis neun hauptamtliche Funktionäre umfaßten. Diese Organisationsgliederungen waren dem üblichen Organisationsprinzip der "doppelten Unterstellung" zufolge *"zur Durchführung der Beschlüsse ... der übergeordneten Verbandsorgane ... verpflichtet"* (Statut III., 3).

Das höchste Organ des Verbandes ist nach dem Statut (IV., 1) der Verbandstag, der in der Regel alle fünf Jahre stattfand. Der letzte, der VI. Verbandstag des VKSK fand am 22. und 23. April 1988 im Kulturpalast der Stadt Dresden statt (Bericht und Reden in GuK 9/88, Beschluß in GuK 10/88, vgl. auch Neues Deutschland vom 23./24. u. 25. April 1988). Das Ritual der Verbandstage ähnelte dem der Parteitage der SED: Am Anfang stand der Rechenschaftsbericht durch den 1. Sekretär des Verbandes. Dann folgte die "Diskussion" 1988 mit insgesamt 25 Rednern, der Höhepunkt war dabei die Ansprache des für die Landwirtschaft zuständigen Sekretärs des ZK der SED

Werner Felfe, der dem Verband nicht nur die herzlichen Grüße der Parteiführung überbrachte, sondern ihn auch im Auftrag des Staatsratsvorsitzenden mit dem Vaterländischen Verdienstorden in Gold auszeichnete. Der Verbandstag verabschiedete darauf einmütig eine Dankadresse an Erich Honecker, in der man abschließend versicherte: *"Auf die Mitglieder des Verbandes der Kleingärtner, Siedler und Kleintierzüchter wird bei den gemeinsamen Anstrengungen unseres Volkes für das weitere Gedeihen unserer Deutschen Demokratischen Republik in Sozialismus und Frieden immer Verlaß sein."* (GuK 9/88, S. 6).

Der Verbandstag wählte den Zentralvorstand, der zwischen den Verbandstagen das höchste Organ war und im Jahr mindestens dreimal tagte. 1988 gehörten dem Zentralvorstand über 100 Mitglieder an, Anfang 1990 waren es noch etwa 60 Mitglieder und 15 Kandidaten. Zur politischen Leitung zwischen seinen Tagungen wählte der Zentralvorstand ein Präsidium (1988: 24 Mitglieder) - gewissermaßen das Politbüro des VKSK - und zur Leitung der laufenden Arbeit, insbesondere zur Durchführung und Kontrolle der Beschlüsse und der Kaderarbeit, das Sekretariat (1988: 9 Mitglieder). Bis 1988 standen an der Spitze der Verbandsbürokratie vier, von 1988 bis Anfang 1990 sechs hauptamtliche Sekretäre. Der VKSK hatte dementsprechend eine Doppelspitze, sowohl einen Vorsitzenden als auch einen 1. Sekretär. Auf dem letzten Verbandstag wurde der langjährige Vorsitzende Herbert Uhlendahl (Jahrgang 1920) durch Dr. Horst Laschinski (Jahrgang 1939) abgelöst. Horst Laschinski hatte zuvor in der Kaderhierachie des Verbandes keine Funktion, war lediglich Vorsitzender der Sparte Kleingärtner in der Kleingartenkolonie "Märchenland" in Berlin-Weißensee (zu seiner Biographie: Neues Deutschland vom 25. April 1988, S. 2 u. GuK 9/88, S. 2). Diese Kleingartenanlage besteht nicht nur seit 50 Jahren, sondern war auch ein Vorzeigeobjekt des Verbandes für in- und ausländische Gäste: Sie ist mit 1034 Gärten und 2216 Mitgliedern die größte in der DDR und ist unter anderem als staatlich anerkanntes Naherholungsgebiet ausgezeichnet worden (vgl. GuK 6/87, S. 3 u. 16/89, S. 3). Noch interessanter ist der berufliche Hintergrund des neuen Vorsitzenden des VKSK, wie er 1988 bei seiner Wahl mitgeteilt wurde: Dr. Horst Laschinski war promovierter Ingenieurökonom und als wissenschaftlicher Sekretär und Dozent am Institut für Wissenschaftlichen Kommunismus bei der Akademie für Gesellschaftswissenschaften beim Zentralkomitee der SED unter Leitung von Professor Rolf Reißig tätig.

Das Amt des 1. Sekretärs hatte seit 1976 Erwin Wegner (Jahrgang 1929) inne. Er stand an der Spitze des hauptamtlichen Verbandsapparates und war, den Reden und Berichten in der Verbandszeitschrift zufolge, derjenige, der die Fäden in der Hand hatte. Zum Organisationsalltag ist noch festzuhalten, daß nach dem Statut die Kommissionen für die einzelnen Fachrichtungen, z.B. für die Imker, nicht von den einschlägigen Mitgliedern gewählt wurden, sondern von den leitenden Verbandsorganen, also faktisch vom Sekretariat berufen werden (Statut IV., 7).

Der Verband finanziert sich entsprechend dem Statut (VIII.) aus Beiträgen, Zuwendungen und Umlagen. Anfang 1990 veröffentlichte das Sekretariat des Zentralvorstandes des VKSK erstmals eine Information über die Finanzen des Verbandes. Danach betrugen die Einnahmen des Verbandes für das Jahr 1989 insgesamt 37,9 Millionen DDR-Mark, wovon 25 % auf Mitgliedsbeiträge, 35 % auf wirtschaftliche Einrichtungen des VKSK, 13 % auf Zuweisungen aus dem Staatshaushalt, 15 % auf Einnahmen bei Ausstellungen, Veranstaltungen, Zucht- und Hirtbuchstellen und 11 % auf Zuwendungen von volkseigenen Kombinaten, Betrieben, Institutionen und Organisationen entfallen. Diese Einnahmen wurden zu 36 % für die anleitende Tätigkeit der Vorstände aller Organisationsgliederungen und zu 27 % für die Gehälter und Löhne der 681 hauptberuflichen Mitarbeiter des VKSK ausgegeben, von denen 86 auf der Zentral-, 120 auf der Bezirks- und 381 auf der Stadt- und Kreisebene beschäftigt waren. Der Zentralvorstand des VKSK verfügte unter anderem über eine eigene Druckerei, einen Betrieb für Organisationsbedarf und einen Urlauberbungalow mit acht Betten; auf Bezirks- und Kreisebene gibt es zahlreiche Bodenlabore, Zuchtstationen und Kreisbockhaltungen. Ohne Frage ist der Verband der Kleingärtner, Siedler und Kleintierzüchter nicht nur nach außen, sondern auch nach innen ein wichtiges Wirtschaftsunternehmen.

Getragen wurde die Alltagsarbeit des Verbandes von 400.000 ehrenamtlichen Funktionären. Diesen konnte die Ehrennadel des Verbandes ein Ansporn sein, die vom Präsidium für den Gesamtverband, aber auch für einzelne Fachrichtungen in Gold, Silber und Bronze verliehen wird (Handbuch 1985, S. 164).

Publikationsorgane des Verbandes waren "Der Hund" und vor allem die Verbandszeitschrift "Garten und Kleintierzucht". Letztere erschien zweimal monatlich, also mit insgesamt 24 Ausgaben im Jahr von je 16 Seiten. Die abgekürzt "GuK" wurde entsprechend den Fachsparten in vier verschiedenen Ausgaben zusammengestellt und publiziert: Die Ausgabe A für Kleingärtner und Siedler hatte mit 575.000 die höchste Auflage, für die Züchter von Rassegeflügeln, Ziergeflügel, Exoten und Kanarien war die Ausgabe B mit 34.000 Exemplaren bestimmt, an die Imker wandte sich die Ausgabe C mit einer Auflagenhöhe von 51.000 und an die Züchter von Rassekaninchen, Ziegen und Milchschafen, Edelpelztieren und Rassekatzen die Ausgabe D mit 108.000 Exemplaren (GuK 24/89, S. 2). Insgesamt hatte die Verbandszeitung eine Gesamtauflage von 768.000 Exemplaren (Mitteilung des Chefredakteurs in: GuK 21/89, S. 2). Es gab immer wieder Klagen von Verbandsmitgliedern, daß sie weder im Abonnement noch an den Postzeitungskiosken an die Zeitschrift herankämen.

Der Inhalt der Verbandszeitschrift in ihren verschiedenen Ausgaben läßt sich, grob gesehen, drei verschiedenen Rubriken zuordnen. An erster Stelle standen die Mitteilungen des Verbandes und der Verbandsführung, häufig Ergebenheits- und Verpflichtungsadressen gegenüber der SED und "Direktiven" und "Kampfaufrufe" an die Verbandsmitglieder zur Erfüllung der Produktionsziele. Diese Beiträge waren in jenem gestanzten Funktionärsdeutsch gehalten, wie es für den offiziellen und öffentlichen Sprachgebrauch in der DDR über Jahrzehnte üblich war. In einem zweiten Drittel finden sich in allen Ausgaben gemeinsame allgemeine Nachrichten, Ratschläge und Hinweise einschließlich von Kaufs- und Verkaufs-, aber auch von Heiratsanzeigen von Gartenfreunden. Im dritten Teil schließlich differenziert sich der Inhalt der vier Ausgaben untereinander, wurden fachrichtungenspezifische Ratschläge vermittelt und Diskussionen geführt. So fanden sich in der Ausgabe A "Ratschläge für Kompostierung und Okkultierung" und wird über die richtige *"Zeit für den runden Schwarzen"* gesprochen, gemeint war der Rettich (GuK A 14/89, S. 6), während in der Ausgabe B in oft farbigen Beilagen gelungene Hühner- und Ziergeflügelzüchtungen vorgestellt werden. In der Ausgabe C für Imker war der Kampf gegen die internationale Plage der Varroa-Milbe mit ihren sehr großen Schäden das zentrale Thema, während in der Ausgabe D z.B. "Untugenden der Kaninchen" die behandelt werden, womit der Kanibalismus von Muttertieren an ihrer Nachkommenschaft gemeint war (GuK D 10/88, S. 12).

Seit der Wende im Herbst 1989 war der Inhalt der verschiedenen Ausgaben von "Garten und Kleintierzucht" wesentlich differenzierter und offener geworden. Doch schon für die Jahre zuvor ist die Verbandszeitschrift, trotz ihre offiziellen und stromlinienförmigen Charakters, eine gute Quelle für Darstellungen und Analyse des Alltags der Kleingärtner, Kleintierzüchter und Imker in der DDR, zumal wenn man es versteht, zwischen den Zeilen zu lesen.

Bis zum Herbst 1989 stand die Arbeit des Verbandes und der Verbandsführung unter der zentralen Devise, *"durch die Entfaltung der schöpferischen Aktivität seiner Mitglieder einen Beitrag für die Verwirklichung der im Programm der Sozialistischen Einheitspartei Deutschlands vorgezeichneten Aufgaben"* zu leisten (so Statut I., 2, Abs. 2.). Die entscheidenden Vorgaben für die Kleingärtner und anderen Fachrichtungen kamen daher nicht aus dem Verband selbst, sondern von der Einheitspartei. Für die Arbeit des VKSK in den vergangenen zwölf Jahren der staatlichen Existenz der DDR war grundlegend der Beschluß des Sekretariats des ZK der SED vom 3. August 1977 über die *"Aufgaben und Maßnahmen zur Förderung der Tätigkeit des Verbandes der Kleingärtner, Siedler und Kleintierzüchter der DDR und der Initiative seiner Mitglieder"*, der auch in der offiziellen Dokumentensammlung der SED abgedruckt wurde (Beschluß des ZK der SED von 1977). In diesem Beschluß wurde die volkswirtschaftliche und gesellschaftliche Bedeutung der Aktivitäten des

Verbandes und seiner Mitglieder hervorgehoben, wurden Planziele für die weitere Entwicklung von Kleingärten und Kleintierzucht aufgestellt und die staatlichen Organe der Staatsmacht zur Unterstützung des Verbandes bei der Verwirklichung dieser Ziele verpflichtet. Dieser Parteibeschluß war Grundlage für den gleichnamigen Beschluß des Präsidiums des Ministerrates der DDR vom 15. September 1977, durch den alle Staatsorgane angehalten wurden, die Entwicklung der Kleingärten und die Förderung der Kleintierzucht und -haltung in der Fünfjahresplanung zu berücksichtigen. Die entscheidenden Vorgaben für Staat und Verband sind sogar in Parteitagsbeschlüssen der SED verankert worden. So wurde auf dem in XI. Parteitag der SED im April 1986 beschlossen, bis zum Jahr 1990 150.000 weitere Kleingärten zu schaffen, darunter 20.000 für Berliner Bürger (Honecker 1986, S. 59). Die Verwirklichung dieses Ziels, mit der im Hinblick auf Berlin die Fragwürdigkeiten der ghettoartigen Neubausiedlungen abgemildert werden sollten, war im "Geburtstagsjahr" 1989 - anläßlich des 40. Jahrestages der DDR und des 30. Jahrestages der Gründung des VKSK - die zentrale Wettbewerbsaufgabe des Verbandes.

Die Führung des Verbandes durch die Einheitspartei kam auch auf der personellen Seite deutlich zum Ausdruck. Nicht nur gehörten die Spitzenfunktionäre des VKSK der SED an. Auch war die Anleitung des Verbandes fest im Parteiapparat verankert. Sie erfolgte vor allem durch die Abteilung Landwirtschaft im ZK der SED. An der Spitze der Vorgesetzten des Verbandes stand, einmal von dem Generalsekretär der SED und Staatsratsvorsitzenden abgesehen (vgl. Erich Honeckers Rede auf dem XIII. Bauernkongreß der DDR am 22. 5.1987 in "Neues Deutschland" vom 23./24. 5. 1987, S. 4), nicht der Landwirtschaftsminister, sondern der für die Landwirtschaft zuständige Sekretär des ZK der SED. Das war bis zu seinem überraschenden Tod am 7. September 1988 Werner Felfe, auch Mitglied des Politbüros der SED und von manchen als Konkurrent von Egon Krenz bei der Nachfolge Erich Honeckers angesehen (vgl. Fricke, 1988, S. 1034 ff.). Werner Felfe war nicht nur offiziell die wichtigste politische Bezugsperson des Verbandes, so hielt er die programmatische Diskussionsrede auf dem XI. Verbandstag im April 1988 (GuK 9/88, S. 3-5). Er nahm auch an dem Alltag in den Kleingärten regen Anteil, wie so mache Besichtigung und Teilnahme an Gartenfesten dokumentierte (GuK 15/86, S. 2). So trauerte die Verbandsführung nach seinem Tod zu recht *"um einen guten Freund und Förderer unseres Verbandes "* (GuK 18/88, S. 2).

Während die Sozialistische Einheitspartei dem Verband der Kleingärter, Siedler und Kleintierzüchter die volkswirtschaftlichen, gesellschaftlichen und kulturellen Ziele vorgab, antwortete der Verband seinerseits auf diese Direktiven mit Ergebenheitsadressen und Akzeptanzbeschlüssen. Zu jedem Parteitag der SED wurden Verpflichtungen zur Erfüllung des Plans abgegeben und der Beschluß des letztens Verbandstages vom 23. April 1988 wurden mit der Beteuerung eingeleitet: *"Wir, die Mitglieder des Verbandes der Kleingärtner, Siedler und Kleintierzüchter, unterstützen mit Wort und Tat die vom XI. Parteitag bekräftigte Fortsetzung des Kurses der Hauptaufgabe in der Einheit von Wirtschafts- und Sozialpolitik!"* (GuK 10/1988, S. 7).

Ohne Zweifel, beim Verband der Kleingärtner, Siedler und Kleintierzüchter handelt es sich um eine für das realsozialistische Herrschaftssystem der DDR typische Massenorganisation. Ihre wesentliche Funktion war nach leninistischer Lehre die eines Transformationsriemens. Über den VKSK suchte die Einheitspartei ihre Ziele im Bereich der Kleingärtner, Kleintierzüchter und Imker umzusetzen, und trieb diese zu größeren volkswirtschaftlichen Leistungen an. In entgegengesetzter Richtung aber artikulierte der Verband meist nur die Zustimmung seiner Mitglieder zu diesen politischen Vorgaben. Bei dieser in den letzten Jahren der DDR immer stärker betonten Bedeutung des VKSDK als einer Massenorganisation war es nur systemkonsequent, daß der Verband für die Kommunalwahlen am 7. Mai 1989 erstmals eigene Kandidaten vorschlagen und dementsprechend 300.094 Abgeordnete in die örtlichen Volksvertretungen schicken konnte (GuK 18/89, S. 2). Ende 1989 forderte die Verbandsführung, im Zuge der Demokratisierung dem VKSK dieses Recht auch für die Volkskammerwahlen zu geben, doch diese Episode gehört schon in einen anderen Abschnitt, zu den Folgen der politischen Wende in der DDR im Herbst 1989 für die Kleingärtner, Kleintierzüchter, Imker und deren Verbandszusammenschlüsse.

VI. Die Wende im Kleingarten

1989 sollte nach den Vorstellungen der Verbandsführung des VKSK unter Dr. Horst Laschinski und Erwin Wegner das Jahr werden, in dem die Einheit von Kleingartenbewegung, Arbeiter- und Bauern-Staat und führender Partei zu neuen Höhen geführt würde. Es galt sowohl den 40. Jahrestag der Deutschen Demokratischen Republik als auch den 30. Gründungstag des VKSK zu feiern. Aus diesem Anlaß beschloß der Zentralvorstand des Verbandes auf seiner 2. Tagung am 23. Juni 1988 *"ein würdiges Geburtstagsgeschenk für alle"*, indem er sich und seine Mitglieder nicht nur zu zahlreichen Festveranstaltungen, sondern auch zu einer umfassenden Wettbewerbsbewegung verpflichtete (Beschluß in: GuK 13/88, S. 3). Auf diese Weise, so führte Laschinski als Vorsitzender des Zentralvorstandes auf dessen 4. Tagung am 9. Februar 1989 aus, sollte der Verband *"seinen spezifischen, unverwechselbaren Beitrag leisten, die neuen Herausforderungen bei der weiteren Gestaltung der entwickelten sozialistischen Gesellschaft in der DDR erfolgreich zu meistern"* (GuK 4/89, S. 3).

Die politische Wende in der DDR seit Oktober 1989 hat auch durch dieses Geburtstagsprogramm des Verbandes der Kleingärtner, Siedler und Kleintierzüchter einen Strich gemacht. Erstmals ist seine Zeitung "Garten und Kleintierzucht", insbesondere in ihren nach Fachrichtungen differenzierten Ausgaben, ein Spiegel nicht lediglich des offiziellen Selbstverständnisses der Verbandsführung, sondern der vielfältigen Interessen und Spannungen in der breiten Mitgliederschaft. In der Ausgabe 21/89, die Anfang November 1989 zur Auslieferung kam, fand sich im Gegensatz zu der früheren Praxis keine einzige Zeile zur Politik im allgemeinen und Verbandspolitik im besonderen; lediglich die Antwort des Chefredakteurs auf die Klage einer Leserin, daß es ihr nicht möglich sei, ein Abonnement der GuK zu bekommen, deutete die Dramatik des politischen Wandels auch in der Kleingartenbewegung an: *"Es ist in diesen Tagen so vieles zu unsrer aller Wohl im Umbruch, so daß wir gewiß sind, auch dieses gemeinsame Anliegen nach Erhöhung der Auflage der GuK, werte Verbandsfreundin Drube, wird sobald als möglich Beachtung finden"* (GuK 21/89, S. 2).

Doch dann, ab der zweiten Novemberhälfte 1989, brach auch im Verband der Kleingärtner, Siedler und Kleintierzüchter in der DDR und seinem Verbandsorgan Öffentlichkeit und Wandel aus. Das kleingartengerechte Leitmotiv gab dabei ein unter der Überschrift "Wende aus Gärtnersicht" veröffentlichter Leserbrief: *"Als treuer Leser Eurer Zeitung vermisse ich die Farben des Herbstes 1989, die selbst die Blätter der Medien bunt färben, jetzt wo alle von der Wende reden. Wende - so ein leichtes Wort und ist doch so schwer zu verstehen. Damit ist bestimmt nicht die Abkehr oder das Gegenteil vom Sozialismus gemeint. Oder ist es die Drehung der SED, die jetzt ihren Rücken vom Volk abwendet und somit wieder ihr Gesicht zeigt? Soll es der Wandel einer freien Berichterstattung sein? Auf jeden Fall kann die Wende ein Anfang für ein besseres Zusammenleben sein. Die Antwort auf all die Fragen fällt leichter, folgt man einem Analogieschluß aus dem kleingärtnerischen Gebiet. Die Wende kann nur eine Umkehr von oben nach unten, ähnlich dem Umgraben im Herbst sein. Welke Blumen, madige Früchte, alte Kohlköpfe gelangen beim Umbruch in tiefere Schichten, geben dort ihre Kraft ab, um im nächsten Jahr mineralisiert das Wachstum wieder zu fördern. Kein Kleingärtner wird nun behaupten, er grübe gleich den gesamten Garten um, und die Bäume stünden dann mit den Wurzeln nach oben. Wertvolle Gehölze, Sträucher und Stauden bleiben selbst bei dieser Prozedur erhalten und bilden einen festen Bestand. Es kann schon einmal vorkommen, daß man sich von stark überalterten Bäumen, welche früher die besten Früchte trugen, trennen muß. Jeder, der weiß, daß Monokultur schädlich ist und zu Ertragsverlusten führt, wendet eine gesunde Fruchtfolge an. Keiner wird leugnen, daß der Unkrautwuchs ein ständiger Begleiter unserer gärtnerischen Bemühungen ist. Nur der ist ein schlechter Gärtner, der erst bei der nächsten Wende alle versäumten Arbeiten nachholen will. So gesehen, ist die Wende keine einmalige Sache. Sie gehört zu den ständigen Aufgaben eines klugen Gärtners."* (GuK 22/89, S. 3).

Die Verbandsführung nahm das Rumoren in der Mitgliederschaft auf. Am historischen 9. November 1989 verabschiedete das Präsidium des Zentralvorstandes eine "Wortmeldung" des VKSK zur Politik der Erneuerung des Sozialismus in der DDR, in der der Verband als "selbständige demokratische Massenorganisation" und "Interessenvertreter seiner Mitglieder" apostrophiert, die Verbesserung der innerverbandlichen Demokratie zugesagt, stärkere Berücksichtigung der Mitgliederbedürfnisse in der Volkswirtschaft und die Mitgliedschaft in internationalen Organisationen und Vereinigungen gefordert wurde. Die Wortmeldung der Verbandsführung gipfelte im Antrag auf ein "Gesetz über die Förderung des Kleingartenwesens in der DDR" und in der Forderung: *"Entsprechend der gewachsenen gesellschaftlichen Rolle des VKSK in unserem sozialistischen Staatswesen fordern wir bei künftigen Wahlen eigene Mandate. Entsprechende Regelungen sollten in einem neuen Wahlgesetz der DDR berücksichtigt werden."* (Wortmeldung in: GuK 22/89, S. 2 f.). Über notwendige Reformen im VKSK und insbesondere die konsequente Demokratisierung des Verbandes beriet der Zentralvorstand dann am 29. November 1989 in Leipzig, dem historischen Ort des Ursprungs der Kleingärtnerbewegung vor 120 Jahren und der Gründung des Verbandes vor 30 Jahren, aber auch dem Mittelpunkt der aktuellen politischen Veränderungen in der DDR (GuK 23/89, S. 2).

In diesen auch für die Kleingärtner hektischen Wochen hielt sich der Vorsitzende des VKSK - verständlicherweise, muß man angesichts seiner Biographie sagen - sehr zurück, tauchte kaum in der kleingärtnerischen Öffentlichkeit und Öffentlichkeitsarbeit auf. Erst Anfang Januar 1990 versuchte Dr. Horst Laschinski in der "Garten und Kleintierzucht" eine Zwischenbilanz unter dem Titel "Vielschichtiges Mitwirken an der demokratischen Erneuerung" (GuK 1/90, S. 2). "Vorsichtig" wäre wohl das richtigere Adjektiv gewesen. Laschinski plädierte für eine behutsame Reformierung und Stabilisierung des Verbandslebens. Bis Ende Februar 1990 sollte in der Verbandsführung ein neues Statut ausgearbeitet werden, das dann im Frühjahr 1990 von den Mitgliedern diskutiert und ergänzt und Ende 1990 oder Anfang 1991 von einem außerordentlichen Verbandstag verabschiedet werden sollte. Doch schon heute würden *"Worthülsen wie führende Rolle der SED, Beitrag zur allseitigen Entwicklung sozialistischer Persönlichkeiten, Prinzip des demokratischen Zentralismus"* ersatzlos aus dem Statut gestrichen werden.

Die Forderungen, die in diesen Wochen und Monaten des politischen Umbruchs in der DDR an den Verband der Kleingärtner, Siedler und Kleintierzüchter erhoben wurden, zielten zunächst einmal auf die politische Selbständigkeit der Organisation. Am deutlichsten brachte das im November 1989 der Bezirksobmann der Rassekaninchenzüchter in Gera auf den Begriff, als er in einem langen Reformpapier fragte: *"sind wir eine, wie man so sagt, Freizeit- und Hobbyorganisation ... oder eine Partei und Ableger der SED"*? (GuK D 23/89, S. 5). Die Antwort auf diese Frage liegt für für viele Verbandsmitglieder, wie man ihren zahlreichen Leserbriefen entnehmen kann, in der Forderung, die Freizeit- und Erholungsfunktion der Kleingärten zu stärken und den überzogenen Produktionsdruck durch das "Wettbewerbsspektakel" (GuK 22/89, S. 9) zurückzuschrauben. So schrieb ein Verbandsfreund im Rahmen der Diskussion um die Novellierung der Kleingartenordnung: *"Für mich soll der Garten zum Wohlfühlen und Regenerieren sein und nicht zum Schinden, 100 qm = 110 kg Obst und Gemüse)."* (GuK 23/89, S. 4). Bei der Gestaltung der Kleingärten soll mehr Spielraum gewährt werden. So stören sich zahlreiche Kleingärtner an der Rigidität ihrer Kleingarten- und insbesondere Pflanzpflichten.

Viele kritische Hinweise und Reformvorschläge betreffen die Verbandsstruktur. Zwar hatte schon der VI. Verbandstag im April 1988 die *"Stärkung der innerverbandlichen Demokratie"* zum Beschluß erhoben (GuK 10/88, S. 9), doch war damit der Ausbau des demokratischen Zentralismus gemeint. Jetzt wurde im VKSK die Ersetzung der autoritären und zentralistischen durch basisdemokratische Strukturen gefordert. Vor allem sollten die Kommissionen für die einzelnen Fachrichtungennicht mehr vom Zentralvorstand eingesetzt, sondern von den entsprechenden Mitgliedern gewählt werden. Die umfassende Beteiligung der Mitglieder an der Mitbestimmung und Mitgestaltung des Verbandslebens wurde zum Ziel erhoben. Es wurde kritisiert, daß 50 % der Mitgliederbeiträge an die Verbandszentrale gehen, und die Reduzierung dieses Beitrages auf 20 % vorgeschlagen (GuK 23/89, S. 3). Das Sekretariat des Zentralvorstandes sah sich im Januar 1990 genötigt, erstmals eine detaillierte Information über die Finanzen des Verbandes vorzulegen (GuK 1/90, S. 5).

Im März 1990 wurde nach der 7. Tagung des Zentralvorstandes der Entwurf einer neuen Satzung des VKSK vorgelegt (GuK 5/90, S. 13). Demzufolge soll der VKSK zu einer Dachorganisation pluralisiert werden, einer *"echten Solidargemeinschaft von Kleingärtnern, Siedlern, Kleintierzüchtern und Imkern, die auf einer festen demokratischen Grundlage beruht"* (GuK 4/90, S. 2). In dem Satzungsentwurf wird die parteipolitische Selbständigkeit und Unabhängigkeit des Verbandes herausgestellt. Doch diesem Bemühen, den VKSK den gewandelten politischen Rahmenbedingungen anzupassen, steht die Zusammensetzung seiner Führungsspitze entgegen. Zwar sind das Präsidium und das Sekretariat als die Führungsgremien des Verbandes durch einen "Koordinierungsausschuß des Zentralvorstandes des VKSK" und einen "Geschäftsführenden Ausschuß" ersetzt worden, doch dessen Leitung übernahmen im März 1990 wieder der Verbandsfreunde Dr. Horst Laschinski und Erwin

Wegner (GuK 4/90, S. 2). Wie bei vielen anderen gesellschaftlichen und politischen Organisationen in der DDR ist also auch beim VKSK hinter der Fassade einer programmatischen und organisatorischen Neuorientierung eine erhebliche personelle Kontinuität zu verzeichnen.

Der Verband soll sich aber nicht nur nach innen, sondern auch nach außen öffnen. In der "Wortmeldung" des Präsidiums des Zentralvorstandes vom 9. November 1989 wird die Mitgliedschaft in internationalen Organisationen und Vereinigungen wie der APIMONDIA, dem internationalen Imkerverband und der FiFe, dem Europäischen Zusammenschluß der Rassekatzenzüchter, angestrebt (GuK 22/89, S. 3). Doch den Verbandsmitgliedern in der DDR geht es seit dem Novemner 1989 ganz offen vor allem um den Kontakt zu den Kleingärtnern und Kleintierzüchtern in der Bundesrepublik. Schon Ende 1989 kam es zu offiziellen Besuchen von West-Berliner bei Ost-Berliner Rassekaninchenzüchtern und teilte man aus der Bundesrepublik mit, daß der Eintritt für Züchter aus der DDR bei der 19. Bundes-Kaninchenschau am 24. und 25. Februar 1990 auf dem Stuttgarter Kiliansberg kostenlos sei (GuK D 1/90, S. 7 u. S. 3). Die Ausgabe C für Imker brachte gar auf dem Titelblatt der zweiten Januarnummer des Jahres 1990 ein Bild von der Jahreshauptversammlung des "Deutschen Berufs- und Erwerbsimkerbundes e.V." in Bad Soltau, zu der neben den etwa 600 aus der Bundesrepublik angereisten Berufsimkern mindestens 800 Imker aus der DDR als Gäste strömten, um vor allem die dortige Verkaufsausstellung zu bewundern (GuK 2/90, S. 11).

Überhaupt die Imker! Die Bienenfreunde in der DDR schwärmen seit dem November 1989 bei der Erneuerung ihres Verbandes nach außen und innen aus. Ganz massiv forderten sie in ihrer Ausgabe C der GuK zunächst eine angemessene demokratische Vertretung ihrer Interessen im VKSK und dann einen selbständigen Imkerverband in der DDR (vgl. die Leserbriefe in: GuK C 5/90, S. 2-4). Inzwischen sind auf dem Gebiet der DDR auf örtlicher Ebene Imkervereine, auf Landesebene im Vorgriff auf die politische Entwicklung Landesverbände und der "Imkerbund der DDR e.V." gegründet worden. Ab Mai 1990 haben die Imker zwischen Elbe und Oder eine eigenständige "neue Bienen Zeitung", mit der sie nicht nur in der Nachfolge der Ausgabe C die der alten Verbandszeitschrift, sondern auch in der Tradition der "Leipziger Bienenzeitung" stehen wollen. Für die ostdeutschen Imker gilt, was sie über ihre Bienenvölker immer wieder feststellen: Mit dem Wegfall der Grenze sind die deutsch-deutschen Flugkreise zusammengerückt.

Am weitesten ging der Unmut über den Großverband VKSK, innerhalb dessen man sich als Minderheit vernachlässigt fühlte, bei den Rassekatzenzüchtern. Sie haben im März 1990 in Weißenfels einen eigenen Verband gegründet und sich dann dem Europäischen Verband FiFe angeschlossen. Das Aufgehen der ostdeutschen Rassekatzenzüchter in einem Verband der Bundesrepublik ist nur eine Frage von wenigen Wochen. Der 1. Deutsche Edelkatzen-Züchterverband, der als einziger deutscher Verband der FiFe angehört, hat den DDR-Bürgern schon Anfang 1990 die Einzelmitgliedschaft angeboten (GuK D 2/90, S. 1 f. u. S. 15).

Auch für die ostdeutschen Kaninchenzüchter, die sich zwischenzeitlich in eigenen Vereinen organisiert haben, galt im Sommer 1990 die Parole: *"Das Ziel lautet Einheit"* (Unsere Kleintiere, 8/90, S. 3).

Die Kleingärtner und Siedler auf dem Gebiet der DDR konnten sich dieser Tendenz zur Verselbständigung der Fachrichtungen nicht entziehen, auch wenn sie in dem Großverband VKSK schon immer dominierend waren und das Sagen hatten. Am 7. Juli 1990 wurde ein neuer "Verband der Garten- und Siedlerfreunde (VGS)" als Fachverband von 1,3 Million Kleingärtnern in der DDR gegründet (Mein Garten 8/90, S. 7). Vorsitzender wurde der Gartenbauingenieur Bernd Engelhardt aus Potsdam. Der alte VKSK-Vorsitzende Dr. Horst Laschinski unterlag bei der *"geheimen Wahl, bei der zum ersten Mal nicht von vornherein feststand, wer den starken Verband in Zukunft führt"* (ebd.), und wurde einer der zwei Vizepräsidenten.

Die größte Sorge der Kleingärtner in der DDR ist seit der Wende vom Herbst 1989 die Sicherung ihrer Kleingartenanlage. Deren Besitzstand ist durch die politische und wirtschaftliche Entwicklung in vielfacher Weise gefährdet worden. Als erstes tauchte die Bedrohung durch die Ansprüche von früheren Besitzern vor allem aus Westdeutschland auf, sind doch in der DDR zahlreiche Kleingartenanlagen auf enteignetem Gebiet angelegt worden. Dann wurden die Kleingärtner in der DDR der Gefahren bewußt, die ihnen von der deutschen Vereinigung und der damit verbundenen Übernahme des bundesdeutschen Kleingartenrechts drohen. Dabei handelt es sich vor allem um die Wohnlauben. Nach hergebrachtem Kleingartenrecht der DDR können die Lauben bis zu 30 Quadratmeter groß sein und haben die Kleingärtner das Recht, in ihnen zu übernachten. Das Bundeskleingartengesetz vom 28. Februar 1983 hingegen erlaubt nur Lauben bis zu einer Größe von 24 Quadratmetern, wobei darin auch Geräteschuppen und dergleichen eingeschlossen sind, und verbietet die Übernachtungsmöglichkeit (Bundeskleingartengesetz § 18). Nach der demokratischen Revolution vom Herbst 1989 übte der VKSK auf die noch vordemokratisch gewählte Volkskammer Lobbyeinfluß aus, durch ein Kleingartengesetz den hergebrachten Zustand vor den gesamtdeutschen Veränderungen zu sichern (Monika Zimmermann in: Frankfurter Allgemeine Zeitung vom 8. März 1990, S. 3). Danach richtete sich das Bemühen der Kleingartenrepräsentanten auf die Berücksichtigung ihrer Interessen in den Verhandlungen zwischen der Bundesrepublik Deutschland und der DDR über einen zweiten Staatsvertrag. Im Juli 1990 schrieb der neue Präsident des Verbandes der Garten- und Siedlerfreunde gleich nach seiner Wahl in diesem Sinne an den Ministerpräsidenten der DDR (mein Garten 9/90, S. 7). Zahlreiche Gartenfreunde äußerten in Eingaben und Leserbriefen ihre Verzweiflung über die Ungewißheit, was mit ihrer Gartenanlage geschehen werde. Am 31. Juli 1990 antwortete Ministerpräsident de Maizière dem VGS, daß sein Schreiben in den Verhandlungen zum Einigungsvertrag berücksichtigt werde (mein Garten 11/90, S. 7). Den Bemühungen des Verbandes um die Wahrung der Interessen der ostdeutschen Kleingärtner war dann auch Erfolg beschieden: Im Einigungsvertrag ist durch eine Ergänzung des Bundeskleingartengesetzes in seinem Paragraph 20 a festgeschrieben worden, daß die ostdeutschen Kleingärtner ihre vor der deutschen Vereinigung größeren Lauben, das Recht zur Kleintierhaltung und Benutzung zu Wohnzwecken beibehalten dürften (Einigungsvertrag, S. 1050 f.). Robert Leicht hat diesen Verhandlungserfolg der ostdeutschen Kleingärtner im gesamtdeutschen Vereinigungsprozeß mit den Worten charakterisiert: *"Hier handelt es sich immerhin um die bundesgesetzliche Verewigung der real existierenden ostdeutschen Nischengesellschaft mit ihren ungezählten Datschen"* (Leicht 1990, S. 3).

Für die Kleingärtner war die Spitze des VKSK auch nach der Wende vom Herbst 1989 noch ziemlich erfolgreich, doch die übrigen Fachrichtungen mißtrauten ihr aus Tradition. Die Verbandsführung des VKSK wußte schon, warum sie seit November 1989 immer wieder die "Einheit" des Verbandes beschwor. Sie versucht, durch eine Pluralisierung des Verbandes die zentrifugalen Kräfte aufzufangen. Diese Entwicklungstendenzen sind sehr anschaulich an dem Schicksal der früheren Verbandszeitschrift "Garten und Kleintierzucht" abzulesen. Im April 1990 wurde die Ausgabe A für Kleingärtner und Siedler durch die neue Publikation "mein Garten" als ein "Fachblatt für den Freizeitgärtner" ersetzt. Doch inhaltlich und im Layout steht die neue Zeitung ganz in der Tradition der früheren "GuK", von der sie sich aber durch Vielfarbdruck und Beilage westdeutscher Blumenkataloge abhebt. An die Stelle der Ausgabe B der Guk für die Züchter von Rassegeflügel, Ziergeflügel, Exoten und Kanarien ist im Mai 1990 die "Deutsche Geflügelzeitung" getreten und die Nachfolge der Ausgabe D für die Züchter von Rassekaninchen, Ziegen und Milchschafen, Edelpelztieren und Rassekatzen hat die Zeitschrift "Unsere Kleintiere" angetreten. Sie will *"Alles über Kaninchen, Katzen, Schafe und Pelztiere"* berichten, wie es im Untertitel der Zeitschrift heißt, ist aber im Inhalt ein Organ lediglich für die Kaninchen- und Schafshalter. Die schon erwähnte "neue Bienen Zeitung" ersetzt die alte Ausgabe C der GuK, von der sie sich durch Inhalt und Gestaltung erheblich unterscheidet. Die Kontinuität zum alten Verband VKSK ist also bei den Kleingärtnern am größten, geringer bei den Fachrichtungen mittlerer Größe wie den Kaninchenzüchtern und gar nicht vorhanden bei so selbstbewußten Gruppen wie den Imkern und den Rassekatzenzüchtern.

Man sieht, auch bei den ostdeutschen Kleingärtnern, Imkern und Kleintierzüchtern hat nicht nur die politische Wende in der DDR, sondern auch das Ziel der deutschen Vereinigung in allen seinen verschiedenen Szenarios voll durchgeschlagen (vgl. Bleek/Kuppe 1990). Sie und ihre Verbandsorganisationen sind ein Mikrokosmos, in dem sich die politischen, ökonomischen und gesellschaftlichen Entwicklungen in aller ihrer Vielfalt widerspiegeln. Zum Schluß dieses Abschnittes über die Auswirkungen der politischen Veränderungen in der DDR auf den gesellschaftlichen Alltagsbereich der Kleingärtner, Kleintierzüchter und Imker kann wieder ein Zitat die allegorische Bedeutung unseres Themas für das Verständnis der großen Politik verdeutlichen. Es stammt vom Januar 1990 und aus der Feder eines Imkers und scharfen Kritikers der bisherigen Verbandsarbeit des VKSK: *"Das Näherzusammenrücken der Bienenvölker in Ost und West durch den Wegfall der Sperrgebiete bringt bei unterschiedlicher Wirksamkeit varroacider Maßnahmen die Milben immer wieder in Vorhand; dabei wäre einheitliches Handeln in einem größeren, vielleicht sogar europäischen Raum dringend geboten. ... Solchen Bekämpfungen würden in einer Kooperation oder Vertragsgemeinschaft besser abgestimmt werden können. Im Erfahrungsaustausch liegen dann die Potenzen, wenn er vielseitig und freizügig bisher unbekannte Welten erschließt. Wir alle hätten den Nutzen."* (Köpp 1990, S. 9).

VII. Die Zukunft der Kleingärten in Ostdeutschland

Zum Abschluß dieses Beitrages sei nach der Zukunft der Kleingärten in dem Gebiet zwischen Elbe und Oder gefragt. Diese Prognose kann zum Zeitpunkt des Abschlusses dieses Manuskripts, im Spätsommer 1990 aus dem Blick in die Vergangenheit von 40 Jahren DDR-Geschichte, aber auch aus dem Wandel der ökonomischen, gesellschaftlichen und politischen Rahmenbedingungen in der in Auflösung befindlichen DDR und der Berücksichtigung der entsprechenden Verhältnisse in Westdeutschland abgeleitet werden.

Die ostdeutschen Industriegebiete insbesondere in und um Leipzig und Berlin sind die Entstehungs- und Traditionszentren der Schrebergartenbewegung in Deutschland und deshalb werden die Kleingärten in diesen deutschen Regionen auch in der Zukunft eine Rolle spielen. Auf der anderen Seite hat die besondere ökonomische, politische und soziale Situation in den letzten 45 Jahren Geschichte der SBZ/DDR den Kleingärten, wie in diesem Beitrag beschrieben und analysiert, eine besondere Bedeutung zugewiesen, die durch die sich abzeichnenden Veränderungen eher geschwächt werden wird. In vieler Beziehung sind die Kleingärten in der DDR in den Jahren seit Ende des Zweiten Weltkrieges ein Ausdruck des Mangels gewesen. Ihre volkswirtschaftliche Bedeutung erwuchs aus dem Versorgungsengpässen der sozialistischen Planwirtschaft. Ihre gesellschaftliche und soziale Funktion als "Nische" war ein Reflex auf die offiziellen Überforderungen durch das ideologische System. Ihre große Bedeutung für das Alltagsleben vieler DDR-Bürger ergab sich aus der Möglichkeit, auf diesen kleinen, aber eigenen Parzellen individuelle Wunschträume zu verwirklichen. Selbst der Versuch der Staatspartei, mittels des Verbandes VKSK, die Kleingärtner unter Kontrolle zu halten, bestätigt noch die überdurchschnittliche Bedeutung der Kleingärten für die von den meisten Deutschen in der DDR erfahrene und empfundene Mangelgesellschaft.

Es ist zu vermuten, daß diese große Bedeutung der Kleingärten auf dem Gebiet der DDR mit der ökonomischen, gesellschaftlichen und politischen Annäherung und absehbaren Integration des Gebietes zwischen Elbe und Oder in die Bundesrepublik geringer werden wird. Ein Blick auf die Entwicklung der bundesdeutschen Kleingärten in der Vergangheit ist hilfreich bei der Prognose für die ostdeutschen Kleingärtner. (Hinweise dazu schon 1958 bei: Hessing S. 12 ff.; eine vergleichende Skizze bei Schöpke 1987 u. 1988). In der Bundesrepublik ist die ernährungspolitische Bedeutung des Kleingartenwesens schon in den 50er Jahren während des Wirtschaftswunders in den Hintergrund getreten. Heute schon zeichnet sich ab, daß auch in der DDR die Versorgung mit Obst, Gemüse und Fleisch im großen Rahmen der Europäischen Gemeinschaft erfolgen wird. Bereits im Sommer 1990 nach der Währungs- und Wirtschaftsunion hatten die Kleingärtner, Kleintierzüchter und Imker in der DDR erhebliche Probleme, ihre Produkte abzusetzen. In der territorialen Planung wurden in der Bundesrepublik die Kleingärten ein Opfer der Expansion der Städte vor allem an den Ränder und des Anwachsens der Grundstückspreise. Das ist eine Entwicklung, wie sie für die kommenden Jahre auch auf dem Gebiet der früheren DDR abzusehen ist. Schließlich haben Bundesbürger fast aller Regionen und sozialer Schichten eine großräumige Erholungs-, Freizeit- und Urlaubskultur entwickelt, in der die naheliegenden Kleingärten antiquiert und ärmlich erscheinen. Die Deutschen aus der DDR haben bereits nach der Öffnung der innerdeutschen Grenze am 9. November 1989 signalisiert, welches große Nachholbedürfnis sie auf diesen Gebieten der modernen Freizeitkultur und des Tourismus haben. Günter Gaus meinte zwar, daß es überall, auch in der Bundesrepublik die von ihm definierten und beschriebenen "Nischen" gäbe, (Gaus 1983, S. 159). Sicherlich verfügen auch die Bundesbürger über solche Refugien, z.B. Fitnessklubs, Discotheken, Surfen und dergleichen. Doch die Kleingärten spielen in der bundesdeutschen Freizeitkultur eine eher untergeordnete Rolle, wie man an den zurückgehenden Mitgliedszahlen des früheren "Verbandes Deutscher Kleingärtner" und heutigen "Bundesverband der Deutschen Gartenfreunde" ablesen kann. So spricht meines Erachtens vieles dafür, daß die Bedeutung der Kleingartenbewegung auf dem Gebiet, das die DDR war und im Herbst 1990 der östliche Teil der vergrößerten Bundesrepublik

Deutschland wird, verblaßt. In der Übergangszeit der gesellschaftlichen und wirtschaftlichen Integration der DDR in die Bundesrepublik und der damit verbundenen sozialen Probleme für zahlreiche Ostdeutsche werden die Kleingärten noch eine erhebliche Rolle spielen. So zeigt sich schon heute, daß sich viele ehemalige Staatsfunktionäre und Parteigenossen in die Arbeit und das Leben in den Kleingärten zurückziehen. Doch auf lange Sicht gesehen werden die Kleingärten zwischen Elbe und Oder keine exemplarische Nische mehr sein, sondern ein gesellschaftliches Randphänomen ohne große ökonomische und politische Relevanz. Auch dieser Beitrag über einen bodennahen Ausschnitt des gesellschaftlichen Alltags in der DDR hat mehr historische als aktuelle und zukünftige Bedeutung.

Nachwort

Im Hinblick auf die rasante Entwicklung in der DDR und in Deutschland scheint mir wichtig zu wissen, daß dieser Beitrag im Frühjahr 1990 geschrieben und im Spätsommer 1990 überarbeitet worden ist. Viele meiner Informationen, Eindrücke und Schlußfolgerungen beruhen nicht auf den zitierten schriftlichen Quellen, sondern auf Gesprächen mit Freunden und Bekannten auf dem Gebiet der ehemaligen DDR. Besonders zu danken habe ich Wolfgang Albrecht (Sektion Geographie der Universität Greifswald), Frankdieter Grimm (Institut für Geographie und Geoökologie an der Akademie der Wissenschaften der DDR), Horst Laschinski (Vorsitzender des VKSK), Karin Sahn (vormals Sekretär beim Zentralvorstand des VKSK), Georg Schaper (Institut für Lehrerbildung Cottbus) und Pfarrer Peter Schrimpf (Rangsdorf). Bei der Zusammenstellung und Überarbeitung des Manuskripts hat mir mein wissenschaftlicher Mitarbeiter Ralf Walkenhaus, selbst ein Imkerfreund, wertvolle Hilfe geleistet.

Literatur

Alemann, Ulrich von: Neokoporatismus. Frankfurt/M.-New York 1981.

Albrecht, Wolfgang: Rekreationsgeographische Studien zur Naherholungsform "Freizeitwohnen" im Agrarbezirk Neubrandenburg. Die Bedeutung des VKSK, Fachrichtung Kleingärten, für die Nacherholung, Greifswald 1986/87 (unveröff. Manuskript).

Albrecht, Wolfgang: Rekreationsgeographische Studien zur Naherholungsform "Freizeitwohnen" in agrarstrukturierten Gebieten der DDR, Teilstudie: Merkmalsvergleich der drei Freizeitwohnformen Wochenendhaus, Kleingarten und Dauercamping in den 80er Jahren, Greifswald 1990 (unveröff. Manuskript).

Autorenkollektiv: Die gesellschaftlichen Organisationen in der DDR. Stellung, Wirkungsrichtungen und Zusammenarbeit mit dem sozialistischen Staat. Berlin (Ost) 1980.

Bleek, Wilhelm: DDR - Kanada: Gegenseitge Anerkennung, unterentwickelte Beziehungen, in: Deutschland Archiv, 21. Jg. (1988), Köln, S. 197-206.

Bleek, Wilhelm/Kuppe, Johannes: Deutschlands Perspektiven, in: Der Fischer Weltalmanach Sonderband DDR, Frankfurt/M. 1990, Sp. 45-96.

Beschluß des Sekretariats des ZK der SED "Aufgaben und Maßnahmen zur Förderung der Tätigkeit des Verbandes der Kleingärtner, Siedler und Kleintierzüchter der DDR und der Initiative seiner Mitglieder", in: Dokumente der SED, Bd. XVI, Berlin (Ost) 1980, S. 537-541.

Brümmer, Franz: Schreber, Daniel Gottlieb Moritz, in: Allgemeine Deutsche Biographie, Bd. 32, Berlin 1891, S. 464-465.

Bundeskleingartengesetz vom 28. Februar 1983, in: BGBl. 1983, Teil 1, S. 210-214.

DDR-Handbuch, Bd. 2, Köln 1985, 3. überarb. u. erw. Aufl., S. 1403-1404.

Der Alltag in der DDR. Hrsg. von der Friedrich-Ebert-Stiftung, Bonn 1983.

Die gesellschaftlichen Organisationen in der DDR. Stellung, Wirkungsrichtungen und Zusammenarbeit mit dem sozialistischen Staat, Berlin (Ost) 1980, S. 81-82.

Einigungsvertrag. Vertrag zwischen der Bundesrepublik Deutschland und der Deutschen Demokratischen Republik über die Herstellung der Einheit Deutschlands vom 31. August 1990, in: Bulletin Nr. 104 vom 6. September 1990, Bonn, S. 877-1120.

Fricke, Karl Wilhelm: Die Nachfolge Honeckers kompliziert sich. Zum Tode von Werner Felfe, in: Deutschland Archiv 21. Jg. (1988), Köln, S. 1034-1037.

Gaus, Günter: Wo Deutschland liegt. Eine Ortsbestimmung, Hamburg 1983.

Handbuch gesellschaftlicher Organisationen in der DDR. Massenorganisationen, Verbände, Vereinigungen, Gesellschaften, Genossenschaften, Komitees, Ligen, Berlin (Ost) 1985.

Heinze, Rolf G.: Verbändepolitik und "Neokorporatismus", Opladen 1981.

Helwig, Gisela: Am Rande der Gesellschaft. Alte und Behinderte in beiden deutschen Staaten, Köln 1980.

Hessing, Franz Josef: Die wirtschaftliche und soziale Bedeutung des Kleingartenwesens, Münster 1958.

Honecker, Erich: Bericht des Zentralkomitees der Sozialistischen Einheitspartei Deutschlands an den XI. Parteitag der SED, in: Protokoll der Verhandlungen des XI. Parteitages der Sozialistischen Einheitspartei Deutschlands, 17.-21. April 1986, Berlin (Ost) 1986, S. 31-101.

Kleingartenwesen, Kleintierzucht, Kleintierhaltung. Textausgabe, hrsg. vom Zentralvorstand des Verbandes der Kleingärtner, Siedler und Kleintierzüchter, Berlin (Ost) 1987.

Köpp, Wolfgang: Viele Fragen haben wir uns nun zu beantworten, in: GuK, C 2/90, S. 9.

Kondratowitz, Hans-Joachim: Zumindest organisatorisch erfaßt... Die Älteren in der DDR zwischen Veteranenpathos und Geborgenheitsbeschwörung, in: Gert-Joachim Glaeßner (Hrsg.): Die DDR in der Ära Honecker. Politik - Kultur - Gesellschaft, Opladen 1988, S. 514-528.

Leicht, Robert: Wenn's mit der Einheit ins Detail geht. Am Ende der Teilung: Die DDR versinkt in einem Meer von Übergangsvorschriften, in: Die Zeit, Nr. 7. Sep. 1990, Hamburg, S. 3.

Matthäi, Ingrid: Die kulturelle und soziale Funktion von Kleingartenvereinen für ihre Mitglieder und die Bevölkerung: eine empirische Untersuchung am Beispiel von Berlin (West), Diss. Marburg 1986.

Maul, Dietrich: Das deutsche Kleingartenrecht unter Berücksichtigung der Clausula rebus sic stantibus und des Wegnahmerechtes, Diss. Erlangen 1925.

Musiolek, Berndt/Sahn, Karin: Kleingärtner, Siedler, Kleintierzüchter in Vergangenheit und Gegenwart, Berlin 1990.

Nöstlinger, Christine: Das kleine Glück. Schrebergärten, Wien 1982.

Pannach, Ernst: Kleine Gärten - großer Nutzen, Berlin (Ost) 1986.

Schäfer, Ernst Heinz: Das Kleingartenrecht im Rahmen nationalsozialistischer Siedlungsbestrebungen, Berlin 1938 (zugl. Diss. Halle-Wittenberg).

Schöpke, Henning: Funktion von Kleingärten im Sozialismus. Ein didaktischer Ansatz, in: Deutsche Studien, 26. Jg. (1988), H. 101, Lüneburg, S. 47-59.

Schöpke, Henning: Klein- und Hausgärten in Ost und West, in: Geographie heute, 8. Jg. (1987), H. 51, Velber, S. 40-44.

Spindler, Bernd: Aufgaben und Leistungen der Kleingärtner in der DDR für die Versorgung der Bevölkerung mit Nahrungsgütern, in: Gesamtdeutsches Institut (Hg.): Analysen und Berichte, Nr. 14, Bonn 1983.

Spindler, Bernd: Der VI. Verbandstag der Kleingärtner, Siedler und Kleintierzüchter (VKSK) Gesamtdeutsches Institut Bonn, Mai 1988 (unveröff. Manuskript).

Seifert, Claus: Kleine Gärtem im 1. Halbjahr ertragreicher als je zuvor, in: GuK A 15/89, S. 3.

Statistisches Jahrbuch der Deutschen Demokratischen Republik, hrsgg. von der Staatlichen Zentralverwaltung für Statistik, Berlin (Ost) 1986 und 1989.

Statut des Verbandes der Kleingärtner, Siedler und Kleintierzüchter der Deutschen Demokratischen Republik, in: Garten und Kleintierzucht Nr. 24, Berlin (Ost) 1977, S. I-VIII.

Wille, Karl: Entwicklung und wirtschaftliche Bedeutung des Kleingartenwesens, Frankfurt/O. 1939 (zugl. Diss. Münster).

Norman M. Naimark

SOWJETISCHE STREITKRÄFTE IN DEUTSCHLAND

Einige Überlegungen

I. Vorbemerkung

Einer der wichtigsten Historiker der Russischen Revolution, E. H. Carr, hat die Geschichtswissenschaft als ein Gespräch zwischen der Gegenwart und der Vergangenheit definiert (Carr 1961, S. 111). Diese Erklärung der Geschichte hilft unserem Verständnis die heutigen Problemen der sowjetische Streitkräfte in Deutschland zu verstehen, weil die Probleme nur analysiert werden können durch ein Verständnis des historischen Hintergrunds.

In dem folgenden Aufsatz, werden drei etwas verschiedene Gespräche zwischen der Vergangenheit und der Gegenwart diskutiert werden:

1.) die Verteidigungs- und Sicherheitsinteressen und -funktionen der sowjetischen Streitkräfte in Deutschland,

2) das gesellschaftliche Leben der sowjetischen Soldaten, und

3) die politische Rolle des sowjetischen Militärs in der SBZ/DDR.

II. Verteidigungs- und Sicherheitsfunktionen

Seit dem Frühling 1945, haben sowjetische Soldaten die wechselnden Aufgaben Moskaus auf deutschem Boden durchgeführt. Am Anfang waren sie Kampftruppen und Besatzungstruppen. Nach der Gründung der DDR im Oktober 1949, haben sie ihre Besatzungsfunktionen aufgegeben; zumindest dem Namen nach.

Nach der Gründung des Warschauer Paktes im Mai 1955, unter Beteiligung der DDR, und der formellen Aufstellung der Nationalen Volksarmee im Januar 1956 (die Kasernierte Volkspolizei hatte sich schon als eine Armee entwickeln können), hat die Gruppe der Sowjetischen Streitkräfte in Deutschland (GSSD) eine neue Verantwortung auf sich genommen: als Lehrkräfte für die neue "demokratische" deutsche Armee. Obwohl das formelle Besatzungsrecht aufgehoben worden war, teilweise durch die Gründung der DDR im Jahre 1949 und die Anerkennung ihrer Souveränität im Jahre 1954, gab es immer für die sowjetischen Streitkräfte neben der Funktion der Verteidigung der UdSSR und der sozialistischen Staatengemeinschaft insgesamt, eine interne Funktion in der SBZ/DDR, die man als "Polizist" bezeichnen könnte, d. h. ein Teil ihrer Funktion war und bleibt es die Ordnung, im östlichen Teil Deutschlands aufrechtzuerhalten. Im rechtlichen Sinne, wie auch in funktioneller Hinsicht, hat die GSSD dieses Sicherheitsmandat im Vertrag vom 25. März 1954 mit der DDR unterschrieben und seit dem nicht mehr aufgegeben (Hacker 1980, S. 11). Auch in Sommer 1989, als die Sowjetischen Streitkräfte in Deutschland einen neuen Namen erhielten, der eine Perestroika in der sowjetischen Organisation der Streitkräfte symbolisieren soll, als die "Westliche Gruppe der Streitkräfte", liessen die Sowjets klar erkennen, daß ihre Sicherheitsrechte nicht aufgegeben worden sind.(Krasnaia zvezda, 1 Juli 1989).

Die sowjetischen Streitkräfte in Deutschland haben auch andere wichtige Funktionen. Sie sind nicht nur vorbereitet, die DDR gegen einen westlichen Angriff zu verteidigen oder die NATO anzugreifen. Sie sind darüberhinaus auch dafür geeignet, die "sozialistischen Errungenschaften" in den Ländern des Warschauer Paktes zu verteidigen gegen alle internen so wie externen Feinde. Sie und ihre ostdeutschen Alliierten wurden dazu benutzt, den Prager Frühling niederzuwerfen, und sie beide waren auch vorbereitet, in Polen wegen des Solidarnosc-Aufbruchs im Jahre 1980 einzumarschieren (Kuklinski 1988, S. 16). Sowjetische Truppen sind auch in der DDR in solchen Massen stationiert, um eine Wiedervereinigung als Teil einer erfolgreichen westdeutschen und/oder amerikanischen Politik zu verhindern. In den letzten Jahren war es ziemlich klar, daß es keinen militärischen Angriff von der deutschen Seite aus geben wird, um die Teilung zu beenden. Aber die ungefähr 380.000 Mann der sowjetischen Truppen in der DDR waren genug, mindestens bis in die jüngste Zeit, einen "Anschluss" durch Bonn zu verhindern, wenn Moskau dieses Ereignis verhindern wollte.

In seiner Arbeit über den Warschauer Pakt, hat Christopher Jones oft das Argument gebracht, daß eine sehr wichtige und unterschätzte Funktion der sowjetischen Streitkräfte in den osteuropäischen Ländern die Verhinderung von Landesverteidigungsplänen dieser Nationen gegen die Sowjetunion ist (Jones 1989, S. 215 ff.). Das zwei Staaten, Jugoslawien und Rumänien, solche Pläne entwickelt haben, dient in verschiedener Hinsicht nicht den Interessen der Sowjetunion. Diese Länder sind zwar nicht fähig, eine seriöse Angriffs- oder Verteidigungsaktion gegen den Westen durchzuführen. Aber noch wichtiger für Moskau, ist die begrenzte sowjetische Fähigkeit, die politische und ökonomische Entwicklung in Rumänien und Jugoslawien zu beeinflussen, da deren Landesverteidigungspläne diesen Einfluß begrenzen. Der volle Auszug sowjetischer Soldaten aus Ungarn und der Tschechoslowakei, der bis Ende 1991 durchgeführt werden soll, ist viel wichtiger für die künftigen Beziehungen zwischen der UdSSR und den zwei Ländern, als die Probleme, die er mit sich bringt für die Militärbilanz in Zentraleuropa oder die Sorgen in der Sowjetunion, wie man für diese Soldaten Wohnungsmöglichkeiten und Arbeitsplätze finden kann. (Man kann sich nur vorstellen, wenn es bereits so viele Probleme macht, die 135.000 sowjetischen Soldaten in der Tschechoslowakei und Ungarn wieder nach Hause zu bringen, was für Probleme der Abzug der 380.000 in der DDR stationierten Soldaten bereiten wird. Trotzdem, eine 14,2 prozentige Ermäßigung des sowjetischen Militärbudgets im Jahre 1989 soll hauptsächlich durch Einsparungen beim Truppenabzug aus Osteuropa kommen (Argumenty i fakty, H. 6/1989).

Für die DDR ist es kaum vorstellbar, daß die SED und NVA Landesverteidigungspläne in Bezug auf der Sowjetunion erdacht haben. Trotzdem, die Auseinandersetzungen zwischen Walter Ulbricht und den Sowjets in den späten sechziger Jahren über sozialistische Theorie und ökonomische Entwicklung, zwischen Erich Honecker und der sowjetischen Führung in den frühen achtziger Jahren über Friedensinitiativen gegenüber Bonn, und in den späten achtziger Jahren über Perestroika und "Tapetenwechsel", machten die Idee nicht unwahrscheinlich, daß - ohne die sowjetischen Streitkräfte in Deutschland -, die DDR anders hätte über ihre eigenen Sicherheitsinteressen denken können.

Es ergibt sich jetzt ein sehr interessante Variante der Argumentation von Jones. Was wird aus der Sicherheitsfunktion der sowjetischen Streitkräfte unter den Bedingungen der Selbstzerstörung der DDR und der sich schnell entwickelnden deutsche Einigung? Eine der vielen "Szenarios" für die künftige Entwicklung, der sogenannte "Genscher-Plan", hält für die weitere Entwicklung ein Fortbestehen der Stationierung sowjetischer Soldaten auf ostdeutschem Boden für möglich sowie einen garantierten Verzicht der NATO auf den östlichen Teil eines vereinigten Deutschlands. In diesem Fall, würden die Sicherheitsinteressen der UdSSR (und die der Warschauer Vertragspartner, insbesondere Polen) verteidigt werden, und - nach Jones - die Deutschen könnten keine Verteidigungspläne entwickeln, die die Sowjets aus Zentraleuropa ausklammern würden. Die sowjetische Führung, da kann man ziemlich sicher sein, fürchtet nicht, daß ein neuer deutscher Angriff ihr Land verwüsten wird. Was sie aber fürchtet - und man hört es schon in den Ländern Osteuropas - ist, daß ein neuer Eiserner Vorhang aufgehängt werden wird zwischen den Baltischen Republiken, Polen, Rumänien und Rußland. (Rupnik 1990, S. 249 ff.).

Es ist natürlich schwierig zu sagen, ob die Deutschen selber damit einverstanden wären, würden sowjetische Kampftruppen weiter auf dem Territorium eines souveränen, geeinigten deutschen Staates erlaubt sein. Es ist auch problematisch zu prognostizieren, ob eine verbindliche Antwort für die Probleme der sowjetischen Sicherheit aus der Reihe von 2+4+1+35 Verhandlungen kommen wird. Offensichtlich gibt es auch in Bonn wenig Unterstützung für einen Friedensvertrag. Auf der anderen Seite, scheint es ziemlich klar, daß Moskau bereit ist, eine Vereinigung zu akzeptieren, wenn seine Sicherheitsinteressen gewahrt werden, und es ist im Interesse des Westens, an der deutschen Frage nicht die Geduld und Widerstandskraft Moskaus zu prüfen. Die historischen Interessen der Sowjetunion an einem neutralisierten, entmilitarisierten Deutschland bleiben heute genau so stark wie im Jahre 1945 (und man kann die These vertreten, wie in der ganzen Zwischenzeit; Naimark 1989, S. 1-32). Daß Bonn auf seinen NATO-Verpflichtungen besteht und die Zukunft Deutschlands in der Europäischen Gemeinschaft und dem Westbündnis sieht, ergibt wenig Aussichten für die Moskauer Neutralitätsgedanken. Daher versuchen die Sowjets jetzt, auf dem Verhandlungswege ihre Hauptobjekte zu erringen und zu sichern, eine Obergrenze für die Zahl - ausländisch und deutsch - der auf deutschem Boden stationierten Truppen. Mit anderen Worten, die UdSSR braucht nicht 380.000 Soldaten auf deutschem Boden, aber sie braucht ein Gleichgewicht in Zentraleuropa. Das Problem und seine Lösung ist noch viel komplizierter geworden, da die Verhandlungsposition der Sowjetunion in der letzten Zeit sehr geschwächt worden ist, aber die Position Bonns hingegen gestärkt worden ist durch die DDR-Wahlen im März 1990.

Man bemerkt in der letzten Zeit (Frühling 1990) auch einen starken Angriff gegen die Position von Gorbatschow von Seiten des Militärs; einschließlich der Westlichen Gruppe der Streitkräfte. Teilweise sind die Wohnungs- und Versorgungsprobleme der Grund für die Meinungsverschiedenheiten zwischen zivilen und militärischen Behörden, aber teilweise besteht eine ideologische Kluft zwischen Gorbatschow und der alten militärischen Hierarchie. Auf jeden Fall, die sowjetischen Aktionen im Litauen zeigen, daß, wenn die Sicherheitsinteressen der Sowjetunion angetastet werden, besonders wenn die Militärs die Unversehrtheit ihres Verteidigungssystem zu verlieren fürchten, die Sowjetunion nicht unfähig ist, ihre Interessen konsequent zu verteidigen. Was das praktisch heißen könnte, in der heutigen Situation, ob und wie die sowjetische Truppen in Deutschland benutzt werden könnten, ist nicht von vorne herein einzusehen.

III. Sowjetische Soldaten in Deutschland

Am Endes des zweiten Weltkrieges haben mehr als zweieinhalb Millionen sowjetischer Soldaten an der Oder-Offensive und dem Einmarsch in die heutige DDR teilgenommen. Berlin war ihre kostbares Ziel; die Rote Armee hat mehr als 300.000 Männer verloren im Kampf um die deutsche Hauptstadt. Am 8. Mai 1945, hat die deutsche Regierung formell die bedingungslose Kapitulation unterzeichnet. Am 6. Juni hat der Rat der Volkskommissare der UdSSR die Sowjetische Militäradministration gegründet. Am 9. Juni, hat Marschall Shukow die Gründung der SMAD bekanntgegeben und seine Ziele klargestellt:

1) die bedingungslose Kapitulation (später die Potsdamer Beschlüsse) zu überwachen,

2) die Sowjetische Besatzungszone zu verwalten und

3) die wichtigsten militärischen, politischen und ökonomischen Entscheidungen des Alliierten Kontrollrates durchzuführen (Za antifashistskuiu..., S. 427).

Am 10. Juni 1945, sind die Truppen der drei Fronten der Roten Armee (erste und zweite Belorussische, erste Ukrainische) umorganisiert worden, in die Gruppe der Sowjetischen Okkupierenden Streitkräfte in Deutschland. Im Oktober 1949, als die DDR gegründet wurde, wurden die Truppen umbenannt in Gruppe der Sowjetische Streitkräfte in Deutschland. Im Juli 1989, bekamen die Truppen ihre neue Bezeichnung, Westliche Gruppe der Streitkräfte (Gruppe ... 1989, S. 2).

Mit dem Demobilisierungsbefehl vom 23. Juni 1945, wurde der größte Teil der sowjetischen Soldaten in Deutschland nach Hause geschickt. Trotzdem hat es, nach den Berichten des Amerikanischen Militärnachrichtendienstes, bis September 1946 noch immer 700.000 sowjetische Soldaten in Deutschland gegeben. Bis Ende 1946, waren es 500.000 und im Herbst 1947 noch 326.000.[1] Für über vierzig Jahre haben ununterbrochen zwischen 300 und 420tausend sowjetische Soldaten auf dem Territorium der DDR gearbeitet und gelebt.

Am Ende des Krieges und im Anfang der Friedenszeit haben sich die sowjetischen Truppenteile in Deutschland sehr unterschiedlich benommen. Die Berichte von furchtbaren Greueltaten, weit verbreiteten Plünderungen und

---

1 National Archives (NA), Record Group (RG) 260, Box 24,"War Department Intelligence Review, no. 24, 25 Sept. 1947." Die gesamten Truppen der sowjetischen Streitkräften wurden vom amerikanischen Nachrichtendienst auf mehr als 12.500.000 im Mai 1945 geschätzt; 6.400.000 im Januar 1946; 4.250.000 im Januar 1947 und 4.100.000 im Januar 1948. NA, RG 260, Adjutant General Top Secret (AGTS), Box 645 (1. November 1948).

systematischen Vergewaltigungen sind zu zahlreich und viel zu glaubwürdig, als daß man sie ignorieren könnte (Naimark 1990). Durch diese Berichte wird klar, daß für die sowjetischen Soldaten der Krieg nicht am 8. Mai geendet hat. Die Gefühle des Hasses und der Rache wurden noch vergrößert durch die Tatsache, daß Deutschland, obwohl zerstört und in Trümmern, viel reicher und der Lebensstandard viel höher war, als in der siegreichen Sowjetunion. Deutsche Frauen und Mädchen mußten, im Grunde genommen, für die sinnlose Nazi-Verwüstung der schon armen und traurigen russischen Heimat "bezahlen".

Aber es ist auch merkwürdig, daß es viele freundliche und gute Beziehungen zwischen sowjetischen Soldaten und der deutschen Zivilbevölkerung gegeben hat. Im Kontrast zu der amerikanischen Besatzungszone, gab es keine Kontaktverbote in der Sowjetische Zone. Es hat viele "Liebespaare" gegeben; sowjetische Offiziere sind häufig bei deutschen Familien einquartiert worden, meistens mit sehr guten Erfolgen. Amerikanische Dienststellen im Westen haben über diese freundschaftlichen Beziehungen ziemlich neidische Bemerkungen gemacht.[2]

Kulturoffiziere haben sich besonders gut in der deutschen Nachkriegsgesellschaft eingelebt. Sie waren oft erfahrene Germanisten, und sie hatten sehr viele Erfolge besonders beim Umgang mit der deutschen Intelligenz in dieser Zeit. Für die sowjetische Regierung und für die sowjetische Führung in Karlshorst haben die positive und die negative Seite der vielen Kontakte zwischen sowjetischen Soldaten und deutschen Zivilisten zu unerfreulichen Konsequenzen geführt. Daß die Vergewaltigungen und Plünderungen nicht im Sommer 1945 geendet hatten, hat zu tiefen antisowjetischen Stimmungen in der Bevölkerung geführt und sich eigentlich auch in den sozialistischen Parteien, Sozialdemokraten und Kommunisten, und später auch in der SED verbreitet. Die sowjetischen Zeitungen in der Zone - Sovetskoe slovo für die Soldaten und die Tägliche Rundschau für die deutschen Behörden und die Bevölkerung, aber auch die ostdeutschen Zeitungen - haben die Disziplin der sowjetischen Soldaten weitgehend gelobt, die Vergewaltigungen russischsprechenden deutschen Banditen zugeschrieben, und immer wieder über die kriminellen Aktivitäten der amerikanischen Soldaten geklagt.[3] Aber die Deutschen und die

---

2 NA, RG 59, 740.00119 Control (Germany), 5-2845, Telegramm, 28. Mai 1945; NA, RG 59, 740.00119 Control (Germany) 6-455, "SHAEF Political Intelligence Report (4. Juni 1945).

3 Über die Frage der Disziplin, siehe Sovetskoe slovo, 23. Mai 1947, 11. Juni 1947, 29. Oktober 1947, 18. April 1948; über die "Banditen," siehe Deutsche Volkszeitung, 8. Januar 1946; Nachtexpress, 7. Januar 1946; Abendblatt für Mitteldeutschland, 11.-12. Juni 1946, 4. März 1947; Der Demokrat, 18. April 1947; und über die Amerikaner, Tägliche Rundschau, 1. Juli 1948, 19. Oktober 1946, 2. November 1946, 10. November 1946. Ein völlig negatives Bild der sowjetischen Soldaten bekommt man in den Emigranten-Zeitungen und -Zeitschriften:

sowjetische Führung in Karlshorst wußten die Wahrheit. Auch Ulbricht konnte nicht die Welle von Klagen aufhalten, und viele Linke aus dieser Zeit haben die Meinung geäußert, daß eigentlich die sowjetische Okkupation die Entwicklung des Sozialismus in Ostdeutschland ganz offensichtlich geschwächt hat.[4] Für die sowjetische Armee, wie auch für die deutsche Bevölkerung, war die Besetzung von Deutschland ein traumatisches Erlebnis. Hunderte von sowjetischen Deserteuren wurden in verschiedenen "Interview Projects" befragt über ihre Erlebnisse und Meinungen. Fast alle haben ähnliche Geschichten erzählt.[5] Sie sind nach Deutschland gekommen mit einer völlig falschen Idee über die schwer kritisierte kapitalistische Gesellschaft. Zuhause wohnten ihre Familien in Zelten, Trümmern oder, besonders auf dem Land, sehr oft in Löchern in der Erde. In Deutschland hatten sie nette Freundinnen und ein normales Leben, während zu Haus schwere Arbeit und harte Lebensbedingungen warteten. Als diese Soldaten und Offiziere zurückgehen sollten und sie ihren Dienst in Deutschland nicht verlängern konnten, desertierten sie. Später, am Ende des Jahres 1947, als die ersten ernsthaften Schritte unternommen wurden, die sowjetischen Soldaten von der deutschen Zivilbevölkerung zu isolieren, haben viele den riskanten Absprung gewagt. Auf dem Höhepunkt, desertierten fast 1.000 Soldaten im Monat.

Vom Sommer/Herbst 1947 an, verstieß es gegen Militärgesetze, mit einer Deutschen zusammenzuleben. Gerade, nachdem das Fraternisierungsverbot in der amerikanischen Zone aufgehoben worden war, wurde es in der sowjetischen Zone eingeführt. Am Anfang, gab es viele Ausnahmen; viele haben die Regeln ignoriert oder in verschiedenen Arten vermieden. Es gab auch Auseinandersetzungen, Bestechungen, Kämpfe zwischen Militärpolizei, Soldaten und Offizieren. Offiziere mußten ihre Autos aufgeben, und sie bekamen besondere Pässe, wenn sie sie benutzen wollten. Es war nicht weiter erlaubt, deutsche Putzfrauen oder Dienstmädchen einzustellen. Trotz des Widerstands, wurde das neue Leben für das sowjetische Militär streng eingeführt, und schon im Winter 1948-49, waren fast alle Soldaten und Offiziere in Kasernen und Stadtteilen

---

Sotsialisticheskii vestnik, Nezavisimyi golos, und Za svobodu Rossii.

4 Siehe zum Beispiel, Hoover Institution Archives (HIA), Lerner, Box 42, no. 9 [Von Kuegelgen]; NA, RG 59, 740.00119 Control (Germany), 7-1445 [Killian].

5 "Materials for the Project on the Soviet Social System." (Soviet Refugee Interview and Questionnaire Date 1950-1953, for Air Force Contract No. 33 (038)-12909), Russian Research Center, Harvard University, Cambridge/Mass. Siehe zum Beispiel, Nr. 342, Nr. 346, Nr. 446, Nr. 527. HIA, State Department Interview Reports, Box 1,no. 14 (August 1955), no. 11 (Mai 1955), no. 10 (1955).

untergebracht, die, umringt von Stacheldraht, von der Militärpolizei bewacht wurden.[6]

Seit 1949 dann hat es sehr wenige normale, unbewachte Kontakte zwischen den sowjetischen Soldaten und Offizieren und der deutschen Bevölkerung gegeben. Das Leben des sowjetischen Militärs in Deutschland ist viel schlimmer geworden, voll von militärischen und politischen Übungen, die den sowjetischen Soldaten helfen sollten, die Einsamkeit und Langeweile der eingeengten Gesellschaft zu überstehen. Es gibt sehr viele sportliche Übungen; fast alle Berichte von ehemaligen Soldaten sprechen über Müdigkeit und Isolation (HIA, State Department Interview Report, no. 9 (1955), Box 1, S. 5; Tarasulo, 1985, S. 226 f.). Nur wenig werden die Soldaten aus den Kasernen gelassen, und dann nur mit Aufpassern und besonderen Pässen. Offiziere haben etwas mehr Möglichkeiten, sich mit Deutschen zu treffen, aber fast immer bei sehr formellen und strukturierten Gelegenheiten, wie altmodischen Tanzabenden oder beim gemeinsamen Theaterbesuch. Heute liest man häufig Klagen über diese steife Form der Zusammentreffen in der sowjetischen Presse.

Es gibt natürlich die viel gelobte Waffenbrüderschaft zwischen deutschen und sowjetischen Kampfgruppen, die absichtlich im gleichen Gebiet stationiert sind. Es gibt viele gemeinsame Wehrübungen und gemeinsame Aktivitäten, die nicht gerade geeignet sind, gute Stimmung zu entwickeln: Besuche lokaler industrieller Fabriken und Landwirtschaftlicher Kooperativen oder gemeinsame Ausflüge zu "Lenin-Punkten" in der DDR (Agitatora Armii i Flota, no. 1, Januar 1978). Diese Kontakte, obwohl wichtig für den Warschauer Pakt und die Entwicklung beider Armeen, scheinen oberflächlich und formalistisch: Brüderschaft ohne Freundschaft, zusammen zu üben, ohne zusammen zu sein. Selbst die vielen deutschen Offiziere, die ihre Fortbildung in der Sowjetunion erhalten haben (ungefähr 2.400, davon 170 in der elitären Woroschilow-Akademie), scheinen unfähig, eine gute Stimmung zwischen sowjetischen und deutschen Kampfgruppen zu bilden (Jones 1989, S. 229). Obwohl die Bevölkerung der DDR wenig Begeisterung für die sowjetischen Soldaten zeigt, muß auch gesagt werden, daß sie nicht besonders gegen die Stationierung demonstriert hat. In Prenzlau war es lediglich eine kleine Demonstration, die sich gegen die Stationierung sowjetischer Kampfhubschrauber richtete, aber im allgemeinen bleibt die Bevölkerung wachsam, tolerant und zurückhaltend gegenüber den sowjetischen Truppen.

---

6 Siehe HIA, State Department Interview Report no. 14 (August 1955), Box 1, S. 2. NA, RG 260, Box 24, S. 6. NA, RG 84, TSGC, Box 3, "Dissension in the Soviet Army (10. September 1947). NA, RG 59, 7-2249, POLAD, HQ 7707 European Command Intelligence Center, "Purposes and Developments of the Soviet Army Non-Fraternization Policy in Germany," (22. Juli 1949).

Wenn man über die Geschichte der sowjetischen Soldaten in Deutschland nachdenkt, ist es nicht sehr wahrscheinlich, daß diese Truppen in einem vereinigten Deutschland bleiben können, wie es im "Genscher Plan" vorgesehen ist. Natürlich gibt es die Frage, ob die Deutschen selber sowjetische Kampftruppen in einem souveränen, geeinigten Deutschland auf die Dauer erlauben würden. Es entsteht aber auch die Frage, was für mannigfaltige Probleme der Abzug der 380.000 in der DDR stationierten Soldaten bereiten würde, da es schon so viele Klagen in der sowjetischen Presse gibt über die Heimkehr der 135.000 Soldaten, die bis Ende 1991 aus Ungarn und der Tschechoslowakei zurückgezogen werden (Prawda, 23. Feb. 1990). Es gibt keine freien Baracken. Offiziersfamilien müssen in Zelten wohnen, und die baltischen Staaten warnen vor einer Stationierung in Estland, Lettland und Litauen. Die New York Times (17. Mai 1990) hat weiter berichtet, daß schon geplante Abzüge sowjetischer Truppenteile aus der DDR nicht fortgesetzt würden, wegen des Mangels an Wohnungsmöglichkeiten in der UdSSR.

Es würden aber auch sehr schwerwiegende Probleme für die Truppen selbst entstehen, wenn sie bleiben würden. Sie sind schon jetzt sehr eingeengt, und in der sowjetischen Presse wird immer häufiger von Problemen mit Disziplin und Moral berichtet (Literaturnaia gazeta, no. 31, 3. Aug. 1988, S. 12). Könnten sie überhaupt in einem Land bleiben, wo sie gar keinen Kontakt mit der Zivilbevölkerung haben würden? Was wird geschehen, wenn der Lebensstandard Westdeutschlands auch in Ostdeutschland erreicht wird? Könnten 380.000 sowjetische Soldaten mitten in einem kapitalistischen Land einquartiert sein? Es könnte natürlich eine kleinere, symbolische Elitegruppe geben. Für die Sowjets wäre es auch ein (finanzieller) Anreiz, wenn, wie geplant, die Bundesregierung die sowjetischen Stationierungskosten von der DDR übernehmen und in DM begleichen würde.

Aber aus den schon erwähnten Gründen, wäre es für die Sowjets viel besser, ihre Truppen langsam abzuziehen, wenn durch die KSZE-Beratungen und die 2+4-Verhandlungen ihre Sicherheitsinteressen, das heißt, eine Obergrenze für die Stärke der deutschen Armee, garantiert werden könnten.

IV. Politische Aufgabe

Von Anfang an, war die politische Aufgabe der sowjetischen Streitkräfte klar. Stalin hat Djilas unzweideutig gesagt, daß dort, wo die sowjetischen Armeen einmarschieren würden, auch ihr soziales System eingeführt werden würde.(Djilas 1962, S. 114). In der ersten Etappe der Besetzung Deutschlands, Mai bis Herbst 1945, aber haben die sowjetischen Behörden eigentlich eine eher konservative Rolle gespielt. Ihr hauptpolitisches Interesse war, die "Grosse Allianz" nicht zu zerstören. In Deutschland selber wurden ihre administrativen Forderungen sehr viel rascher durchgeführt, als ihre politischen. Sie haben die Aktivitäten von sogenannten "sektiererischen" Kommunisten eingeengt und die Ideen von sofortiger Einheit zwischen den Kommunisten und den Sozialdemokraten, die eigentlich ein radikaleres Programm hatte als die KPD, ausgelöscht. Dann in der zweiten Etappe, von Herbst 1945 bis Frühling 1947, haben die sowjetischen Instanzen sich direkt in die Einheitskampagne, die Blockpolitik und die Wahlkämpfe eingemischt. Die Rolle des Informations-Offiziers, Oberst Sergej Tjulpanow, war zentral in diesem Zusammenhang. Er und seine politischen Offiziere - unterstützt von Marschall Sokolowski in Karlshorst, Generaloberst Serow in der MVD-Verwaltung in Deutschland, und Andrej Shdanow in Moskau -, haben die politische Entwicklung Ostdeutschlands tief beeinflußt (Ra'anan 1983, Hahn 1982; Hough 1985; Mc Cagg 1978).

Wir können hier nicht die vielen Dimensionen dieser direkten Einmischung analysieren. Aber da in der letzten Zeit viel über die Gleichschaltung und Eliminierung von politischen Opponenten der sowjetischen Politik in Deutschland gesprochen und geschrieben wurde, sowohl in der DDR als auch im Westen, wollen wir hier ein paar Worte dazu sagen.

Es ist wichtig zu wissen, daß die Gefängnisse und Lager des Dritten Reiches in Ostdeutschland nur vorübergehend, wenn überhaupt, geschlossen waren. Fast so schnell, wie sie sich geleert hatten von Opponenten der Nazis, waren sie wieder gefüllt mit Opponenten oder angeblichen Opponenten der sowjetischen Politik in Deutschland. Wie Karl Wilhelm Fricke (1979, S. 72 ff.) dazu schreibt, haben vor 1945 56.000 Menschen ihr Leben in Buchenwald verloren, und nach 1945 noch weitere 13.000. Viele Sozialdemokraten, Liberale und Christdemokraten, die gegen die Nazis gekämpft und in den KZs die Kriegsjahre überlebt hatten, sind nur befreit worden, um wegen ihrer politischen Meinung wieder eingesperrt zu werden. Viele von ihnen haben die zweite Haft nicht überlebt. Die Sowjetunion hat einen Teil der Gulags nach Deutschland importiert - gewiß nicht den schönsten!

Das "Neue Deutschland" berichtet, daß 130.000 Inhaftierte in elf sowjetischen Gefängnissen und Lagern in der SBZ/DDR zwischen 1945 und 1950 gesessen haben; fünfzigtausend davon seien ums Leben gekommen. Die Berichte von der SPD und des amerikanischen Nachrichtendienstes zeigen wesentlich größere Zahlen:[7]

---

[7] Sopade Informationsdienst, Denkschriften 55, "Die Straflager und Zuchthäuser der Sowjetzone: Gesundheitszustand und Lebensbedingungen der politischen Gefangenen,: S. 14-15, in HIA, Grabe, Box 1. NA, RG 260, Box 75, "Supplement to German Weekly Background Notes", no.

Tabelle 1: Zahl der Gefangenen und Toten in den Straflagern

Lager	Tote	Gefangene
Bautzen	16.700	30.000
Buchenwald	13.200	30.600
Hohenschönhausen	3.500	12.000
Jamlitz	5.200	14.200
Ketschendorf	7.200	19.850
Landsberg	3.800	9.800
Mühlberg	8.800	21.750
Neubrandenburg	6.700	17.200
Sachsenhausen	26.143	60.000
Weesow	1.400	13.750
Fort Zinna b. Torgau	3.000	11.050
	95.643	240.000

Quelle: Berechnet nach den in Anmerkung 7 genannten Archivalien

Dazu muß man die ungefähr 30.000 Deutschen hinzurechnen, die im gleichen Zeitraum in die Sowjetunion deportiert wurden. Es wird sehr schwierig werden, alle Massengräber zu finden, weil fast immer die Gräberbataillone selber deportiert wurden.

Als die DDR im Herbst 1949 gegründet wurde, haben die sowjetischen Stellen einige Gefängnisse und Lager geschlossen und die anderen an die neue DDR-Verwaltung übergegeben. Auch hat das sowjetische Militär seine direkte Einmischung in die Politik der DDR zurückgezogen. Im Vertrag mit der DDR aus dem Jahre 1954 wird ausdrücklich betont, daß die Sowjetunion sich nicht in die inneren Angelegenheiten der DDR einmischen werde. Natürlich, hat dies nicht das Ende der sowjetischen Einmischung in das politische Leben Ostdeutschlands gekennzeichnet. Besonders das Abkommen vom 12. März 1957 ließ viel Macht in den Händen der sowjetischen Streitkräfte, da diese im Notstandsfall alle Maßnahmen nach eigenem Ermessen ergreifen konnten (Fricke 1982, S. 270 f.). Der MVD (später KGB) hat seine eigene Arbeit innerhalb der ostdeutschen Sicherheitsorgane ununterbrochen weitergeführt. Nach der Gründung der DDR, aber, haben die diplomatischen Vertreter der Sowjetunion, Wladimir Semjonow als Hoher Kommissar und Botschafter und später Petr Abrassimov und Puschkin als Botschafter, tief in das politische Leben der DDR

---

109 (25. September 1949), S. 5-6. NA, RG84, Top Secret General Correspondence (TSGC), Box 3, "Penal Campsand Prisons in the Soviet Zone."

eingegriffen und ihren Einfluß klar geltend gemacht. Was vorher das Militär getan hatte, lag jetzt allein in der Verantwortung der diplomatischen Vertretung der UdSSR in der DDR (Abrassimow 1983, S. 213 ff. u. 1987, S. 131 ff.).

Im Juni 1953 haben sowjetischen Streitkräfte die Volksbewegung in Ost-Berlin und anderswo in der DDR mit ihren Panzern und Soldaten niedergeworfen. Im August 1961, in der Mauerkrise, haben noch einmal sowjetische Kampfgruppen eine Rolle gespielt. Aber in beiden Fällen, haben sie ihre Befehle von den Zivilbehörden in Moskau bekommen. Es ist sehr wichtig zu beobachten, daß im demokratischen Aufbruch der Monate November und Dezember 1989, während der zahlreichen Demonstrationen und der Maueröffnung, die sowjetischen Soldaten überhaupt nicht zu sehen waren und sie in ihren Baracken und Kasernen geblieben sind. Obwohl Gorbatschow klare Signale gegeben hat, daß die Regierung Honecker ihre Zeit überlebt habe, war er bestimmt wenig angetan von der Machtübernahme durch Egon Krenz. Aber es ist nichtsdestoweniger wichtig, daß die sowjetische Führung ihren Streitkräften in Deutschland den Befehl gegeben hat, sich nicht in die inneren Probleme der DDR einzumischen (Kölner Stadt-Anzeiger, 9. Mai 1990). Die Ostdeutschen sind letztendlich doch souverän.

Leider haben die politisch Verantwortlichen in der Sowjetunion ihre Lehren sehr spät gezogen. Vor 45 Jahren haben alle Alliierten zugestimmt, daß Deutschland ein friedliches, entmilitarisiertes, neutrales Land sein solle. Auf keinen Fall sollte es geteilt oder zerstückelt werden, weil dies bestimmt den deutschen Nationalismus wecken würde und den Deutschen einen Grund für einen neuen Krieg geben könnte. Damals hat sich keiner vorstellen können, daß ein geteiltes Deutschland zu 45 Jahren Frieden führen würde. Aber der Preis für diesen Frieden war sehr hoch. Die deutsche Teilung war teilweise die Ursache (aber auch das Ergebnis) des Kalten Krieges. Nicht nur die Deutschen haben durch ihre Teilung gelitten. Besonders die Sowjetunion hat über die Jahre einen unvorstellbar hohen Preis und viele kostbare Ressourcen für ihre Sicherheit in Deutschland bezahlt. Vielleicht jetzt, da wir einen vollen Kreis durchlebt haben und wieder die Möglichkeit besitzen, ein vereinigtes Deutschland aufbauen zu können, wenn nicht neutralisiert, dann doch teilweise entmilitarisiert durch die KSZE-Verhandlungen, können nun endlich auch die sowjetischen Truppen nach Hause ziehen.

V. Nachwort

Der Erfolg der Bonner Deutschlandpolitik im späten Frühling und Sommer 1990 hat die Basis der sowjetisch-deutschen Beziehungen auf Dauer verändert. Im Grunde genommen, haben die Schwäche der Sowjetunion unter Gorbatschow und die ökonomische Stärke der Bundesrepublik unter Kohl den Erfolg des Genscher-Planes bedingt. Es wird ein vereinigtes Deutschland in der NATO geben, und die sowjetischen Truppen werden aus dem östlichen Teil Deutschlands in spätestens vier Jahren abgezogen sein. Obwohl die diplomatischen Probleme der deutschen Einheit überraschend schnell und glatt bewältigt worden sind, hat sich die schwere Stellung der sowjetischen Truppen in Deutschland noch vertieft. Die Ostdeutschen selber fühlen sich ermutigt, gegen die sowjetischen Streitkräfte zu protestieren, und nicht immer in friedlicher Weise. Die "freien" Bürger der DDR sind verärgert über die furchtbare Umweltverschmutzung und die materiellen Schäden, die von den sowjetischen Truppen produziert werden (Hilgenberg 1990, S. 23). Sie haben viel mehr über Flugzeuglärm und von Panzern verursachte Unfälle zu klagen als die aufgeregte westdeutsche Bevölkerung, die neben den amerikanischen Streitkräften wohnt. Die DDR-Bürger sind auch ungehalten gegenüber den ungefähr 200.000 Zivilrussen, die mit ihnen in den Läden und auf dem schwarzen Markt konkurrieren. Besonders in den Dörfern neben den großen Kasernen sieht man immer häufiger die Parole "Russen nach Hause: Domoi!" (Whitney 1990, S. A4; Eppelmann warnt 1990, S. 2).

Wie so oft in Deutschland, bekommt man mit der Westlichen Gruppe der Streitkräfte das Gefühl, daß die Geschichte sich im Kreis dreht und daß wir die Nachkriegszeit wieder erleben. Wie vor der Spaltung Deutschlands ist die Grenze ziemlich durchlässig, und wie vor der Spaltung desertieren jetzt sowjetische Soldaten. Es ist auch interessant, daß die westliche Seite, nun die Westdeutschen, genau so unsicher ist, was sie mit diesen Deserteuren machen sollen und daß die sowjetische Militärpolizei auch wieder versucht, die "Kriminellen" auf westlichem Gebiet zu fassen (Delikate Fragen 1990, S. 34; Sowjetische Soldaten 1990, S. 4; Brunnert 1990, S. 4). Die Deserteure sind jung und ohne Hoffnung für die sowjetischen Reformen. Sowjetische Offiziere scheinen mehr befriedigt zu sein, vielleicht weil sie mit den Taschen voller Westmark (für sowjetische Bürger) unbezahlbare Güter nach Hause schicken können, ebenso wie nach dem Krieg (Schmemann 1990, S. A4; Happy, Happy 1990, S. A9). Es gibt viele Berichte über Schwarzmarkthandel und Schieberei in den sowjetischen Streitkräften. Disziplin und das Gefühl, wichtige Militärziele zu erfüllen, scheinen in der Gruppe der Westlichen Streitkräfte immer mehr zu fehlen.

Von beiden Seiten aus - sowjetischer und deutscher - soll der Abzug der sowjetischen Streitkräfte so schnell wie möglich abgeschlossen werden. Im nächsten Jahr (1991) wird Bonn ungefähr 2,5 Milliarden DM für die Stationierung der sowjetischen Truppen bezahlen (Gute Milliarde 1990, S. 4). Insgesamt wird die Bundesrepublik bis 1994 zwölf Milliarden DM an die Sowjetunion zahlen (Bonn zahlt 1990, S. 1). Es ist in beider, Bonns und Moskaus, Interesse, daß dieses Geld für Wohnungsbau und Umschulung der Soldaten in der Sowjetunion ausgegeben werden soll, wie von der Bonner Seite versprochen worden ist. Die Anomalie der sowjetischen Präsenz in Deutschland steigt mit jedem Monat, und bringt große Gefahren mit sich. Die Sowjets haben die Verantwortung für die deutschen Toten in den Nachkriegslagern auf sich genommen (Winters 1990, S. 4). Andere ähnliche öffentliche Diskussionen könnten die anti-sowjetische Stimmung der Ostdeutschen noch erhöhen. Jeden Tag kommen neue Nachrichten über die schweren Umweltschäden, die die sowjetischen Streitkräfte verursacht haben. Beziehungen zwischen ehemaligen DDR-Bürgern und sowjetischen Soldaten können nur schlechter werden. Am schlimmsten für die sowjetische Führung ist der Alptraum, daß die Disziplin in den Streitkräften in Deutschland durchbrochen wird, wenn die vielfältigen Probleme der Stationierung einer armen, verzweifelten Armee in einem reichen, immer selbstbewußteren Land sich verlängern.

Literatur

Abrassimow, P. A.: 300 metrov ot brandenburgskikh vorot. Moskau 1983.

Abrassimow, P. A.: Na diplomaticheskom postu. Moskau 1987.

Bonn zahlt zwölf Milliarden Mark. Für die sowjetischen Truppen auf DDR-Gebiet. In: Süddeutsche Zeitung, Nr. 210, Mi. 12. Sep. 1990, München, S. 1.

Brunnert, Matthias: Desertierte Sowjetsoldaten waren des Armeelebens überdrüssig. In: Frankfurter Rundschau, Nr. 176, Mi. 1. Aug. 1990, S. 4.

Carr, E. H.: What is History? New York, 1961.

Delikate Fragen. Bonner Politiker befürchten eine neue Asylantenwelle: flüchtige Rotarmisten aus DDR-Garnisionen. In: Der Spiegel, Nr. 32, 6. Aug. 1990, Hamburg, S. 34, 36.

Djilas, Milovan: Conversations with Stalin. New York-San Diego-London 1962.

Eppelmann warnt vor Gewalt gegenüber UdSSR-Truppen. In: Frankfurter Rundschau, Nr. 190, Fr. 17. Aug. 1990, S. 2.

Fricke, Karl Wilhelm: Politik und Justiz in der DDR: Zur Geschichte der politischen Verfolgung 1945-1968. Köln 1979.

Fricke, Karl Wilhelm: Okkupanten oder Waffenbruder? Die Gruppe der Sowjetischen Streitkräfte in Deutschland. In: Deutschland Archiv, 15. Jg. (1982), H. 3, Köln, S. 269-276.

Gruppe der sowjetischen Streitkräfte in Deutschland umbenannt. In: Neues Deutschland, Nr. 152, Fr. 30. Juni 1989, Berlin (Ost), S. 2.

Gute Milliarde für Sowjettruppen. Moskau erhält bei Umstellung auf D-Mark günstigen Kurs. In: Frankfurter Rundschau, Nr. 149, Sa. 30. Jun. 1990, S. 4.

Hacker, Jens: Die Vertragsorganisation des Warschauer Pakts und die Rolle der DDR. Die Nationale Volksarmee der DDR im Rahmen des Warschauer Paktes. München 1980.

Hahn, Werner: Postwar Soviet Politics: The Fall of Zhdanov and the Defeat of Moderation 1946-1953. Ithaca/NY 1982.

Happy, Happy is Their Day! Marks for the Soviets' Army. In: New York Times, Nr. 48287, Do. 5. Juli 1990, S. A9.

Hilgenberg, Dorothea: Zurück bleibt eine Mondlandschaft. Manöverschäden durch die Sowjettruppen. In: Die Zeit, Nr. 26, 22. Juni 1990, Hamburg, S. 23.

Hough, Jerry F.: Debates about the Postwar World. In: The Impact of World War II on the Soviet Union. Ed. by Susan J. Linz. Totowa/NJ 1985, S. 253-281.

Jones, Christopher: Gorbachev and the Warsaw Pact. In: East European Politics and Societies, 3. Jg. (1989), H. 2, Berkeley, S. 215-218.

Kuklinski, Ryszard: The Crushing of Solidarity. In: Orbis, 32. Jg. (1988), H. 1, Philadelphia, S. 7-31.

Mc Cagg Jr., William O.: Stalin Embattled. Detroit 1978.

Naimark, Norman M.: Soviet-GDR Relations: An Historical Overview. Berichte des Bundesinstituts für ostwissenschaftliche und internationale Studien, Nr. 51, Köln 1989.

Naimark, Norman M.: "About the Russians and about Us": The Question of Rape and Soviet-German Relations in the East Zone. U.S.C. Conference on Germany, manuscript, 30. Januar 1990.

Ra'anan, Gavriel D.: International Policy Formation in the USSR. Hamden/Conn. 1983.

Rupnik, Jacques: Central Europe or Mitteleuropa. In: Daedalus, 119. Jg. (1990), H. 1, Boston, S. 249 - 275.

Schmemann, Serge: Soviet Military Wives Hold March in Germany. In: New York Times, Nr. 48349, Mi. 5. Sep. 1990, S. A4.

Sowjetische Soldaten beantragen Asyl. In: Frankfurter Allgemeine Zeitung, Nr. 177, Do. 2. Aug. 1990, S. 4.

Tarasulo, Yitzhak: A Profile of the Soviet Soldier. In: Armed Forces and Society, 11. Jg. (1985), H. 2, Chicago, S. 226-227.

Whitney, Craig R.: Germans Who Want Russians Out Vs. the Russians Who want to stay. In: New York Times, Nr. 48313, Di. 31. Juli 1990, S. A4.

Winters, Peter Jochen: Diestel legt Dokumente über sowjetische Internierungslager vor. In: Frankfurter Allgemeine Zeitung, Nr. 172, Fr. 27. Juli 1990, S. 4.

Za antifashistskuiu demokraticheskuiu Germaniiu: sbornik dokumentov, 1945-1949 gg. Moskau 1969, S. 427.

Karl Wilhelm Fricke

POLITISCHE OPPOSITION IN DER DDR - HEUTE

Als das heutige Referat verabredet wurde, im Spätsommer 1989, da zählte die Sozialistische Einheitspartei Deutschlands 2,3 Millionen Mitglieder und Kandidaten. In der Volkskammer gehörten mehr als die Hälfte aller Abgeordneten der SED an. Die politische Opposition in der DDR aber, die Gesamtheit aller Menschen- und Bürgerrechtsinitiativen, ökologischen und pazifistischen Kreise, autonomen Zusammenschlüsse und kirchlichen Basisgruppen - sie bildete eine Minderheit, die nur außerhalb des Parlaments punktuell in Erscheinung trat und die für den Beobachter nur schwer zu quantifizieren war. Denn offiziell wurde Opposition in der DDR nicht toleriert - ihre legale Existenz war als systemwidrig grundsätzlich ausgeschlossen. Für die Herrschenden in der DDR galt das seit Jahr und Tag unveränderte Dogma: "In sozialistischen Staaten existiert für eine Opposition keine objektive soziale und politische Grundlage". Die Konsequenz daraus bestand in der Tabuisierung und Kriminalisierung jedweder Opposition.

Heute (April 1990), rund neun Monate später, existiert die SED in der DDR überhaupt nicht mehr - und die Partei des Demokratischen Sozialismus (PDS), ihre Nachfolgepartei, ist nach jüngsten Angaben auf 650.000 Mitglieder zusammengeschrumpft. Die Zahl ihrer Mandate in der neuen Volkskammer beläuft sich nach den Wahlen vom 18. März 1990 auf 66, was einem Stimmenanteil von 16,3 % entspricht, das heißt, die PDS, deren Vorgängerpartei einst als Staatspartei de facto die Alleinherrschaft in der DDR ausgeübt hatte, ist zu einer Oppositionspartei verkümmert, deren Existenz sich von derjenigen der früheren Opposition in der DDR allerdings dadurch wesentlich unterscheidet, daß sie nicht kriminalisiert wird, sondern legal existieren und agieren kann.

Umgekehrt durchlief die frühere Opposition einen Wandel, der vor neun Monaten ebenso wenig voraussehbar war. Nachdem sie sich lange Zeit, im Grunde seit Anfang der achtziger Jahre, unter dem schützenden Dach der evangelischen Kirche sammeln und artikulieren konnte, begann sie sich 1987/88 zunehmend selbstbewußt zu organisieren - zunächst ohne Genehmigung, illegal, danach legal, indem sie Öffentlichkeit immer weniger scheute, sie zuletzt sogar suchte, bis sie 1989 im revolutionären Herbst ihre Legalisierung und Institutionalisierung durchsetzen konnte. Die vielfach politisch unterschätzten oppositionellen Gruppen wurden zum Ferment einer revolutionären Massenbewegung. Ein oppositionelles Potential hat in der DDR immer existiert. Ich sage das nicht erst heute rückblickend. Mit seiner Existenz habe ich mich in meinem Buch

"Opposition und Widerstand in der DDR" bereits 1984 ausführlich auseinandergesetzt.

Gleichwohl war es bis in die späten achtziger Jahre hinein schwierig, die Opposition quantitativ zu bestimmen. Man war auf Schätzungen angewiesen. Die Gesamtzahl aller in Ost-Berlin und der DDR existierenden oppositionellen Gruppen, Initiativen und Kreise wurde im Frühjahr 1989 auf etwa zweihundert geschätzt. Es war eine realistische Zahl. Inzwischen liegt aus den Akten des aufgelösten Ministeriums für Staatssicherheit eine interessante sozusagen amtliche Zahl vor: In einer vom 1. Juni 1989 stammenden "Information", die von der Zentralen Auswertungs- und Informationsgruppe des MfS für die Führung der SED ausgearbeitet worden war, heißt es: *"Gegenwärtig - also zum Stichtag 1. Juni 1999 - bestehen in der DDR ca 160 derartige Zusammenschlüsse. Unter diesen befindet sich eine größere Anzahl, von der kontinuierlich bzw. anlaßbezogen feindlich-negative bzw. anderweitige, gegen die sozialistische Staats- und Gesellschaftsordnung gerichtete Handlungen ausgehen. Sie gliedern sich in knapp 150 sogen. kirchliche Basisgruppen, die sich selbst, ausgehend von dem demagogisch vorgegebenen 'Ziel' und 'Inhalt' ihrer Tätigkeit bzw. ihrer personellen Zusammensetzung, bezeichnen als 'Friedenskreise' (35), 'Ökologiegruppen' (39), gemischte 'Friedens- und Umweltgruppen' (23), 'Frauengruppen' (7), 'Ärztekreisel (3), 'Menschenrechtsgruppen' (10) bzw. '2./3.-Welt-Gruppen' (39) und sogen. Regionalgruppen von Wehrdienstverweigern... Darüber hinaus existieren über 10 personelle Zusammenschlüsse mit spezifisch koordinierenden Funktionen und Aufgabenstellung wie der Fortsetzungsausschuß 'Konkret für den Frieden', der 'Arbeitskreis Solidarische Kirche' (in 12 Regionalgruppen), die 'Kirche von unten' (in 4 Regionalgruppen), das 'Grün-Ökologische Netzwerk Arche', die 'Initiative Frieden und Menschenrechte' und der 'Freundeskreis Wehrdiensttotalverweigerer'".*

Das Zitat belegt zweierlei: Erstens bestimmt es die zahlenmäßige Stärke der Opposition im Vorfeld des demokratischen Umbruchs in der DDR - und zweitens liefert es einen Beweis für die vorzügliche Informiertheit der DDR-Staatssicherheit. Sie besaß konkrete und detaillierte Kenntnisse über die personelle Zusammensetzung, die organisatorischen Strukturen und die politischen Zielvorstellungen der oppositionellen Gruppen und Kreise in der DDR. Das Bild, das sie der Führung der SED davon übermittelte, konnte nicht genauer sein. Auf einem anderen Blatt Papier steht, daß die Führung der SED nicht fähig war, das Aufkommen regimekritischer oppositioneller Gruppen in der DDR anders als ideologisch zu begreifen, das heißt, auf politische Einflüsse und subversive Angriffe aus dem Westen zurückzuführen. Auch dafür nur ein Beleg: Erich Mielke, damals Mitglied des Politbüros der SED und Minister für Staatssicherheit, sprach in einem Grundsatzreferat am 16. November 1984 an der damaligen Parteihochschule der SED in Ost-Berlin von einem "langfristigen Erosionsprozeß, den der Imperialismus in den sozialistischen Ländern nach der Formel 'Wandel durch offensive Einwirkung' eingeleitet" habe. Wörtlich erklärte er: *"Es geht diesen (imperialistischen) Kräften darum, in den sozialistischen Ländern eine breite antisozialistische ideologische und personelle Basis zu etablieren, oppositionell eingestellte Personen zusammenzuführen, organisatorisch zusammenzuschließen und zu antisozialistischen Aktivitäten zu inspirieren, ihnen möglichst legale Wirkungsbedingungen zu schaffen. Gleichzeitig nahmen die Bestrebungen zu, auch politisch schwankende, labile, ideologisch leicht zu beeinflussende Personen in diese Umtriebe einzubeziehen und damit die Basis für die Durchsetzung der Pläne zu erweitern. In unseren Ländern sollen solche oppositionellen Bewegungen ins Leben gerufen werden, die im Sinne der imperialistischen strategischen Zielsetzung geeignet sind, die sozialistische Staats- und Gesellschaftsordnung von innen heraus zu destabilisieren und so Voraussetzungen für konterrevolutionäre Veränderungen herbeizuführen."*

Das Zitat drückt das Unvermögen der Herrschenden aus, Aufkommen und Existenz der Opposition in der DDR ursächlich auf die inneren Konflikte und politischen Widersprüche des "real existierenden Sozialismus" in der DDR zurückzuführen. Sie erweisen sich insofern als Gläubige der eigenen Ideologie, als Opfer ihres "falschen Bewußtseins" von der politischen und gesellschaftlichen Wirklichkeit. Dabei hätten sie Strategie und Taktik der Opposition in den achtziger Jahren eines anderen belehren müssen. In der Tat ertrotzte sie sich mehr und mehr Freiraum.

Die Anfänge bildeten geschlossene Seminare und öffentliche Diskussionsforen in Gemeindehäusern und Kirchen sowie auf Kirchentagen. Hier fanden Andersdenkende nicht nur Gleichgesinnte, sondern Gesprächspartner, die sich dem kritischen Dialog auch da nicht verweigerten, wo es nicht mehr um Religion, Ökologie oder Pazifismus, sondern um politische Probleme ging, um Grundfragen des Systems. Ein nächster Schritt auf diesem Weg bestand in der mehr oder minder regelmäßigen Herausgabe eigener Schriften ohne Lizenz, das heißt, im Sinne des Regimes "illegal". In diesen sogenannten Untergrundblättern, zumeist hektographierte Schriften von zwei, drei Dutzend Seiten Umfang, fanden sich Informationen und Auseinandersetzung zu Themen, die für die offizielle Presse der DDR tabu waren.

Die bekannteste Schrift dieser Art war der "Grenzfall", seit Mitte 1986 herausgegeben und hergestellt von Mitgliedern der "Initiative Frieden und Menschenrechte". Im "Grenzfall" wurden vornehmlich Bürger- und Menschenrechtsfragen behandelt und sich daraus ergebene aktuelle Forderungen artikuliert. Weitere Beispiele solcher Untergrundblätter, die 1989 auffielen, waren "Kontext", "Fußnote 3", "Aufrisse", "Arche Nova", "Wendezeit". Es wäre falsch, die politische Wirkung dieser Untergrundblätter allein nach ihrer stets nur ein paar hundert Exemplare umfassenden Auflage zu beurteilen. Da sie auch westliche Medien erreichten, die sie inhaltlich auswerteten und ihre Information weitertrugen, schufen sie sich eine eigene Öffentlichkeit, die von dem Informations- und Meinungsmonopol der SED unberührt blieb.

Schließlich sind die oppositionellen Gruppierungen in wachsendem Maße zu gewaltfreien Demonstrationen übergegangen - erstmals im großen Stil übrigens am 5. September 1987 in Ost-Berlin, als sich etwa tausend Mitglieder unabhängiger Friedensgruppen zu einer nicht genehmigten Kundgebung versammelten und anschließend zu vier Kirchen im Bezirk Prenzlauer Berg zogen. Volkspolizei und Staatssicherheit griffen nicht ein. Sie verzichteten wohl darauf mit Rücksicht auf die damals unmittelbar bevorstehende Staatsvisite Erich Honeckers in Bonn. Danach wurde die Repression DDR-intern zunehmend stärker. Zu erinnern ist an die Aktion der Staatssicherheit gegen die Umweltbibliothek, einem ökologischen Stützpunkt der evangelischen Zionskirchgemeinde im Bezirk Prenzlauer Berg, in der Nacht vom 24. bis 25. November 1987. Bei dem aufsehenerregenden, allseits Empörung auslösenden Unternehmen wurden Bücher und Schriften beschlagnahmt und mehrere Mitarbeiter der Umweltbibliothek festgenommen, ohne daß sie später verurteilt wurden.

Einen vorläufigen Höhepunkt der Repression erlebte die Opposition schließlich am 17. Januar 1988, als sich Demonstranten mit eigenen Losungen in die parteioffizielle "Kampfdemonstration" zum Gedenken an Karl Liebknecht und Rosa Luxemburg einreihen wollten. Polizei- und Sicherheitskräfte griffen mit aller Härte durch, etwa hundert Demonstranten wurden festgenommen, die meisten von ihnen wurden unmittelbar oder später ausgewiesen, zum Teil auch ausgebürgert - und es ist kein Zufall, daß viele der Betroffenen von damals im revolutionären Herbst '89 eine Schlüsselrolle gespielt haben: Bärbel Bohley, Ulrike und Gerd Poppe, Vera Wollenberger, Werner Fischer, Wolfgang und Regina Templin, um ein paar Namen zu nennen.

Die DDR-Opposition ließ sich trotzdem nicht einschüchtern - im Gegenteil. Nachdem zum 7. Mai 1989 in Ost-Berlin und der DDR Kommunalwahlen anberaumt worden waren Wahlen zu den Stadtbezirks- und Stadtverordnetenversammlungen, Kreistagen und Gemeindevertretungen -, die wie gehabt seit Gründung der DDR nach einem Wahlmodus durchgeführt werden sollten, der dem Wähler eine Auswahl unter mehreren Kandidaten, geschweige unter mehreren Parteien nicht zugestand, der stattdessen eine Einheitsliste aller Kandidaten bei vorher feststehender Mandatsverteilung unter den in der Nationalen Front zusammengeschlossenen Parteien und Massenorganisationen vorsah, da regten sich Protest und Widerspruch so stark wie nie zuvor. Öffentlich wurde das Recht eingefordert, zu den Kommunalwahlen unabhängige Kandidaten aufzustellen. Zudem wurde zum Wahlboykott aufgerufen. Die Argumente, die zu solchen Haltungen führten, können nicht besser zusammengefaßt werden, als es in einer von 48 DDR-Bürgern unterzeichneten "Erklärung" vom 15. April 1989 geschah: *"Die Versuche vieler einzelner und Gruppen, sich aktiv in die Vorbereitung der Wahlen einzubringen, zeigen entmutigende Ergebnisse: Versuche von Gruppen, eigene Kandidaten aufzustellen oder zu unterstützen, wurden blockiert, Bemühungen, Anliegen auf öffentlichen Veranstaltungen einzubringen, behindert. Zahlreichen Bürgern wurde der Zutritt zu angeblich öffentlichen Veranstaltungen zur Wahl verwehrt.*

Wir wissen von vielen vergleichbaren Erfahrungen auch außerhalb von Wahlen: Bürger dieses Landes, die ihre kritischen Anfragen an politische Entscheidungen in der DDR offen stellen, werden verdächtigt, ausgegrenzt oder bedroht. Die Wahlen in der DDR sehen wir vor diesem Hintergrund nicht als die Ursache, sondern als ein Symptom politischer Mißstände.

Die Ergebnisse der Wahlen in der DDR dienen dazu, die tatsächlichen Verhältnisse zu verschleiern und ein Einverständnis innerhalb der Bevölkerung mit der Politik der DDR-Regierung vorzutäuschen, das immer weniger gegeben ist. Die Offenlegung tatsächlich vorhandener Meinungs- und Mehrheitsverhältnisse bedeutet eine notwendige Voraussetzung für den breiten innergesellschaftlichen Dialog, den wir anstreben.

Aus diesen Gründen erklären wir, daß wir an den Kommunalwahlen am 7.5.89 nicht teilnehmen werden."

Gleiche Erklärungen kamen keineswegs allein aus regimekritischen Kreisen, aus autonomen Friedensgruppen und Bürgerrechtsinitiativen, sondern auch aus kirchlichen Bereichen. Neben verschiedenen Regionalgruppen des "Arbeitskreises Solidarische Kirche" ist Kritik an den Wahlen auch auf Synoden der Evangelischen Landeskirchen zu hören gewesen. Vor dem Hintergrund der Entwicklung in der Sowjetunion, in Polen und Ungarn waren derartige Reaktionen durchaus naheliegend, wenn auch nicht risikofrei. Indes blieb es in der DDR ein letztes Mal beim Einheitslistenwahlprinzip. Generell erschöpfte sich der Wahlakt in der Abgabe des Stimmzettels, der einmal gefaltet, zumeist offen, unter Verzicht auf die Wahlkabine, in die Wahlurne geworfen wurde. Trotzdem blieben über westliche Medien verbreitete Aufforderungen der DDR-Opposition, die Wahl zu boykottieren oder mit Nein zu stimmen, nicht ohne Wirkung, wie selbst durch das offizielle Wahlergebnis zu belegen ist: Statt der bei Wahlen in der DDR bis dahin gewohnten Wahlbeteiligung von über 99 % lag sie diesmal knapp einen Prozentpunkt darunter; und statt eines bislang üblichen Ja-Stimmenanteils von über 99 % wurden am 7. Mai 1989 nur 98,85 % ausgewiesen, ein Nein-Stimmenanteil von 1,15 % also amtlich eingeräumt. Man mochte die um ein Prozent differierenden Unterschiede belächeln, aber unter den in der DDR damals gegebenen spätstalinistischen Herrschaftsbedingungen waren sie Indizien wachsenden Unmuts zunehmender Opposition.

Die absoluten Zahlen machen das deutlicher als die Prozentzahlen. So stieg die Zahl der Wahlberechtigten, die die Wahlen boykottiert haben, von knapp 79.000 fünf Jahre zuvor auf gut 113.000 am 7. Mai 1989, das heißt, sie hat sich beinahe verdoppelt, und die Zahl derer, die den Mut aufbrachten, ihren Stimmzettel als Nein-Stimme zu kennzeichnen - erforderlich war das Durchstreichen der Namen aller Kandidaten der Einheitsliste einzeln -, nahm von rund 14.600 fünf Jahre zuvor auf diesmal 142.000 zu. Die Zahl hatte sich mithin fast verzehnfacht. Das Potential der politisch Andersdenkenden, die sich auch als solche in der DDR bekannten, war also nicht geringer geworden, trotz Flucht- und Abwanderungsbewegung, es nahm zu. Dabei ist zu bedenken, daß sich in dem offiziellen Wahlergebnis vom 7. Mai 1989 nur Tendenzen widerspiegeln konnten - denn es war massiv gefälscht worden. Konkrete Beweise dafür wurden schon damals von oppositionellen Gruppen in zahlreichen Fällen erbracht. Der Anteil der bei öffentlicher Auszählung kontrollierten Nein-Stimmen erreichte nachweislich bis zu 15 %. Es kam zu Einsprüchen gegen die Wahlen und zu Strafanzeigen wegen Wahlfälschungen nach § 211 DDR-StGB, ohne daß derlei Protesten freilich ein Erfolg beschieden war. Erst am 14. Februar 1990 hat der Staatsrat ausdrücklich festgestellt, daß das Wahlergebnis vom 7. Mai 1989 gefälscht worden war. Inzwischen sind viele der dafür Verantwortlichen zurückgetreten - und erste Strafverfahren wurden eingeleitet.

Ich habe Strategie und Taktik der Opposition in der DDR in der zweiten Hälfte der achtziger Jahre und speziell im Vorfeld der demokratischen Erneuerung hier exemplarisch zu machen versucht, um aufzuzeigen, was politisch selbst unter den Bedingungen spätstalinistischer Herrschaft bereits möglich war. Charakteristisch für diese Entwicklung ist das wachsende Selbstbewußtsein der Opposition, ein Selbstbewußtsein, das sich auch im Auftreten einzelner - mehr oder minder namhafter - Regimekritiker seit langer Zeit manifestiert hatte. Sie machten oppositionelles Denken in der DDR auf besondere Weise begreiflich: durch Bücher, die sie ungeachtet möglicher Konsequenzen im Westen veröffentlichten. Dazu ein semantischer Vergleich: 1964 trat Professor Robert Havemann mit seinem Buch "Dialektik ohne Dogma" als Regimekritiker an die Öffentlichkeit. Berufsverbot und Parteiausschluß waren die Konsequenzen. 1977 folgte Rudolf Bahro mit seinem Buch "Die Alternative". Parteiausschluß und acht Jahre Freiheitsstrafe waren die Quittung des Regimes. 1989 veröffentlichte Rolf Henrich, ein Rechtsanwalt aus Eisenhüttenstadt im Bezirk Frankfurt/Oder, sein Buch "Der vormundschaftliche Staat". Auch er wurde mit Berufsverbot und Parteiausschluß belegt. Vergleicht man die Untertitel der drei Bücher, spiegelt sich in ihnen ein aufschlußreicher Wandel. Bei Havemann lautete er noch schlicht: "Naturwissenschaft und Weltanschauung" - seine Kritik blieb weithin abstrakt. Bahros Untertitel "Zur Kritik des real existierenden Sozialismus" benannte schon konkret, worum es ging, und Henrich sprach im Untertitel seines Buches "Vom Versagen des real existierenden Sozialismus".

Der semantische Vergleich soll bewußt machen, um wieviel radikaler sich in der DDR Regimekritik im Laufe der Zeit öffentlich artikuliert hat. Die Erklärung dafür liegt in der konkreten politischen Erfahrung ihrer Verfasser als Bürger der DDR. Alle drei waren übrigens Mitglieder der SED, das heißt, auch aus der Staatspartei gingen Regimekritik und Opposition hervor. Interessanterweise haben sich sowohl die drei zitierten Regimekritiker als auch die oppositionellen Gruppierungen ausschließlich zu Zielsetzungen bekannt, durch die die DDR als eigener Staat und ihr politisches System nicht prinzipiell in Frage gestellt wurden. Es ging um Veränderungen innerhalb des Systems, um Bürgerrechte, Rechtssicherheit und Selbstbestimmung. Ein Bekenntnis zur Einheit der Nation mit der Forderung einer Vereinigung der beiden Staaten in Deutschland ist in der DDR-Opposition bis zur revolutionären Wende im Herbst '89 nicht erkennbar.

Die Einsichtslosigkeit der Herrschenden, ihre Intransigenz gegenüber allen oppositionellen Forderungen nach Erneuerung, sollte die Grundstimmung in der DDR-Bevölkerung so nachhaltig verschlechtern, daß immer mehr Menschen die DDR verlassen wollten. Sie sahen keine Perspektive mehr für sich. Im 40. Jahr des Arbeiter-und-Bauern-Staates verließen so viel Menschen den ungeliebten Staat wie in keinem anderen Jahr zuvor - nämlich 348.854, um genau zu sein. Sie kamen als Sperrbrecher, Botschaftsbesetzer, Flüchtlinge oder Übersiedler, illegal oder legal, und ergaben einen dramatisch anschwellenden Flucht- und Ausreisestrom, der politisch einer "Abstimmung mit den Füßen" gleichzusetzen war. Auch dies war eine spezifische Form von Opposition. Beides zusammen, die "Abstimmung mit den Füßen" und das Erstarken der Protest- und Oppositionsbewegung DDR-intern, haben letztlich die revolutionäre Krise des spätstalinistischen Systems bis zum Machtwechsel verschärft.

Nur die Herrschenden selbst vermochten die Zeichen der Zeit nicht zu erkennen. Als sie die Demonstrationen um den 7. Oktober 1989, dem 40. Jahrestag der DDR-Gründung, mit brutaler Gewalt auseinandertreiben ließen, unter rücksichtsloser Anwendung von Schlagstöcken, Hundestaffeln, Wasserwerfern und Tränengas, provozierten sie genau das, was sie verhindern wollten: Massendemonstrationen, die buchstäblich Millionen Menschen auf die Straße trieben. Zum Zeitpunkt des 40. Jahrestages der Staatsgründung hatte sich die innere Situation der DDR bereits so weit destabilisiert, daß die Opposition aus der Illegalität heraustreten und in eine Art halblegaler Existenz wechseln konnte, der Vorstufe ihrer Legalität. Sie ertrotzte sich ihr Recht, indem sie sich öffentlich artikulierte und formierte. Ich darf auch dieses Umschlagen in eine neue politische Qualität durch ein Zitat aus einem parteiinternen Informationspapier illustrieren, den sogenannten Informationen Nr. 261, die Mitte

Oktober 1989 unter der Überschrift: "Zum 'Neuen Forum' und zu anderen illegalen oppositionellen Gruppierungen in der DDR" an alle Parteiorganisationen der SED versandt wurden. Darin wird u.a. festgestellt: *"Seit längerem unternehmen äußere und innere sozialismusfeindliche Kräfte intensive Versuche, in der DDR oppositionelle Gruppierungen und Strukturen zu schaffen und zu legalisieren. Unter Bruch der Verfassung und des geltenden Rechts, zum Beispiel der Verordnung über die Gründung und Tätigkeit von Vereinigungen vom 6. November 1975, wurden in jüngster Zeit mehrere oppositionelle personelle Zusammenschlüsse illegal gebildet. Bekannt wurden u.a. das 'Neue Forum', die sogenannte Sammelbewegung 'Demokratischer Aufbruch', die Bürgerbewegung 'Demokratie Jetzt' und die 'Sozialdemokratische Partei'. Das geschieht nicht zufällig zur gleichen Zeit, da maßgebliche imperialistische Kräfte mit einer haßerfüllten Kampagne gegen die DDR den Sozialismus diffamieren und Zweifel an seiner Perspektive verbreiten. Eine zentrale Rolle ist dem 'Neuen Forum' zugedacht, das sich illegal in Berlin sowie in den Bezirken Leipzig, Halle, Gera, Karl-Marx-Stadt, und Frankfurt (Oder) 'konstituiert' hat und in allen anderen Bezirken über sogenannte Kontaktstellen und Kontaktadressen verfügt".*

Soweit die Partei-Informationen - wahrscheinlich die letzten, die von der zuständigen ZK-Abteilung überhaupt herausgegeben worden ist. Die wichtigsten oppositionellen Gruppierungen waren - nicht zufällig übrigens in einer MfS-spezifischen Sprache - zutreffend benannt: Und zwar erstens das "Neue Forum". Die als Sammelbewegung ohne geschlossene Programmatik gedachte Oppositionsgruppe war am 9. September vorigen Jahres mit einem von 30 Gründern unterzeichneten Aufruf - unter ihnen Bärbel Bohley, Katja Havemann, Rolf Henrich, Sebastian Pflugbeil und Jens Reich - an die Öffentlichkeit getreten, nachdem ihr zuvor die Zulassung als legale Organisation verweigert worden war. Drei Monate nach seiner Konstituierung hatten sich über 200.000 Menschen durch Unterschrift zum "Neuen Forum" bekannt. Es will auch künftig nicht politische Partei sein.

Zum anderen benannte das zitierte Papier den "Demokratischen Aufbruch". Diese Gruppierung ging aus einer im Juni 1989 gebildeten Initiative zumeist kirchlicher Mitarbeiter hervor. Zu den Gründern zählten der unsägliche Wolfgang Schnur, ferner Rainer Eppelmann, Christiane Ziller, Edelbert Richter und Erhart Neubert. Auf seinem ersten Kongreß am 16./17. Dezember 1989 in Leipzig gründete sich der "Demokratische Aufbruch - sozial/ökologisch" als politische Partei.

Drittens brandmarkte die SED als "sozialismusfeindliche Oppositionsgruppe" die Bürgerbewegung "Demokratie Jetzt". Auch sie ist ein Produkt des revolutionären Herbstes'89: Ihre Gründung geht auf einen Aufruf vom

12. September 1989 zurück. Die wichtigsten Namen seiner Unterzeichner: Hans-Jürgen Fischbeck, Ulrike Poppe, Konrad Weiß und Wolfgang Ullmann.

Viertens schließlich war die Sozialdemokratische Partei in den Partei-Informationen stigmatisiert. Ihre Gründung in Schwante datiert vom 7. Oktober 1989, nachdem sich vier Monate zuvor allerdings schon eine Initiativgruppe zur Gründung einer Sozialdemokratischen Partei in der DDR zu Worte gemeldet hatte. Frauen wie Angelika Barbe und Sabine Leger, Männer wie der unglückselige Ibrahim Böhme, Markus Meckel, Stephan Hilsberg, Walter Romberg und Steffen Reiche haben die Wiederbegründung vorangebracht. Seit einer Parteikonferenz in Berlin vom 12. bis 14. Januar 1990 trägt sie den alten Namen SPD - Sozialdemokratische Partei Deutschlands - in der DDR. Ihre Fusion mit der bundesdeutschen SPD nach einer staatlichen Vereinigung ist programmiert.

Man kann die Massenbewegungen im revolutionären Herbst'89 in der DDR von der Geschichte der oppositionellen Bewegung in ihrem Vorfeld nicht trennen - die verschiedenen Gruppierungen waren politisch und geistige Vorboten des demokratischen Umbruchs. Das Fanal dazu kam aus Leipzig. In der Messestadt war es schon seit ein paar Jahren zu kleineren Demonstrationen für Freizügigkeit und Reisefreiheit gekommen. Im Vorfeld des 7. Oktober hatten sich regelmäßig an Montagabenden nach Friedensandachten in der Nikolaikirche, später auch in anderen Kirchen, Hunderte, zuletzt Tausende Leipziger zu Schweigemärschen und Demonstrationen formiert. Das gewalttätige Vorgehen der Polizei- und Sicherheitskräfte am 7. und 8. Oktober löste so viel Empörung und Solidarität aus, daß in Leipzig am 9. Oktober erstmals 100 000 Menschen spontan auf die Straße gingen. Es war die Demonstration, bei der auf Messers Schneide stand, ob sich die Herrschenden für eine "chinesische Lösung" entschieden, das heißt, die Demonstration, "diese konterrevolutionäre Aktion" in Leipzig, "endgültig und wirksam zu unterbinden" entschlossen - "wenn es sein muß, mit der Waffe in der Hand." So war immerhin öffentlich in der "Leipziger Volkszeitung" gedroht worden. Zu einem Blutbad ist es gottlob nicht gekommen, aber eben diese Erfahrung hat bewirkt, daß auch bei den folgenden Montagsdemonstrationen in Leipzig im November und Dezember 1989 bis zu 300.000 Menschen zusammenkamen.

Neben diesem quantitativen Aspekt der Leipziger Montagsdemonstrationen muß ein qualitativer Aspekt hervorgehoben werden. In ihrer Zielsetzung machten die Demonstrationen eine aufschlußreiche Wandlung durch. Die Forderung nach Freizügigkeit erweiterte sich bald zu einem selbstbewußten Verlangen nach Freiheit und Selbstbestimmung. Nicht mehr "Wir wollen raus", sondern "Wir sind das Volk" skandierten die Demonstranten als Losung. Sie riefen "Wir bleiben hier" und "Gorbi - Gorbi" und "Freie Wahlen jetzt" und "Stasi in die Produktion". Das heißt, in Leipzig wurde nach dem 40. DDR-Jahrestag generell für demokratische Reformen in der DDR demonstriert.

Und nicht nur in Leipzig! Einem Steppenbrand gleich griffen die Massendemonstrationen auf andere DDR-Städte über, auf Cottbus, Dresden, Erfurt, Gera, Greifswald, Güstrow, Halle, Magdeburg, Jena, Meißen, Neubrandenburg, Potsdam, Rostock, Schwerin und Zwickau, um hier wenigstens die Städte zu nennen, in denen Massenkundgebungen die Demonstranten in fünf- und sechsstelliger Zahl zusammenführen sollten. Zu der in der Geschichte der DDR größten nichtstaatlich organisierten Massenkundgebung kam es schließlich am 4. November 1989 auf dem Alexanderplatz in Ost-Berlin, als nicht weniger als 26 Redner zu mehr als einer halben Million Menschen sprachen und für die demokratische Erneuerung der DDR eintraten.

Zu einem gewissen Zeitpunkt, der genau bestimmbar ist, nahmen die Demonstrationen einen anderen politischen Charakter an. Nun wurde nicht mehr für eine bessere DDR demonstriert, sondern für die deutsche Einheit. Nicht mehr "Wir sind das Volk" lautete nun die Losung, sondern "Wir sind ein Volk". Das äußere Bild der Demonstrationen wurde mehr und mehr von Fahnen Schwarz-Rot-Gold ohne Staatsemblem der DDR bestimmt. Erstmals wird diese neue politische Qualität in der Leipziger Montagsdemonstration vom 13. November 1989 manifest. "Deutschland-Deutschland"-Rufe werden nun skandiert und "Deutschland einig Vaterland". Es bedarf kaum eines Beweises, daß dieser Wandel den durch die Öffnung der Berliner Mauer vier Tage zuvor bedingten Stimmungsumschwung in der Bevölkerung reflektierte.

Unter dem Druck der Massendemonstrationen in der DDR brach das alte Regime binnen Wochen zusammen. Am 18. Oktober 1989 ging die Führung von Erich Honecker auf Egon Krenz über. Am 13. November wurde Hans Modrow zum neuen DDR-Ministerpräsidenten gewählt. Am 3. Dezember traten Krenz und die gesamte Führung der SED zurück. Am 7. Dezember 1989 trat in Ost-Berlin zum ersten Mal der Runde Tisch zusammen. Der Dialog zwischen den noch Herrschenden und der wenige Wochen zuvor noch als "antisozialistisch" und "staatsfeindlich" apostrophierten Opposition der DDR war damit institutionalisiert. Am 5. Februar 1990 sah sich Modrow gezwungen, die Opposition sogar in die politische Verantwortung einzubinden: Mit dem Eintritt von acht Ministern ohne Ressort sollte seine Koalitionsregierung zu einer "Regierung der nationalen Verantwortung" erweitert werden. Unter den neuen Ministern waren führende Köpfe der oppositionellen Bewegung - Rainer Eppelmann vom "Demokratischen Aufbruch" zum Beispiel, Sebastian Pflugbeil vom "Neuen Forum", Gerd Poppe von der "Initiative Frieden und Menschenrechte", Walter Romberg (SPD) und Wolfgang Ullmann von "Demokratie Jetzt". Dies jedenfalls die wichtigsten Namen.

Im Rückblick kann somit ein qualitativer Wandel in den Existenzbedingungen der demokratischen Opposition in der DDR resümiert werden: Aus der langjährigen Zeit ihrer illegalen Existenz und der Kriminalisierung ihrer Aktivitäten wechselte die Opposition in eine Übergangsphase halblegaler Tolerierung, bis sie ihre uneingeschränkte Legalisierung erreicht hatte. Oppositionelles Wirken konnte sich fortan ungehindert entfalten, eine Entwicklung, an deren Ende konsequenterweise die Institutionalisierung der demokratischen Opposition stand. Es war zugleich der Beginn eines Machtwechsels, einer Veränderung des Herrschaftssystems, der Anfang vom Ende des "real existierenden Sozialismus" in der DDR.

Ein gleichsam symbolischer Beleg dieses Wandels war die Tilgung jener DDR-Verfassungsbestimmung, die das Herrschaftsmonopol der SED hatte sanktionieren sollen. Aus Artikel 1, der die DDR als "sozialistischen Staat der Arbeiter und Bauern" definierte und als "die politische Organisation der Werktätigen in Stadt und Land unter Führung der Arbeiterklasse und ihrer marxistisch-leninistischen Partei", wurde durch Beschluß der Volkskammer vom 1. Dezember 1989 eben die den Führungsanspruch der SED begründende Klausel ersatzlos gestrichen.

Die Institutionalisierung der demokratischen Opposition drückte sich erstens in der Schaffung des "Runden Tisches" aus. Wahrscheinlich um Einfluß auf die Demokratisierung zu erlangen, schlug das Politbüro der SED selbst den vier Blockparteien und den Gruppen und Parteien der demokratischen Opposition Gespräche an einem nach polnischem Vorbild nun auch in der DDR zu bildenden "Runden Tisch" vor. Unter dem Vorsitz von Kirchenvertretern setzten sich erstmals am 7. Dezember 1989 in Ost-Berlin Regierung und Alt-Parteien, die neuen Parteien - nämlich "Demokratischer Aufbruch", "Grüne Partei", "Sozialdemokratische Partei" sowie verschiedene Gruppen - nämlich die "Initiative Frieden und Menschenrechte", "Neues Forum", "Demokratie Jetzt" und die "Vereinigte Linke" - zu Beratungen zusammen.

Zum ersten Mal führten die noch Herrschenden mit der bis dahin als "antisozialistisch" und "staatsfeindlich" verfemten Opposition in der DDR einen Dialog. Bis zu den Wahlen zur Volkskammer tagte der "Runde Tisch" regelmäßig mindestens einmal in der Woche. Sein Einfluß auf politische Entscheidungen und gesetzgeberische Akte war erheblich. Interessant ist, daß es auch regional und lokal zur Bildung "Runder Tische" gekommen ist.

Zweitens ist in diesem Zusammenhang auf die Bildung sogenannter Bürgerkomitees zu verweisen. Sie traten ad hoc zu unterschiedlichen Zeiten in Ost-Berlin und den Bezirken der DDR zusammen und übernahmen als parteiunabhängige Organe spezielle Aufgaben. In der Satzung des Berliner Bürgerkomitees Normannenstraße vom 9. Februar 1990 heißt es zum Beispiel:

"Das Bürgerkomitee Normannenstraße ist ein Kontrollorgan, das die Auflösung des ehemaligen Amtes für Nationale Sicherheit durch die Regierung der DDR mit sachlicher und konstruktiver Kontrolltätigkeit unterstützt. Das Ziel der Tätigkeit des Bürgerkomitees ist die Zerschlagung der Strukturen des ehemaligen AfNS und somit die Arbeitsunfähigkeit desselben. Das Bürgerkomitee kontrolliert die ordnungsgemäße Sicherstellung der Akten und Datenträger und die Übergabe der Gebäude und deren Inventar an neue Rechtsträger".

Drittens schließlich ist die schon erwähnte Einbeziehung oppositioneller Gruppierungen und neuen Parteien in die "Regierung der Nationalen Verantwortung" sowie ihre gleichberechtigte Beteiligung an den Wahlen zur Volkskammer und zu den Kommunalvertretungen am 18. März beziehungsweise am 6. Mai hervorzuheben. Darin manifestiert sich definitiv der Übergang zum parlamentarischen Mehr-Parteiensystem, das die Institutionalisierung von Opposition einschließt.

Es würde ein neues Referat erfordern, wollte ich hier die Ursachen des Machtwechsels in der DDR analysieren. Stattdessen darf ich nur noch einmal bekräftigen, daß es primär systemimmanente Ursachen waren, innere Widersprüche, politische, ökologische und soziale Konflikte, aus denen die demokratische Opposition erwuchs. Ihr jahrelanges beharrliches Wirken hat den Nährboden geistig und politisch bereitet, auf dem schließlich die Massenbewegungen im revolutionären Herbst'89, die friedliche Revolution gedeihen konnten. Das dialektische Zusammenwirken von punktuellen Aktivitäten der demokratischen Opposition einerseits, der Entfesselung politischer Massenbewegungen andererseits gehört zu den faszinierenden Vorgängen im demokratischen Umbruch der DDR, die noch genauer wissenschaftlicher Erforschung bedürfen.

Mein Referat über Opposition in der DDR wäre unzulänglich, würde ich nicht das Wirken der westlichen Massenmedien auf die DDR einbeziehen, zumal der elektronischen Medien Hörfunk und Fernsehen, ihre Einflüsse auf den Erneuerungsprozeß. Mir scheint die von den Herrschenden vor der Wende immer wieder aufgestellte Behauptung, die DDR-Opposition werde durch die Westmedien erst geschaffen und gesteuert, in der Sache haltlos, aber das kann nicht heißen, der Empfang grenzüberschreitender Hörfunk- und Fernseh-Sendungen wäre ohne Folgen für die Opposition geblieben. Schon die Information, die das Nachrichtenmonopol des Regimes durchbrach, war angesichts der politisch-ideologischen Selektion in der Nachrichtengebung der DDR-Medien eine Herausforderung mit destabilisierenden Folgen. Darüber hinaus nutzten die oppositionellen Gruppen in den achtziger Jahren immer zielbewußter die Westmedien zur Selbstverständigung. Sie schufen sich gleichsam eine zweite, von der SED nicht kontrollierte Ebene der öffentlichen Meinung. Auch das hat zur Anreicherung kritischen Bewußtseins beigetragen. Nur wäre es aus meiner Sicht absurd, den Einfluß der Westmedien als primäre Ursache für innere Widersprüche und politische Konflikte in der DDR der achtziger Jahre orten zu wollen. Wer so argumentiert, verkennt Ursache und Wirkung.

Was bleibt, ist die Frage nach Opposition in der DDR heute. Nach den Wahlen vom 18. März 1990 gehört dazu in erster Linie die Partei des Demokratischen Sozialismus (PDS), die Nachfolge-Partei der SED. Die SED hatte ihre Krise im revolutionären Herbst'89 nicht bewältigen können, ihr Verfall war, wie einleitend schon festgestellt, nicht aufzuhalten. Auch der nach dem Sturz Erich Honeckers unternommene Versuch, die Führung personell zu erneuern, scheiterte. Auf einer außerordentlichen Tagung des Zentralkomitees am 3. Dezember 1989 - seiner letzten Plenartagung - traten sowohl das Politbüro als auch das ZK geschlossen zurück, ein in der Geschichte regierender kommunistischer Parteien einmaliger Vorgang. Begleitet wurde die Führungskrise der SED von heftiger Opposition an der Basis der Partei. Sie erzwang endlich die vorzeitige Einberufung eines Parteitages, der in zwei Etappen im Dezember 1989 zusammentrat. Der Rechtsanwalt Gregor Gysi rückte an die Spitze der Partei. Nach einer Übergangszeit unter dem Doppelnamen SED-PDS entschied sich die ehemalige Staatspartei endgültig für den Namen "Partei des Demokratischen Sozialismus" (PDS). Ihre Beteiligung an den Volkskammerwahlen brachte ihr wie schon erwähnt 66 Abgeordneten-Mandate ein, sie wurde drittstärkste Fraktion. Ihre Rolle als linke Oppositionspartei ist programmiert. Ob die PDS überzeugen kann, steht dahin.

Im Gegensatz zur PDS, die bei den Volkskammerwahlen noch erstaunlich gut davongekommen ist, haben von den früheren Blockparteien nur die beiden klassischen bürgerlichen Parteien den demokratischen Umbruch politisch unbeschädigt überlebt - die DDR-CDU und die LDP, indem sie Bündnisse mit neuen politischen Kräften eingingen, sich vor allem auch personell und programmatisch von Grund auf erneuerten. Dagegen haben die 1948 von der SED unter Kuratel der SED gegründeten Satelliten-Parteien DBD und NDPD, die Demokratische Bauernpartei Deutschlands und die National-Demokratische Partei Deutschlands, bei den Wahlen am 18. März 1990 schwach abgeschnitten: Mit 2,2 % Stimmenanteil kam die DBD auf neun Mandate. Mit 0,4 % errang die NDPD zwei Sitze. Während die DBD in der Opposition bleibt, dürften sich die beiden Abgeordneten der NDPD nach Verschmelzung ihrer Partei mit den DDR-Liberalen zur Koalition schlagen.

Zur Opposition in der Volkskammer zählen heute im übrigen die zwanzig Abgeordneten des "Bündnis 90" und der Grünen Partei, die sich zu einer Fraktion zusammengeschlossen haben, sowie die beiden Abgeordneten des Demokratischen Frauenbundes und der "Vereinigten Linken". Summa summarum: In der Volkskammer bringt es die parlamentarische Opposition zusammen nicht einmal auf ein Viertel aller Mandate. Mit Sicherheit wird sie ihre politische Zukunft in außerparlamentarischen Aktionen suchen.

Ich habe in meinem Referat mehrfach nachdrücklich auf die inneren Ursachen und die systemimmanente Bedingtheit der demokratischen Opposition und der revolutionären Erneuerung der DDR hingewiesen. Selbstverständlich - und mit dieser Bemerkung möchte ich schließen - darf ein wichtiges äußeres Moment nicht übersehen werden: Ohne das Neue Denken Michail Gorbatschows, ohne "Glasnost" und "Perestrojka", ohne den Wandel in der Sowjetunion wäre der Umbruch in der DDR völlig undenkbar gewesen. Moskaus Politik hat nicht nur die demokratische Opposition in der DDR inspiriert, ermutigt und bestärkt - sie hat auch das alte Regime verunsichert. Seine Macht war in dem Augenblick gefährdet, da ihr Bestand durch die Sowjetregierung nicht mehr garantiert war - da konkret gesprochen die Sowjettruppen in der DDR Gewehr bei Fuß verharrten, als das Volk auf den Straßen den Machtwechsel erzwang.

Klaus-Peter Schwitzer

BEHINDERTE IN DER DDR

I. Einleitung

Der gegenwärtige Umbruch aller gesellschaftlichen Verhältnisse in der DDR und die mit der Vereinigung beider deutscher Staaten anstehende Wirtschafts-, Währungs- und Sozialunion lassen bei den Behinderten spezifische Hoffnungen und Erwartungen aber auch Ängste und Sorgen aufkommen. Dies resultiert aus der spezifischen Widersprüchlichkeit ihrer sozialen Erfahrungen, die durch einen hohen gesellschaftlichen und verfassungsmäßig garantierten Anspruch auf Unterstützung und Fürsorge, durch partielle soziale Sicherheit (z.B. materielle und finanzielle Sicherstellung, Recht auf Arbeit, Kündigungsschutz), aber auch durch mangelnde soziale Integration und Interessenvertretung gekennzeichnet waren. Angst vor der Zukunft rührt ferner her aus dem Nichtwissen um die sozialen Sicherungsgesetze der anderen deutschen Republik, deren einzelne Elemente in den DDR-Massenmedien einseitig in schwarzen und dunkelgrauen Tönen dargestellt worden sind. Die offizielle Politik konstatierte die besondere Verantwortung aller gesellschaftlichen Bereiche für die Fürsorge körperlich und geistig behinderter Menschen, die zum Teil auch gesamtgesellschaftlich, wenn auch auf relativ niedrigem Niveau, realisiert wurde. Danach war es ein wesentliches Ziel der Sozialpolitik, besonders jenen Menschen zu helfen, die auf Grund ihrer individuellen biotischen Voraussetzungen seit Geburt oder zeitweilig durch Krankheit, Unfall bzw. andere Ursachen einen Dauerschaden haben oder an funktionellen Störungen leiden. Die Eingliederung physisch und psychisch geschädigter bzw. behinderter Bürger in das gesellschaftliche Leben wurde demzufolge durch geeignete Bildungs- und Arbeitsmöglichkeiten und darüberhinausgehend durch komplexe Maßnahmen der Rehabilitation und Betreuung gefördert. Letztlich war es das Anliegen, jedem Behinderten zu ermöglichen, in sozialer Sicherheit ein von ihm bejahtes, sinnvolles Leben unter der Art und dem Ausmaß der Schädigung angemessenen Bedingungen zu führen und einen höchstmöglichen Grad an selbständiger Lebensführung und eine aktive Teilnahme am gesellschaftlichen Leben zu ermöglichen. In diesem Sinne wurden Behindertenpolitik und Rehabilitation als gesamtgesellschaftliche Aufgaben betrachtet, die einen Komplex staatlicher, sozial-ökonomischer, medizinischer, pädagogischer, beruflicher und technischer Maßnahmen enthalten und von staatlichen Organen, gesellschaftlichen Organisationen, Betrieben, Familienmitgliedern und Bürgern verwirklicht wurden.

Zugleich muß festgestellt werden, daß in der DDR-Gesellschaft ein mangelhaftes öffentliches Bewußtsein über die soziale Lage der Behinderten existierte und diese Gruppe fast vollständig aus allen wirklich wichtigen Entscheidungsbereichen staatlicher und politischer Macht sowie aus dem gesellschaftlichen Leben insgesamt ausgeschlossen war, wie die Berliner Initiativgruppe zur Gründung eines Behindertenverbandes der DDR feststellte (Aus dem Aufruf 1990). Ausdruck dafür sind eine Reihe von Abgrenzungs- und Ausgrenzungstendenzen, materielle Benachteiligung von Familien, die Behinderte betreuen, fehlende Wohnmöglichkeiten, architektonische und andere materielle Barrieren.

II. Unterstützungen für Familien mit behinderten Kindern und Jugendlichen

Um die Rehabilitation frühstmöglich zu sichern, bestand in der DDR eine gesetzliche Meldepflicht für physisch und psychisch geschädigte Kinder und Jugendliche. Familien mit schwerstgeschädigten Kindern und Jugendlichen ab Vollendung des 1. Lebensjahres bis zur Vollendung des 18. Lebensjahres erhalten besondere Hilfe, wenn sie wegen ihrer geistigen Behinderung schulbildungsunfähig sind, oder wegen ihres Körperschadens Anspruch auf Pflegegeld der Stufen III (120,-- bis 150,-- Mark) oder IV (120,-- bis 210,--), Blindengeld bzw. Sonderpflegegeld besteht. Außer den genannten Geldern erhalten schwerstgeschädigte Jugendliche, die kein Ausbildungs- und Arbeitsrechtsverhältnis bzw. kein Studium aufnehmen können oder Erweiterte Oberschulen besuchen ab vollendetem 16. Lebensjahr bis zur Gewährung von Invalidenrente eine monatliche Unterstützung von 130,-- Mark. Ab Vollendung des 18. Lebensjahres erhalten Behinderte, die keine Berufstätigkeit aufnehmen können, eine Invalidenrente. Mütter mit schwerstgeschädigtem Kind haben Anspruch auf eine verringerte Arbeitszeit (40-Stunden-Woche ohne Lohnminderung) und erhöhten Grundurlaub. Müssen Familienangehörige des schwerstgeschädigten Kindes ihre Berufstätigkeit unterbrechen, weil für die Betreuung des Kindes kein Platz in einer Einrichtung des Gesundheits- und Sozialwesens oder der Volksbildung zur Verfügung steht oder in Ferienzeiten, wird ihnen für die Pflege eine monatliche Unterstützung der Sozialversicherung in Höhe von 200 Mark ohne Zeitbegrenzung gezahlt. Bei Freistellung von der Arbeit zur Pflege eines akut erkrankten schwerstgeschädigten Kindes werden Unterstützungen der Sozialversicherung wie bei Familien mit mehreren Kindern gezahlt.

1. Vorschul- und Schulbildung für behinderte Kinder

Besondere Bedeutung für die Integration Behinderter haben die Betreuung, Förderung, Bildung und Erziehung behinderter Kinder im Vorschulalter. In den über 300 Vorschuleinrichtungen des Sonderschulwesens wurden nach Angaben des Ministeriums für Bildung Mitte 1989 rund 7.600 physisch-psychisch geschädigte Mädchen und Jungen auf der Grundlage allgemeiner bzw. spezieller Bildungs- und Erziehungsprogramme von 1.200 Kindergärtnerinnen betreut. Eine Gruppenstärke von durchschnittlich 6-7 Kindern ermöglicht dabei eine intensive Vorschulerziehung.

Für rund 63.000 schulbildungsfähige geschädigte Kinder und Jugendliche erfolgt die Ausbildung in ca. 470 Sonderschulen, darunter 16 Schulen für Gehörlose und Schwerhörige, 8 Schulen für Blinde und Sehschwache sowie 29 Einrichtungen des Gesundheits- und Sozialwesens für Körperbehinderte bzw. in der Psychiatrie und Neurologie. Außer den achtklassigen Hilfsschulen führen alle Sonderschulen bis zum Abschluß der 10. Klasse, einige bis zum Abitur. Die Mädchen und Jungen werden von rund 17.000 Lehrern und Erziehern unterrichtet. Obwohl in letzter Zeit in der DDR zwölf neue Internate gebaut worden sind, fehlen in Gera, Suhl und Rostock Internate für die Körperbehindertenschulen. Die Unterbringung in den Internaten ist kostenlos. Für die Verpflegung zahlen die Eltern lediglich einen monatlichen Kostenbeitrag von maximal 48 Mark. Alle Fahrkosten, die bei der An- und Abreise in das Internat für die Kinder sowie erforderliche Begleitpersonen entstehen, werden aus dem Staatshaushalt zurückerstattet. Nach internationalen Maßstäben sind jedoch die Ausstattungen der Einrichtungen mit materiell-technischen Hilfsmitteln (Behindertenbusse und -taxis, "leichte" Rollstühlen die auch von Kindern mühelos benutzt werden können, Hebegeräte u.a.) sowie die räumlichen Voraussetzungen (hoher Anteil von erneuerungsbedürftiger Altbausubstanz) nicht ausreichend.

Neben der Verbesserung der materiellen Voraussetzungen bedarf es künftig viel größerer gesellschaftlicher Wertschätzung der rehabilitationspädagogischen Tätigkeit, was die finanzielle Anerkennung der besonderen Verantwortung einschließt.

2. Die Unterstützung für förderungsfähige Kinder und Jugendliche

Für jene Kinder und Jugendlichen, deren Behinderung/Schädigung so gravierend sind, daß die Voraussetzungen für eine schulische Ausbildung nicht vorliegen, werden nach Begutachtung von einer Kommission, der ein Facharzt für Neurologie und Psychiatrie, ein Jugendarzt, ein Psychologe und Pädagoge angehören, Programme zur Förderung ausgearbeitet und in Abstimmung mit den Eltern die Aufnahme in eine Förderungseinrichtung vorbereitet. Solche Förderungseinrichtungen bestehen in drei Formen: Tagesstätten, Wochenheime und Heime. Für die Betreuung, Bildung und Erziehung schulbildungsfähiger Kinder und Jugendlicher im Alter von drei bis unter 18 Jahren standen 1988 14.783 Plätze in Tagesstätten und Krankenhäusern zur Verfügung, was einem Versorgungsgrad von 46,4 Plätzen je 10.000 Kindern und Jugendlichen entspricht. Allerdings gibt es nach wie vor zum Teil beträchtliche territoriale Differenzierungen; so beträgt der Versorgungsgrad im Bezirk Rostock 31,4 Plätze, im Bezirk Neubrandenburg 35,9, Erfurt und Leipzig 38,3 und Berlin 57,0 und im Bezirk Magdeburg 63,7. Während die Betreuung in den Bezirks- und Kreisstädten bedarfsgerecht erfolgt, gibt es eine ungenügende Versorgung in ländlichen Wohngebieten, insbesondere bei der Unterbringung und Förderung geschädigter Kinder und Jugendlicher (Institut für medizinische Statistik 1989, S. 17 f.). Zugleich nahm in den letzten Jahren die Anzahl der über 18jährigen in den für Kinder und Jugendlichen profilierten Förderungseinrichtungen zu, so daß über 1.300 Anträge für die Aufnahme schulbildungsunfähiger Kinder und Jugendlicher in solchen Einrichtungen nicht berücksichtigt werden konnten. Diese Situation verdeutlicht die dringende Notwendigkeit, Nachfolgeeinrichtungen für behinderte Erwachsene zu schaffen, die landesweit nicht in ausreichendem Maße zur Verfügung stehen. Zudem fehlen in den Einrichtungen Rollstühle, Gehhilfen, Windeln, heilpädagogisches Spielzeug, didaktische Fördermaterialien, Fahrzeuge und Fachliteratur für die Mitarbeiter. Die gegenwärtige Praxis, Behinderte in Feierabend- und Pflegeheimen unterzubringen, wenn die Eltern zu alt sind, um ihre behinderten Kinder selbst zu versorgen, führt allzu oft dazu, daß die Behinderten nur verwahrt und nicht gefördert werden. In den letzten Jahren wird ein deutlich gewachsener Anteil an Plätzen in den Feierabend- und Pflegeheimen von Heimbewohnern beansprucht, die sich noch nicht im Rentenalter befinden; im Jahre 1989 allein in den staatlichen Heimen etwa 16 %, ca. 30 % der Heimbewohner aller staatlichen Feierabend- und Pflegeheime sind psychisch geschädigt. Sie sind mit Abstand die zahlenmäßig größte Gruppe unter den Bewohnern mit Gesundheits- und Körperschäden. Jüngere und psychisch behinderte Heimbewohner stellen andere Anforderungen an Anzahl und Qualifikation der Mitarbeiter in den Heimen, wobei die Mitarbeitersituation in den Heimen der Gesamtsituation im Gesundheits- und Sozialwesen entspricht. Nach Aussagen des Ministeriums für Gesundheits- und Sozialwesen waren Ende 1989 in der DDR 40.840 Ärzte und 12.290 Zahnärzte tätig, fast 1.500 weniger als ein Jahr zuvor. Rund 2.000 Mediziner und 1.200 Stomatologen sind im Jahre 1989 in die Bundesrepublik Deutschland gegangen. Durch fehlende Schwestern kann die Betreuung in vielen Krankenhäusern und Heimen nur mühsam aufrecht erhalten werden. Zudem ist der bauliche Zustand äußerst miserabel. Der Verschleißgrad medizinischer Einrichtungen liegt bei ungefähr fünfzig Prozent. Von den 540 DDR-Krankenhäusern sind besonders die mittleren und kleineren Einrichtungen mit sechzig Prozent betroffen, aber auch Feierabend- und Pflegeheime. Kritisch sieht es in Kliniken der Neurologie und Psychiatrie sowie in Kureinrichtungen mit über siebzig Prozent Verschleißgrad aus. Der miserable Bauzustand konzentriert sich oft auf Wäscherei, Küche und Heizungstrakt. Diese Bereiche sind zudem kaum mit moderner Technik ausgestattet. Ein Grund sind die zu geringen Ausgaben aus dem Staatshaushalt. Sie stiegen für die Werterhaltung der Krankenhäuser in den letzten zwanzig Jahren lediglich um zwei Prozent jährlich, die Kosten für Werterhaltung wuchsen jedoch deutlich schneller. Außerdem konnten vorhandene Gelder in manchen Territorien nicht eingesetzt werden, da die Baukapazität nicht langte (Geschonneck 1990, S. 3). Mit zunehmender Dringlichkeit stellt sich die Frage nach profilierten psychiatrischen Heimen und Stationen, einschließlich den dazu notwendigen Rechtsvorschriften, da die "Verordnung über Feierabend- und Pflegeheime" keine ausreichende Grundlage für die Betreuung dieser Heimbewohner darstellt. Bereits im Jahre 1985 wurden 575 psychiatrische Pflegefälle in vierzehn entsprechend profilierten Feierabend- und Pflegeheimen in einem DDR-Bezirk untersucht. Dabei zeigte sich, daß von diesen Heimen nur drei fachärztlich betreut wurden und in der Mehrzahl der Heimunterlagen entsprechende Diagnosen und ärztliche Behandlungshinweise fehlten. Nur rund 43 % der untersuchten Heimbewohner waren nach ambulanter oder stationärer psychiatrischer Behandlung in die Einrichtung gekommen, dennoch erhielten über achtzig Prozent ständig Psychopharmaka. Etwa zehn Prozent dieser Heimbewohner wiesen so schwerwiegende Störungen auf, daß ihre Unterbringung in einem Feierabend- und Pflegeheim sehr fragwürdig war (Schönebeck/Matthesius 1986, S. 3).

III. Berufstätigkeit von Behinderten

Einen besonderen Stellenwert nimmt bei allen Rehabilitationsmaßnahmen die Eingliederung bzw. Wiedereingliederung von Geschädigten in den Arbeitsprozeß ein. Heute arbeiten viele der etwa 1,2 Millionen Bürger, die als Geschädigte anerkannt sind, unter normalen Bedingungen im Arbeitsprozeß; das gilt zum Teil auch für Schwerstgeschädigte. Im Jahre 1960 war die geschützte Arbeit in der DDR nahezu noch unbekannt, 1988 arbeiteten 42.704 Rehabilitanden unter besonderen Bedingungen, wobei die Zahl der Arbeitsplätze 44.700 betrug.

Tabelle 1: Geschützte Arbeitsplätze 1975-1988

Arbeitsplätze	1975	1980	1985	1988
in geschützten Werkstätten d. Gesundheits- u. Sozialwesens	2.722	3.921	5.589	7.143
in geschützten Betriebsabteilungen	3.615	4.151	5.408	6.397
geschützte Einzelarbeitsplätze	ca 9.000	25.340	30.550	31.160
Gesamt	15.337	33.412	41.547	44.700

Quellen: Rehabilitation Geschädigter 1981, S. 28; Institut für medizinische Statistik, passim

Mit der Entwicklung der geschützten Arbeit ging eine Vergrößerung des Berufswahlfeldes für Behinderte einher. Gegenwärtig stehen für geistig behinderte, aber schulbildungsfähige Jugendliche mehr als dreißig Berufe für eine Ausbildung zum Teilfacharbeiter zur Verfügung, und in zwölf staatlichen und zwei konfessionellen Rehabilitationseinrichtungen können körperbehinderte, hör-, seh- oder sprachgeschädigte Jugendliche und Erwachsene über vierzig Ausbildungsberufe mit einem Facharbeiter- oder Fachschulabschluß erwerben (Schwitzer 1990, S. 355).

Mit der Einführung moderner Technologien wird es künftig mehr Möglichkeiten geben, eintönige, körperlich schwere und psychisch belastende Arbeitsinhalte abzubauen, so daß - als soziale Zielstellung - auch neue Berufsfelder für Behinderte erschlossen werden könnten. Besonderer Aufmerksamkeit bedürfen aber zugleich jene, im Gefolge der Einführung moderner Technik oder mit Rationalisierungsmaßnahmen einhergehenden Veränderungen, die zu einer Einschränkung des Arbeitseinsatzes führen können. Hieraus resultieren unseres Erachtens neue und höhere Anforderungen an die betriebliche Sozialpolitik. Was die Herstellung bzw. Anwendung von technischen Hilfen für Behinderte anbelangt, so entspricht diese in keinster Weise den internationalen Maßstäben, zum Teil wird zu wenig, mit unter nicht qualitäts- und sortimentsgerecht produziert.

In den Rehabilitationswerkstätten werden die Rehabilitanden oft unterfordert, da "Friemelarbeiten", Falten von Verpackungen und Karten, Eintüten verschiedener Zubehörteile und Artverwandtes vorherrschen. Die Einführung von initiativreichen Arbeitsinhalten, die Dienstleistungscharakter tragen, wie Reparaturen, oder in deren Verlauf ein Endprodukt entsteht, wie beim Töpfern, Weben oder Holzgestalten, würden dem Anliegen der Rehabilitation besser entsprechen, scheiterten aber in der Vergangenheit an den bestehenden Strukturen. In einigen Werkstätten wird um den Fortbestand gebangt, Betriebe haben Arbeitsaufträge gekündigt, Zulieferungen von Material bleiben aus (Ulrich 1990, S. 11). Obwohl es einen besonderen arbeitsrechtlichen Schutz für Geschädigte und Rehabilitanden gibt (§ 59 des Arbeitsgesetzbuches der DDR) nehmen einige Betriebe, die mit der im Herbst 1989 in der DDR eingeleiteten Demokratisierung gewonnenen neuen Freiheiten zum Anlaß, Produktivitäts- und Effektivitätsprobleme auf Kosten von Geschädigten zu lösen, indem sie diese aus dem Arbeitsprozeß herausdrängen. Die unmittelbare materielle Sicherstellung ist zwar durch Rentenleistungen gewährleistet, letztlich wird damit aber eine Politik der Ausgrenzung betrieben.

IV. Wohnverhältnisse Behinderter

Das im Verlaufe der gesellschaftlichen Entwicklung der DDR erreichte Niveau der sozialen, pädagogischen, beruflichen und medizinischen Rehabilitation fördert objektiv und subjektiv das Bedürfnis der Behinderten nach Selbständigkeit und Unabhängigkeit auch im Wohnbereich, einschließlich Wohnumwelt und Verkehrsbedingungen. Neben dem Abbau von Barrieren für schwer Körperbehinderte (dies betrifft nach wie vor öffentliche Gebäude, Toiletten, Gaststätten, Kultureinrichtungen, Telefonzellen u.ä.) und dem Bau rollstuhlgerechter Wohnungen, ist die Weiterentwicklung geschützter Wohnformen erforderlich, die der Art und Schwere der vorliegenden Behinderungen entsprechen, die soziale Eingliederung in das gesellschaftliche Leben aber auch die Entwicklung effektiverer Organisationsformen fördern. So sind beispielsweise von den Toiletten in den für Rollstuhlfahrer empfohlenen zwölf Gaststätten im Zentrum der DDR-Hauptstadt nur eine für Rollstuhlfahrer bedingt zugänglich und elf für Rollstuhlfahrer unzugänglich (Hinweise 1989, S. 66 f.).

Im Jahre 1988 standen 8.415 Wohnungen bzw. Wohnplätze für insbesondere geistig behinderte Menschen zur Verfügung, die nicht ohne Aufsicht und Anleitung leben können, das heißt, 12,7 % (1984 5,2 %) der in geschützter Arbeit tätigen Rehabilitanden waren in geschützten Wohnheimen oder Gruppenwohnungen untergebracht (Institut für medizinische Statistik 1988, S. 47). Die Praxis zeigt, daß der zur Zeit bei weitem noch nicht gedeckte Bedarf an geschützten Wohnformen für physisch und psychisch Schwerstbehinderte, die auf fremde Hilfe angewiesen sind, zunehmen wird. Solche Wohnformen sind eine wichtige Voraussetzung, um das umfassende Netz von Förderungseinrichtungen (Sondergruppen in Kinderkrippen, Tagesstätten und Heimen, Hilfs- und Sonderschulen, Rehabilitationszentren für Berufsbildung, geschützte

Arbeit) weiter zu vervollkommnen. Das betrifft z.B. jene Jugendlichen, die unter Ausschöpfung aller Bildungsmöglichkeiten zu einem ihrem Körperschaden adäquaten Beruf ausgebildet, und die in ihren Heimatorten bzw. Orten ihrer Wahl weder Arbeitsplatz noch Wohnung finden. Zur Erhöhung der Mobilität ist es ferner erforderlich, den Behindertentransport auf ein international übliches Niveau anzuheben u.a. durch
- Ausbau des rollstuhlgerechten Nah- und Fernverkehrs, einschließlich Taxidienstes,
- Ersatz des "Duos" durch moderne Pkw: behindertengerechte Ein- und Ausstiege in Bahnen und Bussen.

Es weiterhin notwendig, Betreuungsleistungen von Angehörigen, die zum Teil unter unzumutbaren Bedingungen und unzureichender gesellschaftlicher Unterstützung erbracht werden, moralisch und finanziell besser anzuerkennen. Mitunter wird über Jahre hinweg auf Urlaub verzichtet, persönliche Interessen werden hintenangestellt, um besonders aufwendige Betreuungsanforderungen zu realisieren. Familiäre Betreuung bedeutet Verzicht auf eigene Lebensvorstellungen, sie bringt Einschränkungen für den Ehe- bzw. Lebenspartner mit sich und in den ohnehin nicht allzu großen DDR-Wohnungen wird es enger.

V. Demokratisierung und soziale Integration

Die begonnene gesellschaftliche Demokratisierung in der DDR muß die Behinderten ebenso einschließen, wie alle anderen Gruppen. Die Haupthindernisse für eine umfassende Selbstverwirklichung der Behinderten sind die ungenügende Sensibilisierung der Gesellschaft, die nicht ausreichenden materiellen Voraussetzungen und zum Teil nicht effektiven Organisationsformen. Eine Ursache dafür ist ein einseitiges Menschenbild, das den Menschen nicht in seiner Subjektrolle, als ein sich selbst bestimmendes Wesen faßt, sondern ihn als einseitig sozial determiniertes Objekt betrachtet. So ist es nur allzu folgerichtig, daß die Behinderten eigene Verbände und Initiativen gegründet haben; Vereinigungen, die die Betroffenen seit Jahren fordern und die ihnen seit Jahren verwehrt wurden. Angesichts unausweichlicher marktwirtschaftlicher Bedingungen im Zusammenhang des deutschen Vereinigungsprozesses halten es die Behinderten für unerläßlich, daß die soziale Integration, Fürsorge und Rehabilitation für Behinderte als Recht anerkannt werden. Die damit zusammenhängenden Aufgaben umfassen:

1. **die soziale Integration** durch
   - Einflußnahme auf eine positive Grundhaltung der Bevölkerung zu einem Leben mit Behinderten in der Gesellschaft;
   - Förderung, Bildung und Erziehung behinderter Kinder und Jugendlicher
   - Eingliederung bzw. Wiedereingliederung Behinderter in den Arbeitsprozeß und in das gesellschaftliche Leben mittels medizinischer, pädagogischer, beruflicher und sozialer Rehabilitationsmaßnahmen;
   - die Gewährleistung einer differenzierten Interessenvertretung Behinderter auf allen Ebenen der demokratischen Mitbestimmung und der Teilnahme am politischen und kulturellen Leben im Territorium und im Betrieb;

2. **materielle und finanzielle Sicherheit** durch
   - Bereitstellung vielfältiger Arbeitsmöglichkeiten und garantierte Sicherheit des Arbeitsplatzes (Festlegung von Gesetzen zur Beschäftigung von Behinderten);
   - Neuschaffung von Arbeitsplätzen für Schwerstbehinderte in geschützten Betriebsabteilungen und Werkstätten sowie in Form von Einzel- und Heimarbeitsplätzen;
   - Mindesteinkommen, Mindest- und Invalidenrenten;
   - Gewährung finanzieller Leistungen und Zuwendungen (Wohngeld, Pkw-Zuschuß u.a.);

3. **Verbesserung der materiellen Lebensbedingungen** durch
   - die Bereitstellung technischer Hilfen, die eine weitgehende Selbständigkeit im täglichen Leben ermöglichen;
   - Schaffung geeigneter Wohnmöglichkeiten für physisch und psychisch Behinderte einschließlich des betreuten Wohnens;
   - Erhöhung der Zugänglichkeit von Wohn- und Gesellschaftsbauten für Rollstuhlfahrer durch Abbau architektonischer Barrieren und Hindernisse;
   - Ausbau des rollstuhlgerechten Nah- und Fernverkehrs, eingeschlossen eines Taxidienstes;
   - Ausbau von Hol- und Bringediensten;
   - Verbesserung der Freizeit-, Ferien- und Urlaubsmöglichkeiten für Behinderte und deren Angehörige;

4. Ausbau und Förderung der Forschung mit den Schwerpunkten
- Analyse des erreichten Niveaus der sozialen Integration und Überprüfung vorhandener Organisationsformen und der Wirksamkeit von Rehabilitationsmaßnahmen auf die Behinderung;
- Ausarbeitung eines Instrumentariums für die Ermittlung und regelmäßige Berichterstattung der sozialen Lage der Behinderten.

Literatur

Aus dem Aufruf der Berliner Initiativgruppe zur Gründung eines Behindertenverbandes der DDR. In: Humanitas, Nr. 2, 18. Jan. 1990, Berlin (Ost), S. 1.

Institut für medizinische Statistik und Datenverarbeitung: Mitteilungen soziale Betreuung 1988. Berlin (Ost) 1989, S. 17-18.

Institut für medizinische Statistik und Datenverarbeitung: Mitteilungen soziale Betreuung 1988. Berlin (Ost) 1989, S. 47.

Geschonneck, Fina: "Licht am Ende des Tunnels für's Gesundheitswesen?" Ernüchternde Bestandsaufnahme/Erste akzeptable Reformkonzepte. In: Berliner Zeitung, Nr. 54, 5. März 1990, Berlin (Ost), S. 3.

Hinweise für geschädigte Bürger in Berlin - Hauptstadt der DDR. Berlin (Ost) 1989, S. 66-67.

Rehabilitation Geschädigter in der DDR. Berlin (Ost) 1981.

Schönebeck, Martina/Matthesius, Rolf: Zur Profilierung psychiatrischer Pflegekapazitäten. Studie des Institutes für Sozialhygiene und Organisation des Gesundheitsschutzes "Maxim Zetkin". Berlin (Ost) 1986, S. 3 (unveröffentlicht). In: Klaus-Peter Schwitzer: Positionspapier zur Entwicklung der Bevölkerung im Rentenalter bis zum Jahre 2010 in der DDR - Quantitative und qualitative Aspekte und Konsequenzen. Diskussionsmaterial für die 46. Tagung des Wissenschaftlichen Rates für Fragen der Sozialpolitik und Demographie. Berlin (Ost) 1986, S. 32 (unveröffentlicht).

Schwitzer, Klaus-Peter: Lebensbedingungen ausgewählter sozialer Gruppen. In: Sozialreport'90. Hrsg. von Gunnar Winkler. Berlin (Ost) 1990, S. 354-355.

Ulrich, Birgit: Friemelarbeit bringt kaum einen Gewinn. Wie weiter mit den Rehabilitationswerkstätten? In: Berliner Zeitung, Nr. 77, 31. März/1. Apr. 1990, Berlin (Ost), S. 11.

Waltraud Arenz

SKINHEADS IN DER DDR

I. Prozesse gegen Skinheads in der DDR von Dezember 1987 bis September 1989

Seit Ende des Jahres 1987 wird auch in der DDR von einem Phänomen öffentlich Notiz genommen, das in der Bundesrepublik Deutschland und anderen westeuropäischen Staaten schon seit Jahren zum Erscheinungsbild jugendlicher Subkultur gehört: die Skinheads. Nicht selten versetzt alleine das martialische Aussehen der Skinheads (kahlgeschorene Köpfe, mit sogenannten Bomberjacken und Schnürstiefeln ausgerüstet) ihre Mitmenschen in Angst und Schrecken. Doch erst die zum Teil brutalen Gewalttätigkeiten gegenüber Unbeteiligten und das lautstarke Sich-in-Szene-Setzen mit neonazistischen, rechtsextremen Parolen ließ die Skinheads zu einem Thema nicht nur für die Gerichte in der DDR werden. Obwohl neonazistische und antisemitische Umtriebe Jugendlicher auch schon vor dem genannten Zeitpunkt in der DDR registriert wurden, schwieg sich die dortige Presse darüber aus. Für die DDR, die für sich in Anspruch nahm, alle Wurzeln des Nationalsozialismus restlos ausgerottet zu haben, stellten die Skinheads eine qualitativ neuartige Konfrontation dar.

Seit Ende 1987 kam es bislang zu mindestens 23 bekanntgewordenen Prozessen gegen Skinheads mit insgesamt 98 Verurteilten. Die Angaben über die zahlenmäßige Stärke der Skinheads in der DDR bis zum Herbst 1989 waren recht unterschiedlich. Während westliche Beobachter Ende 1987 von ca. 100 Skinheads in Ost-Berlin sprachen, und eine Gruppe im Raum Dresden ebenfalls auf ca. 100 Personen beziffert wurde, nannte der Schriftsteller Rolf Schneider im Sommer 1988 sogar eine Zahl von rund 1.500 "Neonazis" in der gesamten DDR (Baum 1987, S. 3; Wächst nun ... 1988, S. 4; Zehntausend im Stadion Halle 1988, S. 11). Auch der Filmregisseur Konrad Weiß sprach 1989 von weitaus mehr als 1.000 Skinheads und Faschos in der DDR (Baum 1989a, S. 1).

1. Gerichtsverfahren im Zusammenhang mit einem Rockkonzert in der Ost-Berliner Zions-Kirche im Oktober 1987

Die ersten beiden spektakulären, in den DDR-Medien behandelten Gerichtsverfahren gegen Skinheads in der DDR nahmen ihren Ursprung bei einem vor allem von Punks besuchten Rockkonzert in der Ost-Berliner Zions-Kirche am 17. Oktober 1987. Damals fielen ca. 20 bis 30 Skinheads, neonazistische Parolen gröhlend ("Sieg Heil", "Juden raus aus deutschen Kirchen"), über Konzertbesucher und Passanten her, wobei mehrere Personen starke Verletzungen davontrugen (Baum 1987, S. 3). Dem Vernehmen nach sind anwesende Volkspolizisten nicht eingeschritten (Viele DDR-Jugendliche ... 1987, S. 4). Erst mit erheblicher Verspätung, etwa einen Monat später, berichtete die Ost-"Berliner-Zeitung" über die Vorfälle in der Zions-Kirche (Rowdys ermittelt 1987, S. 12). Am 27. November 1987 begann vor dem Stadtbezirksgericht Berlin-Mitte der erste Prozeß gegen vier Angeklagte und Beteiligte an den Ausschreitungen in der Zions-Kirche. Das Verfahren gegen die jungen Leute im Alter von 17 bis 23 Jahren fand unter Ausschluß der Öffentlichkeit statt; auch westlichen Korrespondenten war der Zutritt nicht erlaubt, lediglich Vertreter der evangelischen Kirche, der jüdischen Gemeinde und anderer gesellschaftlicher Organisationen waren als Prozeßbeobachter zugelassen. Die Berichterstattung in der DDR-Presse verheimlichte nicht, daß die Angeklagten "Parolen aus der Nazizeit" gegröhlt hatten; ihre Bezeichnung als Skinheads wurde hingegen bewußt vermieden und durch den verharmlosenderen Terminus "Rowdy" ersetzt (Sauer 1987a, S. 2; Sauer 1987b, S. 7). Nach mehrtägiger Hauptverhandlung und der Vernehmung von über 20 Zeugen verhängte das Gericht am 4. Dezember 1987 Freiheitsstrafen zwischen ein und zwei Jahren. Es blieb damit in zwei Fällen unter dem vom Staatsanwalt beantragten Strafmaß (Ost-Berlin kritisiert ... 1987, S. 4). Wie unzufrieden man auf offizieller Seite mit diesem so milden Urteil war, kam schon in der Berichterstattung der "Jungen Welt" zum Ausdruck, deren Artikel mit "Geringe Freiheitsstrafen für Rowdys" überschrieben war (Sauer 1987c, S. 2). Bereits einen Tag nach der Urteilsverkündung legte die Staatsanwaltschaft das Rechtsmittel des Protestes gegen dieses Urteil ein, da es 'in keiner Weise der Schwere der begangenen Straftaten' gerecht würde (Ost-Berlin kritisiert ... 1987, S. 4). Von nun an bekam das erste Verfahren gegen Skinheads in der DDR, eine, wie zu zeigen sein wird, ganz neue Dimension, in dem es auf eine höhere, politische Ebene gehoben wurde. Zudem erhielten die Bemühungen der Staatsanwaltschaft um eine Verschärfung des Urteils massive agitatorische Unterstützung durch die parteiamtliche Presse.

Der Skinheads-Prozeß war für die Staats- und Parteiführung der DDR offenbar von solch großem Interesse, daß ihm das damalige Politbüromitglied Felfe in dem von ihm vorgetragenen Bericht des Politbüros an die 5. Tagung des ZK der SED sogar einige Passagen widmete. Felfe benannte zielgerichtet die Ursache für das Skinhead-Rowdytum: *"Die Feinde des Sozialismus unternehmen große Anstrengungen mit antisozialistischen Ideologien in unsere Gesellschaft einzudringen. Um von wachsender Brutalität ... in der BRD und*

Berlin (West) abzulenken, sind sie bestrebt, einzelne Personen und Personengruppen in der DDR zu rowdyhaften Handlungen ... , zum Teil unter Parolen aus der Nazizeit zu manipulieren" (Felfe 1987, S. 7).

Am 22. Dezember 1987 verhandelte das Stadtgericht Berlin den Skinheads-Fall in zweiter Instanz und beschloß eine drastische Verschärfung der Strafen, die nun zwischen eineinhalb und vier Jahren Freiheitsentzug lagen. Begründet wurde das Urteil mit der Zusammenrottung sowie der organisierten, brutalen und rücksichtslosen Ausübung der Gewalttaten, die die *"Ordnung und Sicherheit im Wohngebiet"* erheblich gestört hätten (Strenge Strafen ... 1987, S. 2). Während man in der ersten Instanz strafrechtlich von einem Vergehen (Höchststrafe zwei Jahre Freiheitsentzug) ausgegangen war, wertete das Gericht die Taten in der zweiten Instanz als Verbrechen. Bei dem Urteil kamen die §§ 215 (Rowdytum, kann mit Freiheitsentzug bis zu fünf Jahren geahndet werden) und 220 (Öffentliche Herabwürdigung) des Strafgesetzbuches der DDR zur Anwendung. Zur "Öffentlichen Herabwürdigung" zählen auch *"Äußerungen faschistischen, rassistischen, militaristischen oder revanchistischen Charakters"* sowie die Verwendung und Verbreitung von Symbolen dieses Charakters, was zu einer Höchststrafe von drei Jahren Freiheitsentzug führen kann (Strafgesetzbuch ... 1986, S. 78). Im Gegensatz zu dem in erster Instanz gefällten Urteil wurde im zweiten Urteil die Beteiligung von West-Berliner Skinheads am Zustandekommen der Ausschreitungen ausdrücklich hervorgehoben (Strenge Strafen ... 1987, S. 2). Von diesem Zeitpunkt an gehörte die These, daß das Skinhead-Problem von außen, also aus der Bundesrepublik in die DDR hineingetragen worden sei, zu einem gängigen Argument, das sich bis zum Herbst 1989 durch sämtliche Skinhead-Prozesse zog.

Das erste Verfahren gegen Skinheads im Zusammenhang mit den Ausschreitungen an der Zions-Kirche war bis heute zugleich das umfangreichste, da die Vorgänge in einem zweiten Prozeß nochmals verhandelt wurden. Ende Januar 1988 mußten sich acht weitere Jugendliche im Alter zwischen 18 und 25 Jahren vor dem Stadtbezirksgericht Mitte in Berlin (Ost) verantworten. Die Berichterstattung über diesen zweiten Skinheads-Prozeß nahm in der DDR-Presse recht breiten Raum ein (Weiterer Prozeß ... 1988, S. 8; Steiniger 1988, S. 8). Dies deutete einerseits sicherlich auf die zu diesem Zeitpunkt gestiegene Aufmerksamkeit auf staatlicher Seite gegenüber der neuen jugendlichen Subkultur hin. Andererseits ließ der Tenor der Artikel keinen Zweifel daran, daß man zur konsequenten und rigorosen Ahndung neonazistischer Gewalttätigkeiten bereit war. Einhellig hoben alle Berichte hervor, daß die *"genannten Vorkommnisse und Denkweisen ... keinen Raum und keine Wurzeln"* in der DDR hätten (Organisierter und brutaler Überfall 1988, S. 8). Dennoch räumte der Staatsanwalt in seinem Plädoyer ein, daß das *"organisierte, brutale und überfallartige Vorgehen ... eine neue Kriminalitätserscheinung"* in der DDR darstelle (ebd.). Nach mehrtägiger Hauptverhandlung verhängte das Gericht am 4. Februar 1988 Freiheitsstrafen zwischen eineinviertel und dreidreiviertel Jahren. In der Urteilsbegründung hieß es, *"die DDR werde in strikter Wahrung des Vermächtnisses der antifaschistischen Widerstandskämpfer gegen neonazistische Äußerungen die ganze Härte des Gesetzes anwenden"* (Steiniger 1988, S. 8).

1.1. Täterprofile

An dieser Stelle soll ein Blick auf die sozialen Hintergründe der Skinheads aus den beiden ersten Prozessen und ihre möglichen Beweggründe für ihre Taten geworfen werden. Das Alter der Angeklagten in den beiden ersten Prozessen lag zwischen 17 und 25 Jahren. Drei Jugendliche waren Lehrlinge, die übrigen gingen einem Arbeiter- oder Handwerkerberuf nach. Von den zwölf Tätern waren vier bereits vorbestraft. Davon einer sogar viermal (Sauer 1987d, S. 6). Die Beurteilung der Jugendlichen im Arbeitsalltag war nicht einheitlich; während einigen durchaus gute bis sehr gute Leistungen von ihren Kollektiven bescheinigt wurden, fielen andere als ausgesprochene Gelegenheitsarbeiter mit abgebrochener Schulausbildung auf (Behrend 1988, S. 40). Vermehrter Alkoholgenuß, wenig sinnvoll genutzte Freizeit der Jugendlichen, aber auch gestörte Sozialbeziehungen zur Familie kamen im Laufe des Gerichtsverfahrens zur Sprache.

Wenngleich innerhalb der Skinhead-Gruppierung, die an den Ausschreitungen an der Zions-Kirche beteiligt war, zwischen Rädelsführern und sogenannten Mitläufern unterschieden werden konnte, bezeichnete sich keiner der Jugendlichen als überzeugter Skinhead mit einer geschlossenen politischen Zielsetzung. Ihre Einstellung zu Skinheads generell stellten alle Angeklagten lediglich als eine Art Mode dar. Nicht die Denk- und Verhaltensweisen, sondern nur das abgehobene "Outfit" der Skinheads hätten es ihnen angetan (ebd., S. 19; Sauer 1987d, S. 6). Nach den Motiven für ihre Prügeleien befragt, war von den Jugendlichen immer wieder zu hören, man habe einfach Wut und Haß gegen die Punks verspürt, die man eben nicht leiden könne. Außerdem habe man etwas erleben wollen. Der neonazistische Hintergrund, Antisemitismus und Ausländerfeindlichkeit westlicher Skinhead-Gruppen waren den DDR-Skinheads aber durchaus bekannt (Bei uns ... 1988, S. 6). Allem Anschein nach lag bei den betroffenen Jugendlichen zum Tatzeitpunkt weniger die Verinnerlichung neonazistischer Werte vor, als vielmehr die kritiklose Übernahme eines aus dem Westen abgeschauten rechtsradikalen Stils jugendlicher Subkultur. Bei diesem Stil korreliert ein bestimmtes äußeres Erscheinungsbild mit bestimmten Handlungsschematismen (Winkler 1988, S. 6; Stock 1988, S. 54-59). Die persönlichen und sozialen Hintergründe der Angeklagten lassen vermuten, daß nicht zielgerichtete politische Motive, sondern die Suche nach einer Gruppenidentität bei ihrer Hinwendung zu den Skinheads im Vordergrund standen. Dabei war die optische Selbstdarstellung (Schnürstiefel, Bomberjacken, Kahlköpfe) im Prinzip nur eine austauschbare Hülle. So ist es auch zu erklären, warum einige Skinheads mitunter zugaben, kurz zuvor selbst noch Punks gewesen zu sein (Müller 1988, S. 6; Behrend 1988, S. 19). Von Interesse für den einzelnen war hauptsächlich die Lust an Randale und das kollektive Handeln der Gruppe, das es erlaubte, sich von anderen abzuheben und eine Aufmerksamkeit auf sich zu ziehen, die im Alltag gewöhnlich versagt blieb.

2. Weitere Skinhead-Prozesse von März 1988 bis September 1989

Im Anschluß an die beiden ersten Prozesse im Zusammenhang mit Skinheads gab es bis zum Herbst 1989 mindestens 21 weitere bekanntgewordene Gerichtsverfahren im gesamten DDR-Gebiet und Berlin (Ost). Im folgenden soll im wesentlichen auf Unterschiede und Parallelen in der Strafzumessung sowie den sozialen Umfeldern und Motiven der Täter eingegangen werden.

2.1. Der unterstellte Einfluß westlicher Medien

Durch sämtliche bekanntgewordenen, in der DDR geführten Prozesse gegen Skinheads zog sich ein Argument wie ein roter Faden hindurch: der eindeutig negative Einfluß westdeutscher Massenmedien und durch diese vermittelt die westlichen Skinhead-Gruppen als angebliche Vorbilder für die straffälligen Jugendlichen in der DDR. Nachdem aufgrund von zahlreichen Zeugenaussagen und der auch von West-Berliner Seite eingeleiteten Ermittlungsverfahren von einer direkten Beteiligung West-Berliner Skinheads an den Vorkommnissen an der Zions-Kirche ausgegangen werden konnte, diente der ideologische Gegner auch in der Folgezeit als willkommener Sündenbock. Die agitatorische Aufklärung der "Jungen Welt" über die wahren Ursachen des Phänomens Skinheads gipfelten in der Feststellung: *"Im Westfernsehen sah man es"*, und noch vorwurfsvoller: *"Jeder der Angeklagten war ständiger Hörer des RIAS"* (Schumann 1988, S. 7). Auch im Fall der jungen Friedhofsschänder vom Prenzlauer Berg in Ost-Berlin kam das "Neue Deutschland" nicht umhin, den Ursprung der antisemitischen und höchst "antisozialistischen" Vorgänge jenseits der "Friedensgrenze" zu sichten: *"Wie die Beweisaufnahme ergab, orientierten sie sich dabei an durch westliche Medien vermittelten faschistischen und neonazistischen Leitbildern"* (Hohe Strafen ... 1988, S. 4).

Sicherlich ist nicht zu leugnen, daß erst westliche Medien die Vermittlung westdeutschen Alltags und damit auch bei uns als negativ bewerteter Erscheinungen für DDR-Jugendliche ermöglichten. Dennoch zeigt sich rasch, wie wenig haltbar die These der DDR war, der Einfluß der Bundesrepublik sei alleine schuld am Phänomen DDR-Skinheads. Zwangsläufig stellt sich die Frage, wie sich dann das Auftauchen von über 100 Skinheads im Raum Dresden im Jahre 1988 erklären läßt, wo es dort bekannterweise so gut wie keinen Empfang von West-Medien gab? Allen Prozeßberichten aus Dresden fehlte denn auch der obligatorische Hinweis auf den Gegner im Westen. Diese Abweichung in der Argumentation der Rechtsprechung wurde offensichtlich aber nicht als widersprüchlich empfunden. Umso vordergründiger und ideologisch-polemisch mußte das Argument der westlichen Beeinflussung erscheinen.

2.2. Straftatbestände und Strafzumessungen

Die in den bekanntgewordenen Prozessen verhängten Urteile stützten sich in erster Linie auf § 212 (Widerstand gegen staatliche Maßnahmen), § 215 (Rowdytum, hierzu zählen u.a. Drohungen und grobe Belästigungen gegenüber Personen sowie böswillige Beschädigungen von Sachen und Einrichtungen) und § 220 (Öffentliche Herabwürdigung) des Strafgesetzbuches der DDR. Im einzelnen wurden den Jugendlichen folgende Delikte vorgeworfen: tätliche Angriffe auf Volkspolizisten, Verbreitung und Rufen faschistischer Parolen, rassistische und antisemitische Beschimpfungen, Abspielen und Hören gewaltverherrlichender, "verbotener Musik", das Zur-Schau-Stellen von faschistischen Symbolen und Gesten, der Hitler-Gruß sowie die Schändung eines jüdischen Friedhofes. Hinzu kamen zahlreiche gewöhnliche Kriminaldelikte wie vorsätzliche Körperverletzung, Diebstahl, Hehlerei und Urkundenfälschung. Die neben nur wenigen Bewährungsstrafen verhängten Freiheitsstrafen lagen zwischen fünf Monaten und sechseinhalb Jahren. Dabei wurden die Schwere und die Intensität der Gewalttätigkeiten sowie eine eventuelle Rädelsführerschaft berücksichtigt. Die erwähnten Höchststrafen wurden bei Prozessen in Oranienburg und Berlin- Prenzlauer Berg verhängt. Während im Fall Oranienburg das bandenmäßige, von großer Brutalität begleitete Auftreten einer neunköpfigen Skinhead-Truppe geahndet wurde, ging es im Fall Prenzlauer Berg um eine für die DDR höchst peinliche Schändung eines jüdischen Friedhofes (Schumann 1988, S. 7; Baum 1988a, S. 1). Die Zerstörung oder Beschmutzung von über 220 Grabsteinen durch Jugendliche war ein derart herber Schlag gegen die Propaganda vom durch und durch "antifaschistischen Staat", daß man sich zu solch drakonischen Strafen genötigt sah.

2.3. Soziales Umfeld der Täter

Die Analyse des persönlichen und sozialen Umfeldes der Jugendlichen in allen bisherigen Prozessen läßt keine Korrelation zwischen einem bestimmten Typ von Jugendlichen und der Hinwendung zu den Skinheads erkennen. Die Leistungen in der Schule und im Arbeitsprozeß waren ebenso unterschiedlich wie die persönlichen Bindungen etwa an die Familie. Während einer Reihe der Angeklagten zum Teil sehr gute schulische Resultate und einwandfreies Verhalten im Beruf bescheinigt wurden, fielen andere wiederum durch abgebrochene Schul- oder Lehrausbildungen, Arbeitsbummeleien oder dadurch, daß sie gar keiner Arbeit nachgingen, auf. Soweit aus den in der DDR veröffentlichten Berichten hervorgeht, waren jedoch in nur zwei Fällen ein Student bzw. ein Absolvent einer Erweiterten Oberschule unter den Verurteilten (Vogt 1988, S. 647; Winkler 1988, S. 6). Von den 90 in den bekanntgewordenen Prozessen von März 1988 bis September 1989 verurteilten Jugendlichen waren mindestens sechs bereits zuvor einmal mit dem DDR-Strafrecht in Konflikt geraten. Diese Vorbestraften gehörten fast immer zugleich zu denjenigen, die Schule oder Beruf, wenn überhaupt, nur mit Schwierigkeiten meisterten. Ähnliche Zusammenhänge zeigten sich bei der Frage nach den familiären Verhältnissen. Bei Jugendlichen mit guten und vertrauensvollen Beziehungen zu einem intakten Elternhaus zeigten sich meist auch gute schulische und berufliche Leistungen. Demgegenüber korrelierten gestörte Familienverhältnisse der Skinheads mit schlechter Schul- und Berufsausbildung sowie Konflikten im Alltagsleben. Obwohl sich somit zwei Gruppen von Jugendlichen herauskristallisieren, die man mit sozial-unauffällig oder sozial-auffällig umschreiben könnte, läßt sich für keine von beiden eine größere oder kleinere Anziehungskraft in punkto Skinheads feststellen.

2.4. Motive der Skinheads für ihre Straftaten

Bei den Motiven der Jugendlichen für ihre Straftaten und der Mitgliedschaft in einer Skinhead-Gruppe treten drei Faktoren immer wieder hervor: die Nachahmung einer Mode, die Suche nach individueller Anerkennung und einer Gruppenidentität sowie eine apolitische Haltung. Häufig ist in den DDR-Berichten die Aussage von Angeklagten zu finden, man habe sich nur der Mode wegen den Skinheads zugewandt, um sich schon rein äußerlich von Gleichaltrigen abzuheben (Grundlos schlugen sie ... 1989, S. 6; Winkler 1988, S. 6). Demnach war für viele der Jugendlichen zunächst einmal die "Bewunderung des Nichtkonformen", der Wunsch, dem Erscheinungsbild nach anders zu sein, und sicherlich auch ein individuelles Geltungsbedürfnis für ihre Mitgliedschaft in einer Skinhead-Gruppierung ausschlaggebend (Vogt 1988, S. 646). Diese Absicht dürfte im übrigen bei allen Formen jugendlicher Subkultur zugrundeliegen, unabhängig ob es sich dabei um Skinheads, Punks oder die sogenannten Grufties handelt.

Doch scheinen die jungen Leute nicht nur in der Nachahmung der Skinhead-Mode ein spezifisches Erscheinungsbild und somit Selbstbestätigung gesucht zu haben, sondern auch in der Zugehörigkeit und "Wir-Gefühl" in einer Gruppe von Gleichgesinnten. Die Skinhead-Gruppierungen vermochten den Jugendlichen offensichtlich etwas zu bieten, was sie woanders nicht finden konnten: Eine persönliche Identität innerhalb und durch die Gruppe, die sich Außenstehenden gegenüber mit Stärke und Geschlossenheit präsentierte. Erst das Macht- und Zusammengehörigkeitsgefühl der Skinhead-Gruppen ermöglichte das oft bandenmäßige und gewalttätige Vorgehen gegen Personen oder Sachgegenstände. Der in nahezu allen Gerichtsberichten erwähnte Alkoholkonsum der Jugendlichen tat sein übriges dazu, um Frustrationen recht schnell in Aggressionen umzuwandeln.

Entscheidender als die beiden zuvor genannten Kriterien, die auch bei anderen informellen Gruppen von Jugendlichen durchaus relevant sind, ist jedoch die Frage nach etwaigen politischen Motiven der Skinheads. Verfolgt man die Aussagen der jugendlichen Täter, soweit in der DDR-Presse wiedergegeben, so war eine überzeugte neonazistische Haltung zum Tatzeitpunkt nur in einigen Ausnahmefällen erkennbar. Es stellte sich vielmehr eine apolitische Haltung und ein Desinteresse der Jugendlichen an der Politik heraus. Vielfach folgten auf die Fragen des Gerichts, warum man "faschistische" oder antisemitische Parolen verbreitet habe, wenn überhaupt, nur unbefriedigende Antworten oder gar nur ein Schulterzucken (Müller 1988, S. 6). In einigen Fällen leugneten die Angeklagten strikt, jemals "faschistisches" Gedankengut gepflegt zu haben (Grundlos schlugen sie ... 1989, S. 6). Auch Gespräche mit bereits 1988 verurteilten Skinheads, die erst nach dem politischen Umbruch in der DDR publiziert wurden, verdeutlichen, daß keinesfalls eine innere Überzeugung, sondern Oberflächlichkeit und eine prinzipielle Protesthaltung der Jugendlichen zur Übernahme neonazistischen Gedankenguts führten (Oschlies 1990, S. 5; Wartelsteiner 1989, S. 11). In mehreren der bekanntgewordenen Prozesse hatten die Gerichtsverhandlungen keinen direkten neonazistischen Hintergrund der Taten zu erkennen gegeben (Grundlos schlugen sie ... 1989, S. 6; Informationsbüro West 1988, S. 2). Vieles spricht also dafür, daß die Mehrzahl der Jugendlichen die rechtsgerichteten Denk- und Verhaltensmuster der Skinhead-Szene im Laufe der Zeit übernahmen, ohne dabei allerdings ein formuliertes politisches Programm zu verfolgen.

II. Reaktionen auf das Skinhead-Problem in der DDR bis zum politischen Umbruch im Oktober 1989

1. Die Haltung der Staats- und Parteiführung

Die wiederkehrenden Versuche der DDR, ausschließlich den ideologischen Gegner im Westen für das Auftreten gewalttätiger Skinheads in der DDR verantwortlich zu machen, sind bereits dargelegt worden. Bis zum Sturz Erich Honeckers hat man es vermieden, auch nur ansatzweise die Ursachen für die Hinwendung einer kleinen aber symptomatischen Minderheit der Jugend zu den Skinheads in den gesellschaftlichen Verhältnissen im eigenen Land zu suchen. Die alte Staats- und Parteiführung der DDR, dem "Antifaschismus" per Verfassung und Weltanschauung verpflichtet, lehnte es ab, für etwas Verantwortung zu übernehmen, was ihrer Ansicht nach nicht sein durfte und daher nicht sein konnte (Verfassung der DDR 1974, S. 435). Ihr gesamtes Verhalten war von der Sorge geprägt, das Bild einer "antifaschistischen" DDR zu erhalten. Die Möglichkeit von offenem Antisemitismus und das Vorkommen neonazistischer Tendenzen wurden negiert. Da die Skinheads nicht als ein Problem gesellschaftspolitischen Ursprungs betrachtet wurden, gab es von staatlicher Seite auch keinen Zugang zu den wirklichen Ursachen, die Jugendliche zu ihren von neonazistischen Parolen begleiteten Gewalttaten bewegten. Die öffentliche Diskussion über ein Thema, das vor allem die Jugend und damit auch die Zukunft der DDR anging, wurde vom Staat verweigert. Hier sahen sich ausschließlich die Kirchen in der Verantwortung. Die Auseinandersetzung des Staates und der Partei mit dieser, wie auch anderen Formen des Jugendprotestes blieb oberflächlich und spielte sich hauptsächlich auf strafrechtlicher Ebene ab. Man betrachtete die Skinheads in erster Linie als eine, wenn auch neuartige Form der Jugendkriminalität. Obwohl die Jugendlichen zumeist bewußt verharmlosend als Rowdys bezeichnet wurden, setzten die Strafzumessungen deutliche Zeichen. Mit sehr harten Urteilen und hohen Freiheitsstrafen versuchte der Staat die Betroffenen ein für allemal zu kurieren und eventuelle Folgetäter abzuschrecken. Die Gefahr, durch die rechtsextremen Straftaten an außenpolitischer Reputation zu verlieren, dürfte die Höhe der Strafen beeinflußt haben. Die zum Teil drakonischen Strafen waren für viele der verurteilten jungen Leute jedoch kaum geeignet, eine positive Einstellung zum "sozialistischen Vaterland" zu fördern und eine reibungslose Reintegration in die Gesellschaft nach ihrer Haftentlassung zu ermöglichen. Mit ihrem Verhalten hatten die Jugendlichen ohnehin ihren prinzipiellen Protest und die Verweigerung gegenüber dem Staat sehr deutlich demonstriert.

2. Besorgnis bei Kirchenvertretern und den jüdischen Gemeinden

Der Ost-Berliner evangelische Stadtjugendpfarrer Wolfram Hülsemann nahm als Prozeßbeobachter am ersten Verfahren gegen Skinheads im November/Dezember 1987 teil. Seine Eindrücke vom Prozeß gab er in einem Artikel der evangelischen Wochenzeitung "Die Kirche" wieder (Fragen ... 1987, S. 2). Auch er hielt es für unumstritten, daß West-Berliner Skinheads als Mitinitiatoren tätig waren. *"Ob diese Deutung aber zureichend ist, muß ernsthaft und ehrlich besprochen und geprüft werden"* (ebd.). Wenngleich es laut Hülsemann keine politischen Zielsetzungen als Hintergründe für die Straftaten zu erkennen gab, bemängelte er deutliche Defizite im sozialistischen Erziehungs- und Bildungssystem: *"Christa Wolfs schon vor Jahren ausgesprochene Beobachtung, daß unsere Schulbücher im Blick auf den Faschismus nur Richtiges wiedergeben, aber nicht zur Betroffenheit, zum Mitgefühl mit den Opfern verhelfen, scheint noch nicht vom Tisch"* (ebd.). Der Jugendpfarrer beurteilte auch die steigende Tendenz zu Gewalttätigkeiten unter Jugendlichen als ein ernstes, noch längst nicht abgeschlossenes Problem.

Das Thema Skinheads kam auch auf dem Evangelischen Kirchentag in Halle (23.-26. Juni 1988) zur Sprache. Der Schriftsteller Rolf Schneider bezeichnete dort den Zulauf Jugendlicher zu rechtsextremen Gruppierungen unverblümt als den *"größten gesellschaftlichen Skandal in der Geschichte der DDR"* und als einen "Offenbarungseid" der DDR-Volksbildung (Zehntausend im Stadion ... 1988, S. 10-11). Seinen Angaben zufolge gab es zu diesem Zeitpunkt etwa 1.500 junge Menschen in der DDR, die sich selbst als Neonazis bezeichneten. Eine Quelle oder Belege für diese Zahlenangabe nannte Schneider jedoch nicht. Bereits im Vorfeld des Kirchentages war es zu zahlreichen Zensureingriffen der DDR-Behörden gegen Kirchenzeitungen gekommen. Den Streichungen des Presseamtes fiel auch ein Artikel über die Skinheads zum Opfer, womit das Unbehagen der Staats- und Parteiführung über eine offene und allzu kritische Behandlung des Themas erneut dokumentiert wurde (Baum 1988b, S. 1).

Vertreter der jüdischen Gemeinden in der DDR betrachteten das Jugendproblem ebenfalls in einer differenzierteren Sichtweise als die DDR-Staatsführung. Sowohl Peter Kirchner, der Vorsitzende der Jüdischen Gemeinde in Berlin (Ost) als auch Siegmund Rotstein, Präsident des Verbandes der Jüdischen Gemeinden in der DDR, lehnten es ab, ausschließlich den Einfluß westlicher Massenmedien für das Vorhandensein neonazistischer Tendenzen unter DDR-Jugendlichen verantwortlich zu machen. Nach Meinung Kirchners ist der Rechtsextremismus in der DDR vielmehr eine Folge von Versäumnissen der DDR-Volksbildung und zugleich Ausdruck jugendlicher Frustration (Jüdische Gemeinde ... 1988, S. 5). Rotstein mahnte zu einer intensiveren Aufarbeitung der Geschichte in den Schulen. Während der antifaschistische Widerstand stets im Mittelpunkt historischer Aufklärung gestanden habe, sei die Judenverfolgung geradezu verschwiegen worden. Es sei nun an der Zeit, *"stärker über die Verbrechen der Nationalsozialisten aufzuklären, vor allem über die Verbrechen an den Juden. ... Da hat es bisher Versäumnisse gegeben"* (Hinze 1988, S. 10). Bereits auf einer Gedenkveranstaltung anläßlich des 50. Jahrestages der Pogromnacht im September 1988 hatte Rotstein auf "Wissenslücken" bei jungen DDR-Bürgern verwiesen. Bezeichnenderweise war diese Passage aus Rotsteins Rede im Organ der Ost-CDU, der "Neuen Zeit" zu lesen, nicht jedoch im "Neuen Deutschland", das diese kritischen Töne lieber verschwieg (Erinnern ist Verpflichtung ... 1988, S. 1-2; Gedenkveranstaltung ... 1988, S. 5).

III. Das Skinhead-Problem nach der politischen Wende in der DDR

1. Veränderte Berichterstattung

Während sich das Thema Skinheads vor der politischen Wende in der DDR in den Medien lediglich in Form von Gerichtsberichten oder ideologisch überzeichneten Kommentaren widerspiegelte, ist seit November 1989 eine wahre Flut von Informationen über die rechte Jugend-Szene zu beobachten. Sowohl die Print- als auch die elektronischen Medien widmen sich seit diesem Zeitpunkt in Reportagen, Diskussionsforen oder Hintergrundberichten dem Rechtsextremismus unter Jugendlichen. So war auf der Leipziger Dokumentar- und Kurzfilmwoche Ende November 1989 unter dem Titel "Unsere Kinder" erstmals ein Dokumentarfilm aus der DDR über jugendliche Randgruppen, u.a. Skinheads, zu sehen. Der Autor des Films, Roland Steiner, hatte die Dokumentation in zweijähriger Arbeit, zum Teil von massiven Behinderungen der Staatssicherheit begleitet, zusammengestellt (Walther 1989, S. 11 f.). Ende Dezember 1989 nahm auch das erst im Herbst des Vorjahres ins Leben gerufene Jugendmagazin "Elf 99" des DDR-Fernsehens die vermeintliche Gefahr der Neonazis in der DDR zum Anlaß für eine Spezialsendung (Allertz 1989, S. 5). Neben einer Reihe von nach wie vor von parteipolitischen Interessen geprägten Beiträgen ist seit dem politischen Umbruch in der DDR insgesamt ein breites Spektrum an Berichten zu verzeichnen, die sich selbstkritisch und nach Ursachen suchend mit dem Thema auseinandersetzen.

2. Ereignisse mit rechtsextremen Hintergrund von Oktober 1989 bis März 1990

Die seit der politischen Wende in der DDR im Herbst 1989 verstärkt publik gemachten Vorkommnisse rechtsextremer Art lassen nicht unbedingt den Schluß zu, die DDR werde nun von einer - möglicherweise sogar organisierten - braunen Welle überzogen. Die in den DDR-Medien bekanntgewordenen Vorfälle bezogen sich in erster Linie auf Schmierereien mit rechtsextremen, neonazistischen oder antisemitischen Inhalt an einer Kirche, Häuserfassaden oder Schaufenstern. Bekannt wurden ferner Schlägereien von Skinheads mit Unbeteiligten, wie etwa der Überfall eines Lokals der Homosexuellen-Szene sowie einige wenige Verhaftungen im Zusammenhang mit rechtsextremen Auftreten. In vier Fällen wurde ein jüdischer Friedhof geschändet. Besonders spektakulär wurden - insbesondere in den SED-nahen Zeitungen - die Schändung zweier sowjetischer Ehrenmale in Berlin-Treptow und in Gera abgehandelt. In der Nacht vom 27. zum 28. Dezember 1989 hatten bisher noch unbekannte Täter das sowjetische Ehrenmal in Berlin-Treptow mit Parolen in über 40 cm großen Lettern wie "Besatzer raus" oder "Volksgemeinschaft statt Klassenkampf" besprüht (Ehrenmal Treptow ... 1989, S. 1). Aus den Reihen der demokratischen Opposition wurden jedoch Zweifel laut, ob es sich bei der Treptower Ehrenmalschändung nicht eher um einen Trick der SED handelte, um ihrer Forderung nach Einrichtung eines Verfassungsschutzes Nachdruck zu verleihen und um sich selbst, sozusagen als Retter in der Not, an die Spitze einer Einheitsfront gegen rechts zu stellen. Edelbert Richter vom Demokratischen Aufbruch formulierte seinen Verdacht explizit: *"Wir haben Anzeichen dafür, daß bei uns in Thüringen etwa auch solche Schmierereien von Stasi-Leuten selber verübt worden sind"* (Richter 1990, S. 5). Das ansonsten von der Volkspolizei in regelmäßigen Streifen kontrollierte Ehrenmal konnte laut offiziellen Verlautbarungen erst aufgrund des in der Tatnacht herrschenden Nebels mit ca. 30 Metern Sichtweite Rechtsextremisten zum Opfer fallen. Die Anzahl und die Größe der Parolen deuteten darauf hin, daß sie nicht nur im Vorbeigehen aufgesprüht wurden, sondern sehr viel Zeit oder eine ganze Kolonne von Malern benötigten. Wie selbst ein dazu befragter Skinhead bemerkte, wies auch die Diktion der Sprüche nicht auf Täter aus der rechtsextremen Jugend-Szene hin. Original-Ton eines Skinhead dazu: *"Ein Rechtsradikaler schreibt nicht ran, sprengt das Völkergefängnis UdSSR. Der schreibt ran, tötet die Russen, vergast sie ..."* (Spiegel-TV 1990, S. 16).

Die Schändung eines sowjetischen Ehrenhains in der Silvesternacht in Gera, bei der an 34 Grabsteinen die Sowjetsterne abgetreten und fünf Grabsteine umgestürzt wurden, konnte wenige Tage später aufgeklärt werden. Bei den Tätern handelte es sich um sechs Schüler der neunten und zehnten Klassen sowie einen 18jährigen Lehrling. Keiner von ihnen war bislang mit rechtsextremen Handlungen in Erscheinung getreten (Schänder...1990, S. 1). In diesem Fall waren es also keineswegs verfestigte Neonazis, sondern durchweg unauffällige junge Leute aus gutem Elternhaus, die sich aufgrund ihres alkoholisierten Zustands zum Vandalismus hinreißen ließen. Auch in einigen anderen Fällen waren es bislang unbescholtene Schüler, die als Täter neonazistischer Schmierereien ermittelt wurden. Die antisemitischen Schmierereien an einer Kirche in Erfurt wurden beispielsweise von einem 14jährigen Schüler verübt, der Literatur über das Attentat von Stauffenbergs gegen Hitler vollkommen mißverstanden hatte (Dietrich 1989, S. 15). Im Zuge der Ermittlungen wurde er für nicht schuldfähig erklärt. Die gefährliche und unberechtigte Gleichsetzung von Protestaktionen frustrierter und zudem alkoholisierter Jugendlicher mit Neonazis zeigt eine Meldung des "Neuen Deutschland" vom 3. Januar 1990. Dort war unter der Überschrift "Weitere Schmierereien und Randale von Neonazigruppen" zu lesen, daß ca. 300 Jugendliche in Halle in der Silvesternacht ein Fahnenmonument mit der Aufschrift "SED - Nein danke" geschändet hatten (Weitere Schmierereien... 1990, S. 1-2). Dieses Beispiel zeigt, daß vieles, insbesondere aus den Reihen der SED-PDS, in den letzten Monaten unter dem Titel Rechtsextremismus und "Neofaschismus" subsumiert wurde, was keineswegs dort hingehörte. Das angebliche Aufquellen rechtsextremer Vorfälle und Aktionen dürfte auf recht plausible Weise zu erklären sein: All dies, was um die Jahreswende 1989/90 fast täglich und spektakulär vor allem im "Neuen Deutschland" und der "Jungen Welt" gemeldet wurde, wurde vor der politischen Wende in der DDR von den Medien schlichtweg verschwiegen. Aufgrund der veränderten Informations- und Medienpolitik tauchten nun zahlenmäßig mehr Meldungen auf, wobei es scheint, daß selbst die allerkleinste Sprühaktion in einem S-Bahnwagen die neonazistische Gefahr vor Augen führen sollte (Neonazistische Drohungen 1990, S. 2). Eine plötzliche Zunahme der Rechtsextremen, wie dies die SED-PDS suggerieren möchte, ist so ohne weiteres nicht zu behaupten.

3. Statistische Angaben zur Rechtsextremisten-Szene und diesbezügliche Ermittlungsverfahren in der DDR

Zuverlässige Daten aus jüngster Zeit über Mitgliederzahlen oder lokale Schwerpunkte des Rechtsextremismus in der DDR sind nach Aussage des Soziologen Wolfgang Brück vom Leipziger Zentralinstitut für Jugendforschung derzeit nicht verfügbar (Brück 1990a, S. 11). Umfassende empirische Untersuchungen auf dem Gebiet des jugendlichen Rechtsextremismus stehen folglich noch aus. Von einem weiteren Experten der Rechtsextremisten-Szene, dem Sprecher der Bürgerbewegung Demokratie Jetzt, Konrad Weiß, wurde im Januar 1990 die Zahl von 1.500 Skinheads und Faschos in der DDR genannt

(Weiß: Mindestens 1.500 Neonazis... 1990, S. 7). Ein anonymer Sozialwissenschaftler sprach in einem Artikel der "Jungen Welt" von weit mehr als 1.000 Rechtsextremisten ohne die Schar der Sympathisanten hinzugerechnet (Schumann 1989, S. 3). Der Ost-Berliner Polizeipräsident Bachmann nannte im März 1990 gegenüber dem Berliner Runden Tisch eine Zahl von 500 Skinheads in der Stadt, die als harter Kern gelten müßten. Mit weiteren 2.000 Sympathisanten sei zu rechnen (Republikaner werden aktiver 1990, S. 15).

Angaben zu Ermittlungsverfahren gegen Skinheads und andere rechtsextremistisch orientierte Gruppierungen waren bis zum Herbst 1989 ein wohlgehütetes Geheimnis der Sicherheitsorgane. In einem Interview des "Neuen Deutschland" Ende November 1989 bezifferte ein Oberst der Kriminalpolizei die Delikte neonazistischer Art in der DDR auf *"weit unter einem Prozent"* (Wolf 1989a, S. 9). Einige Tage nach dem genannten Interview im "Neuen Deutschland" wurden auch vom damaligen Amt für Nationale Sicherheit erstmals detaillierte Zahlen über Ermittlungsverfahren genannt (Neonazistische Aktivitäten ... 1989, S. 2). Dabei war zudem zu erfahren, daß nicht nur die Polizeibehörden, sondern vor allem die Staatssicherheit mit den Ermittlungen betraut war. Jüngsten Angaben zufolge mußte die Kripo die Fälle *"in einem bestimmten Stadium der Ermittlungen"* an das Ministerium für Staatssicherheit abgeben (Kamenz 1990, S. 6). Der im Zusammenhang mit einem Meinungsaustausch zwischen dem Amt für Nationale Sicherheit und dem Verband der Jüdischen Gemeinden veröffentlichte Bericht nannte eine Zahl von 188 Ermittlungsverfahren seit dem 1. Januar 1988. Davon traten 69 Personen mit antisemitischen Äußerungen in Erscheinung, wovon bereits 49 rechtskräftig verurteilt worden seien. Weitere Details zu Ermittlungsergebnissen der Kriminalpolizei wurden auf einer Pressekonferenz am 28. Dezember 1989 mit zwei führenden Offizieren der Hauptabteilung Kriminalpolizei im Innenministerium bekannt. In diesem Kontext erfuhr der aufmerksame Leser erstmals von der Existenz einer bereits 1987 gegründeten "Arbeitsgruppe zur Bekämpfung rechtsradikal motivierter Kriminalität und Selbstjustiz" (Für Partnerschaft... 1989, S. 2). Ein weiteres Indiz für die in der Öffentlichkeit vorgegebene Bagatellisierung des Problems Rechtsextremismus unter Jugendlichen als kriminelle Einzelerscheinung durch die alte Staats- und Parteiführung. Die auf der Pressekonferenz übergebene Dokumentation wurde am 3. Januar 1990 ungekürzt im "Neuen Deutschland" wiedergegeben. Besonders interessant ist der dort gegebene Hinweis, daß die Kriminalpolizei bereits in den Jahren 1980/81 Anfänge neonazistisch orientierter Gruppierungen feststellte. Als eine Hauptaktivierungsphase der Skinheads wird hier der Zeitraum von 1984 bis 1987 genannt. Ebenfalls am 28. Dezember 1989 äußerte sich der Pressesprecher des Generalstaatsanwalts der DDR mit neuen Zahlenangaben zu Ermittlungsverfahren in den Jahren 1988/89 (Von rechts droht Gefahr! 1989, S. 2). Anders als noch im

November verkündet, sei die Zahl der Personen, gegen die Ermittlungen wegen neonazistischer Aktivitäten eingeleitet wurden, erheblich höher zu veranschlagen. Unterlagen des Staatssicherheitsdienstes zufolge gab es 1988 insgesamt 185, bis Dezember 1989 296 Ermittlungsverfahren (ebd.). Wie es nun plötzlich zu der Korrektur um nahezu 300 weitere Fälle (von 188 auf 481) gekommen war, wurde allerdings nicht dargelegt. Die Zahl derjenigen Personen, die im Zusammenhang mit rechtsextremen Straftaten bekannt seien, bezifferte der Chef der Kriminalpolizei Nedwig Anfang Januar 1990 auf 1.148. Davon seien 30 Prozent aktive Skinheads, desweiteren seien 60 % des benannten Personenkreises vorbestraft (Seit 1987 ... 1990, S. 7).

In jüngster Zeit wurde bekannt, daß bereits einige der 1988 verurteilten Skinheads inzwischen aus dem Strafvollzug entlassen wurden. So wurde der Haupttäter des Prozesses vor dem Kreisgericht Oranienburg am 15. Dezember 1989 aufgrund eines Gnadenentscheids des zu diesem Zeitpunkt amtierenden Staatsratsvorsitzenden Gerlach aus der Haft entlassen (Wendland 1990, S. 6). Für den Hauptangeklagten des Prozesses in Berlin-Prenzlauer Berg im Zusammenhang mit der Schändung eines jüdischen Friedhofes wurde ein Gnadengesuch des Ost-Berliner Generalstaatsanwalts Voß eingereicht. Die übrigen Verurteilten aus diesem Strafverfahren wurden nach Überprüfung der Urteile und Strafaussetzung gemäß § 349 StGB auf Bewährung am 12. März 1990 entlassen. Voß, damals selbst Staatsanwalt bei dem Prozeß in Berlin-Prenzlauer Berg gestand nun öffentlich ein, daß die ausgesprochenen Strafen - auch angesichts des niedrigen Alters der Täter - unverhältnismäßig hoch waren (Sauer 1990, S. 7). Der damalige Schaucharakter des Prozesses in zeitlicher Nähe des 50. Jahrestages der Reichspogromnacht wird damit evident.

Ergänzend sei hier angemerkt, daß die am 6. Dezember 1989 vom Staatsrat der DDR beschlossene Amnestie auf die Verurteilten aus den Skinhead-Prozessen keine Anwendung fand, sofern sie wegen Rowdytums, schwerer Körperverletzung oder wegen Verbrechens mit einer Freiheitsstrafe von mehr als drei Jahren verurteilt wurden (Beschluß des Staatsrates... 1989, S. 266).

4. Das Wendemanöver der SED-PDS - Rechtsextremismus als Vorwand für einen Verfassungsschutz

Nachdem die alte Staats- und Parteiführung das Problem Rechtsextremismus und Neonazismus unter den Jugendlichen in der DDR nahezu totgeschwiegen oder allenfalls als Folge negativer Einflußnahme bundesdeutscher Massenmedien dargestellt hatte, erforderte die politische Wende in der DDR auch zu diesem Thema ein Umdenken und eine veränderte Reaktion in der Öffentlichkeit. So gestand der langjährige FDJ-Vorsitzende Eberhard Aurich auf der 12. Tagung des FDJ-Zentralrats am 26. Oktober 1989 ein, daß *"in der antifaschistischen DDR faschistoides und 'rechtes' Denken entstand"* (Aurich 1989, S. 4). Neben Manfred Gerlach war Aurich damit einer der ersten aus den Reihen der alten Führungskader, der das Vorhandensein von Rechtsextremismus in der DDR zugab.

Während zuvor allenfalls Gerichtsberichte über Skinhead-Prozesse in der SED-nahen Presse zu finden waren, wurde seit November 1989 über nahezu jede Aktion rechtsextremistischen oder antisemitischen Inhalts berichtet. Selbst umfangreiche Hintergrundartikel, wie etwa ein Interview mit dem Jugendforscher Wolfgang Brück waren nun im "Neuen Deutschland" zu lesen (Wolf 1989b, S. 7). Die im Laufe der Monate November und Dezember sich häufenden Meldungen über neonazistische und antisemitische Schmierereien und Aktionen sowie die ständig wiederholte Absicht der bundesdeutschen Republikaner, an der DDR-Wahl teilzunehmen, veranlaßte die SED-PDS, das Problem Rechtsextremismus für ihre Ziele zu nutzen. Fortan erfolgte nun aus ihren Reihen im Einklang mit Vertretern des aufzulösenden Amtes für Nationale Sicherheit der Ruf nach der Errichtung eines Verfassungsschutzes in der DDR.

Bereits auf dem außerordentlichen Parteitag am 15./16. Dezember 1989 forderte der SED-PDS-Vorsitzende Gysi den unverzüglichen Aufbau des Verfassungsschutzes, der der Abwehr *"neofaschistischer und antisemitischer Straftaten"* verpflichtet sein sollte (Gysi 1989, S. 5). Der allmählich konstruierte Zusammenhang zwischen der Auflösung des Staatssicherheitsdienstes und dem Anwachsen rechtsextremer Kräfte in der DDR fand seinen propagandistischen Höhepunkt nach der Schändung des sowjetischen Ehrenmals in Berlin-Treptow. Die SED-PDS ergriff sofort die Initiative und rief zu einer breiten Einheitsfront gegen rechts auf, die auf einer Kundgebung am Treptower Ehrenmal beschworen werden sollte (An alle Bürger 1990, S. 3). Dabei sind gewisse Zeitgleichheiten augenfällig: Am Tag des Bekanntwerdens der Ehrenmalschändung gaben zwei Vertreter des Innenministeriums eine Pressekonferenz zu neonazistischen Aktivitäten in der DDR (Für Partnerschaft... 1989, S. 2). Ebenfalls am gleichen Tag erschien in der "Jungen Welt" ein Interview mit einem anonymen Sozialwissenschaftler, das sehr detailliert über die Skinhead- und Fascho-Szene Auskunft gab (Schumann 1989, S. 3). Auch wenn es sich hier um reine zeitliche Zufälle gehandelt haben sollte, so kann eine propagandistische Unterstützung im Sinne der SED-PDS nicht geleugnet werden.

Dem gemeinsamen Aufruf zur Demonstration von SED-PDS, dem Komitee der antifaschistischen Widerstandskämpfer und der Gesellschaft für deutsch-sowjetische Freundschaft am 3. Januar 1990 schlossen sich später u.a. noch die Vereinigte Linke sowie alle Führungsgremien der ehemaligen Blockparteien mit Ausnahme der CDU an. Die Ansammlung von ca. 250.000 Menschen mußte jedoch fatal an die befohlenen Massenaufmärsche alten Stils erinnern.

Neben zahlreichen prominenten Rednern wurde sogar eine Schülerin bemüht, um strengste Bestrafung der vermeintlich neonazistischen Schmierer zu fordern (Unser Land... 1990, S. 2). Für Gregor Gysi war die mehrfach angekündigte Absicht der Republikaner, sich in der DDR zu etablieren, ein willkommenes Argument, um die anstehende neonazistische Gefahr ernsthaft zu beschwören und im Geiste bereits ganze Horden Neonazis auf Berlin marschieren zu sehen (ebd.). Die propagandistische Wirkung der Kundgebung, die zur lupenreinen Wahlveranstaltung geriet, wurde von der SED-PDS weitgehend erreicht. In Anwesenheit nahezu aller Führungskräfte von Massenorganisationen und ehemaligen Blockparteien (aber etwa auch des damals amtierenden Vorsitzenden des Demokratischen Aufbruchs, Wolfgang Schnur) konnte sie sich zumindest kurzfristig an die Spitze der von ihr geforderten Einheitsfront stellen. Wiederum diente der in der Vergangenheit zur Staatsdoktrin erhobene, aber immer mehr zur Leerformel verkommene Antifaschismus dazu, die Massen im Sinne eines gruppenübergreifenden Konsenses auf die Ziele der SED-PDS einzuschwören. Mit dieser Taktik versuchte die einstige Staatspartei geschickt, die Aufmerksamkeit von ihrem inneren Zerfallsprozeß, den jahrelangen und unermeßlichen Fällen von Korruption und Amtsmißbrauch auf eine neue, rechte Gefahr abzulenken. Der Leipziger Maler Wolfgang Mattheuer beschrieb in einem Beitrag für das "Sächsische Tageblatt" seine Sicht der SED-PDS Kampagne: *"Wenn nicht alle Zeichen trügen, gibt es linksextreme Regisseure, die Neonazis notfalls erfinden, da sie welche brauchen. Meister ihres Faches, die den Teufel an die Zukunft malen, bis den Leuten schaudert vor allem Zukünftigen und sie sich resignierend zurückneigen ins altvertraute Muß"* (Mattheuer 1989, S. 2).

Die von der SED-PDS verfochtene Einheitsfront gegen rechts und die geplante Errichtung eines Verfassungsschutzes dienten nicht zuletzt auch dem Schlagabtausch mit der demokratischen Opposition. Während die Teilnehmer des Runden Tisches ihre übereinstimmende Ablehnung des Rechtsextremismus noch am 27. Dezember 1989 in einer gemeinsamen Erklärung artikulierten, zeigte sich nach der Treptower Ehrenmalschändung eine zunehmende Polarisierung in dieser Frage (In ernster Sorge... 1989, S. 1). So wurde die Ablehnung des Verfassungsschutzes durch Vertreter des Runden Tisches in der "Jungen Welt" verächtlich mit dem Schlagwort "Demokratie-Formalisten" abgetan (Stolle 1989, S. 2). Auf der Kundgebung in Treptow tauchten zudem Flugblätter auf, die die SPD der DDR in die Nähe rechtsextremistischer Strömungen rückten; eine Distanzierung der SED-PDS von diesen Erscheinungen erfolgte jedoch nicht (Kein Platz... 1990, S. 1). Im Gegenzug warfen Vertreter der ehemaligen Blockparteien und der demokratischen Opposition der SED-PDS vor, sie konstruiere und suggeriere bewußt einen kausalen Zusammenhang zwischen demokratischer Umgestaltung, Auflösung der Staatssicherheit und zunehmendem Neonazismus (Demokratie Jetzt 1990, S. 11; Stiele 1990, S. 3).

IV. Soziologische Aspekte des Phänomens Skinheads und des Rechtsextremismus in der DDR

1. Unterschiedliche Strömungen der rechten Szene und ihre Ziele

Bis zum Ende des Jahres 1989 waren sozialwissenschaftliche Abhandlungen zum Rechtsextremismus unter Jugendlichen in der DDR weder in der Fachliteratur noch in der Tagespresse zu finden. Wie erst jetzt im Zuge der demokratischen Umwälzung bekannt wurde, gab es solche Untersuchungen aber bereits seit einigen Jahren. Sie gelangten auf Geheiß der alten Staats- und Parteiführung jedoch nicht an die Öffentlichkeit, sondern mußten in Panzerschränken verschwinden. Eine Ausnahme bildete allerdings die Analyse des Filmemachers und inzwischen zum Sprecher der Bürgerbewegung "Demokratie Jetzt" gewählten Konrad Weiß. Der auch als Medienberater des Evangelischen Kirchenbundes in der DDR tätige Weiß verfaßte bereits 1988 eine Analyse über Erscheinungsformen und Hintergründe des Rechtsextremismus unter Jugendlichen. Diese Analyse erschien im März 1989 zunächst in einem hektographierten Ost-Berliner Kirchenblatt und in Auszügen in der bundesrepublikanischen Presse (Weiß 1989a, S. 3-12; Weiß 1989b, S. 40-44). Die Anfänge der Skinhead-Szene in der DDR datiert Weiß auf den Beginn der 80er Jahre. Die damals nur vereinzelt auftretenden Skinheads besaßen noch keine ideologische Konzeption; Gewalttaten waren meist spontane Aktionen. Etwa seit 1983 begannen sich die rechtsextremen Jugendlichen in Gruppen zu organisieren, zunächst überwiegend als prügelnde Fußballrowdys, die fortan immer öfter mit nationalistischen und antisemitischen Parolen auftraten. In den Jahren 1983-1987 stiegen laut Weiß die rechtsextremistisch begründeten Straftaten um das Fünffache (Weiß 1989a, S. 5). Von den durch ihr martialisches Erscheinungsbild auffallenden Skinheads unterscheidet Weiß eine zweite, seiner Ansicht nach gefährlichere Gruppierung, die Faschos. Für ihn sind sie *"die eigentlichen Träger der faschistischen Ideologie"* (ebd., S. 4 f.). Nach außen hin sind sie eher unauffällig, angepaßt und fleißige Arbeiter, die aber insgeheim, so Weiß, in geschlossenen Zirkeln an ihrer alt-neuen Weltanschauung basteln. Skinheads und Faschos gemeinsam ist das Bekenntnis zur Gewalt und die Ablehnung eines sozialistischen deutschen Staates. Beide Gruppierungen plädieren für ein wiedervereinigtes Deutschland, wobei insbesondere die Faschos ein Großdeutschland in den Grenzen von 1938 anstreben. *"Deutlicher als die Skinheads beziehen sich die Faschos auf nationalsozialistisches Gedankengut"* (ebd., S. 6). Bei den Faschos mache sich neben latent vorhandenem Rassismus und Antisemitismus inzwischen auch Antiamerikanismus breit. Zu den Werten der neuen Rechten zählt Weiß vor allem: Elitebewußtsein, Disziplin, Kameradschaftsgeist, Ausdauer, körperliche Fitness sowie eine strikte Ablehnung der Null-Bock-Mentalität, etwa der Punks. Diese Werte werden in den zehn bis vierzehn Mann starken Gruppen, die sich aufgrund ihrer Größe ideal nach außen abschotten können, geradezu antrainiert. Innerhalb der Gruppe hat jedes Mitglied seine Gewaltbereitschaft durch ein Bewährungsritual, eine Art Mutprobe unter Beweis zu stellen. Dazu dienen u.a. feige Überfälle auf ahnungslose Mitbürger. In einigen Gruppen soll es sogar Wehrertüchtigungscamps und paramilitärische Übungen geben. Hinzu kommt ein von Faschos und Skinheads betriebener Personenkult um Verurteilte aus ihren Reihen, die geradezu als Märtyrer verehrt werden. Von den jungen Straftätern selbst wird der Gefängnisaufenthalt als eine Art Akademie bezeichnet. Dort würden, so Weiß, Mechanismen einsetzen, in deren Verlauf Anschauungen verfestigt und an deren Ende überzeugte Neonazis stehen würden (ebd., S. 7). Ein Nachweis von Führungsstrukturen in den meist konspirativ operierenden Gruppen ist nahezu unmöglich. Als gesichert jedoch gilt die Erkenntnis, daß sich der Anführer einer Gruppe durch eine starke Persönlichkeit und überdurchschnittliche Intelligenz auszeichnet. Die Hypothese von Konrad Weiß, indirekte Indizien würden auf *"zentrale und ideologisch untermauerte Führungsorgane"* von Faschos und Skinheads verweisen, hat sich bislang nicht bestätigt (ebd.).

Nach dem Sturz des Honecker-Regimes meldete sich im Dezember 1989 mit dem Soziologen Brück erstmals ein Vertreter des Leipziger Zentralinstituts für Jugendforschung zum Thema "Rechtsextremismus unter Jugendlichen" zu Wort. Dabei wurde bekannt, daß sich das Leipziger Institut bereits seit den ersten spektakulären Straftaten von Skinheads im Jahre 1987 mit dieser Jugend-Szene befaßte (Wolf 1989b, S. 7). In der Folgezeit wurden Expertisen zu den Themen "Skins und Geschichtsbewußtsein", "Skins-Szene unter kriminologischer Sicht" sowie "Ideologiefragmente der Skinhead-Problematik" erstellt. Keine dieser Untersuchungen gelangte jedoch jemals in die Öffentlichkeit; anstatt sie zur Grundlage praktischer Jugendpolitik zu machen, wurden sie von der Staats- und Parteiführung in Panzerschränke verbannt (Wendt 1990, S. 5). Nach dem Versuch Brücks, in Vorträgen auf die Problematik des Rechtsextremismus aufmerksam zu machen, zog er selbst nur die Aufmerksamkeit der Staatssicherheit auf sich. Hinsichtlich der gegenwärtigen Situation der rechten Szene in der DDR betont Brück, daß eine Differenzierung aller rechten Strömungen zwar unbedingt notwendig, doch recht diffizil sei. Es handele sich hier keinesfalls um ein "monolithisches Gebilde", auch wenn Skinheads, Faschos und Republikanern der Glaube an eine schnelle Veränderung der Gesellschaft mit radikalen Mitteln gemein sei. Vor allem die Skinheads seien eine *"sehr heterogene Erscheinung"* (Schurig 1990, S. 12). Dennoch läßt sich laut Brück eine Unterscheidung zwischen unorganisierten und organisierten Formen des Rechtsextremismus in der DDR vornehmen (Brück 1990, S. 11). Dabei sei zunächst eine "rechtsradikale Massenstimmung" zu konstatieren, die aus massivem Volkszorn gegenüber den politischen Enthüllungen resultiert. Der Zusammenbruch des alten Wertegefüges und Zukunftsängste ließen die nationale Identität zu einem Rettungsanker werden. Hinzu komme eine *"unorganisierte rechte Protestszene"* unter Jugendlichen, wobei oft in spontanen Handlungen gezielt staatlich festgesetzte Tabus verletzt würden (ebd.). Hierzu sind, so Brück, auch die zahlreichen Schmierereien zu zählen, als deren Täter junge Schüler ermittelt wurden. Zu den organisierten Formen des Rechtsextremismus zählt der Kriminalsoziologe Skinhead- und Faschogruppen mit Kommandostrukturen, aber auch nach parteilichen Strukturen organisierte Gruppen wie etwa die Republikaner (ebd.). Empirische Untersuchungen, die eine Einordnung aller rechten Strömungen anhand von Mitgliederzahlen oder lokalen Schwerpunkten zuließen, sind nach Auskunft Brücks gegenwärtig nicht verfügbar. Im Oktober 1989 durchgeführte repräsentative Meinungsumfragen des Zentralinstituts für Jugendforschung ergaben, daß zwei Prozent aller DDR-Jugendlichen nach Rechtsaußen tendieren. Für Ost-Berlin nannte Brück sogar einen Prozentsatz von sechs Prozent, dicht gefolgt von Leipzig und Erfurt (Wolf 1989b, S. 7).

2. Sozio-strukturelle Daten zu Skinheads

Im Januar 1990 wurden von der Soziologin Loni Niederländer vom Institut für Soziologie der Humboldt-Universität in Ost-Berlin erstmals repräsentative Daten zu Qualifikations-, Alters- und Sozialstruktur verurteilter Skinheads genannt (Niederländer 1990, S. 16). Ihre Informationen bezog sie laut eigenen Angaben aus Akten abgeschlossener Strafverfahren. Das Alter der Verurteilten lag zwischen 17 und 26 Jahren, wobei die Altersgruppe der 20- bis 25jährigen mit 44 Prozent dominierend war.

Tabelle 1: Altersstruktur der verurteilten Straftäter (in Jahren)

bis 17	18	19	20/21	22/25	26 u. älter
15 %	18 %	20 %	22 %	22 %	3 %

Quelle: Niederländer 1990, S. 16

Die Qualifikationsstruktur der Untersuchungspopulation stellte sich folgendermaßen dar:

Tabelle 2: Qualifikation bzw. Ausbildungsstufe der Probanden

Schüler POS	Lehrlinge	Teilfacharbeiter	Facharbeiter	Fachschüler	ohne Beruf
6 %	24 %	4 %	50 %	2 %	14 %

Quelle: Niederländer 1990, S. 16

Zur sozialen Herkunft der jungen Straftäter, gemessen an der sozialen Position der Eltern ergab sich folgendes Bild:

Tabelle 3: Soziale Position der Eltern

Intelligenz	Facharbeiter	Handwerker[a]	Ungelernte
24 %	47 %	14 %	15 %

Quelle: Niederländer 1990, S. 16

[a] Unter Handwerkern wurden zusammengefaßt: selbständige und in Genossenschaften tätige Handwerker, selbständige und Kommissionshändler, Gaststättenleiter.

Den dominierenden Anteil der Arbeiterschaft an den Herkunftsfamilien wird auch von Wolfgang Brück bestätigt, der hier sogar eine Zahl von 60 Prozent nennt (Schurig 1990, S. 11). Der mit 24 Prozent relativ hohe Anteil von Kindern aus der Intelligenz widerlegt die weitverbreitete Meinung, rechtsextrem orientierte Straftäter kämen vorwiegend aus *"sozial destabilen Schichten der Gesellschaftsstruktur"* (Niederländer 1990, S. 16). Keine gesellschaftliche Gruppe oder Schicht ist demnach davor gefeit, junge Rechtsextremisten hervorzubringen. Bereits Konrad Weiß hatte zu einem viel früheren Zeitpunkt darauf hingewiesen, daß viele verurteilte Skinheads aus geordneten Familien stammten, wobei die Eltern nicht selten Funktionäre oder gar Mitarbeiter des Staatssicherheitsdienstes waren (Weiß 1989a, S. 11). Ähnliches berichtete Pfarrer Gauck vom Neuen Forum in Rostock, der selbst an einem Prozeß gegen einen Skinhead teilnahm, dessen Eltern beim Staatssicherheitsdienst tätig waren (Donnerstagsgespräch... 1989, S. 11).

Als weitere Rekrutierungsfelder der Rechtsextremisten aus dem Jugendbereich nennt Brück die Punk-Szene, aus der es eine Reihe von sogenannten

Überläufern zu Skinheads gibt, des weiteren Fußballfans, junge Wehrpflichtige und Berufssoldaten sowie kriminelle Rowdys (Schurig 1989, S. 12). Frau Niederländer fand heraus, daß rund die Hälfte ihrer Probanden bis Mitte 1988 einer anderen Richtung der Jugend-Szene (Punks, Grufties etc.) angehört hatten, ehe sie zu den Skinheads stießen. Der Übergang erfolgte in der Regel durch soziale Kontakte im Bekannten- und Freundeskreis. Anziehend waren in erster Linie die *"konkreten eindimensionalen Alternativen"*, die die Skinheads boten: z.B. der Ruf nach einem Deutschland unter starker Führung und das Bild des fleißigen und disziplinierten Deutschen (Niederländer 1990, S. 17).

Die Opfer rechtsextremer Gewalttaten rekrutierten sich zu 80 Prozent aus ganz bestimmten Zielgruppen, die restlichen 20 Prozent waren willkürlich ausgewählte Opfer. Am häufigsten angegriffen wurden in folgender Reihenfolge: Punks, Grufties, Ausländer mit dunkler Hautfarbe, Homosexuelle und eigene Gruppenmitglieder, an denen ein Bestrafungsexempel statuiert wurde. Hinzu kommen noch Angehörige der bewaffneten Organe. In der Argumentation der jungen Straftäter tauchten immer wieder von Stereotypen und Vorurteilen geprägte, bzw. sehr eingängige Parolen wie: "Ausländer machen deutsche Frauen an", "Ausländer schleppen Aids ins Land", "Punks stinken" etc. auf. Dem zugrunde liegt ein Elitebewußtsein, das sich in rassistischer, antisemitischer und antikommunistischer Haltung artikuliert. Als Angreifer wird im übrigen nie der einzelne, sondern die gesamte Gruppe gesehen, die zahlenmäßig stets größer als die Gruppe der anvisierten Opfer ist. Zehn Prozent der Untersuchungspopulation zeichneten sich durch spezifische Führungsqualitäten gegenüber der Gruppe aus. Wenngleich Konrad Weiß den Anteil junger Frauen und Mädchen an rechtsradikalen Jugendlichen auf weniger als ein Fünftel beziffert, befanden sich unter den Verurteilten ausschließlich männliche Skinheads (Weiß 1989a, S. 5).

V. Soziale, gesellschaftliche und politische Hintergründe des Phänomens Skinheads in der DDR

1. Frustrierte Jugend und autoritäres Erziehungssystem

Seit dem Beginn der demokratischen Wende in der DDR bestreitet eigentlich niemand mehr, daß die Ursachen des jugendlichen Rechtsextremismus in den bisherigen gesellschaftlichen und politischen Bedingungen des Landes zu suchen sind. In seiner richtungsweisenden Analyse machte Konrad Weiß bereits vor der Wende das gesellschaftliche und politische Klima in der DDR für die Hinwendung junger Menschen zum Rechtsextremismus verantwortlich:

"Nicht Widerspruch und Kritik sind wirklich geschätzt, sondern Anpassung und Duckmäusertum" (Weiß 1989a, S. 9). Die kommunistische Kaderpartei habe nicht demokratische Tugenden, sondern lediglich Maulheldentum, Untertanengeist und Parteidisziplin gefördert. *"Wir müssen begreifen, so schmerzlich es auch sein mag: Diese jungen Faschisten sind das Produkt unserer Gesellschaft; es sind unsere Kinder"* (ebd., S. 11).

Die Erfahrung, daß nicht eigenes Denken und Initiative, sondern kritikloses Mitmachen, Opportunismus und Anpassung gefordert waren und berufliches Fortkommen garantierten, stellte für viele junge Leute die Glaubwürdigkeit ihres Staates in Frage. Hierarchische Strukturen, Reglementierung und Bevormundung in allen Lebensbereichen bis hin zur Freizeit boten kaum Freiräume für eigene Ideen. Das autoritäre, auf Disziplin und politischen Gehorsam ausgerichtete Erziehungssystem mit seinen beschränkten Zugängen zu weiterführenden Bildungsinstitutionen förderte bei den Jugendlichen zudem eine ausgesprochene Leistungsorientierung und Angepaßtsein. Im Vordergrund stand ein stures Aneignen von Fakten-Kenntnissen, mit denen man sich selbst nicht identifizierte. Widersprüche zwischen angelernter Theorie und erlebter DDR-Realität blieben undiskutiert im Raume stehen. Das Durchlaufen sämtlicher Instanzen der sogenannten sozialistischen Erziehung war daher keineswegs eine Garantie, junge Menschen gegen rechtsextreme Ideen zu immunisieren. —
Die Dialektik zwischen rein affirmativ gefordertem Bekenntnis zum sozialistischen Staat und eigenen Wertvorstellungen quittierte die große Mehrheit der Jugendlichen mit einem Rückzug ins Private. Die gesellschaftliche und politische Wirklichkeit des deformierten DDR-Sozialismus zwang auch die Jugend bereits zu Doppelzüngigkeit und einem regelrechten Doppel-Dasein. Christa Wolf prägt in diesem Zusammenhang den Begriff der "Dauerschizophrenie" (Ch. Wolf 1989, S. 3). Die von Konrad Weiß gegebene Charakterisierung der DDR-Gesellschaft bringt das Problem auf den Punkt: *"Ein Gemeinwesen, dessen Bürger dauernd etwas anderes sagen als sie denken, die dauernd etwas anderes tun als sie wollen, die dauernd etwas anderes scheinen als sie sind, ist krank und geschwächt und empfänglich für Radikalismen jeder Art. Junge Menschen, die in unserem Land aufwachsen, sind von Kindheit an diesen sozialen Defekten ausgesetzt"* (Weiß 1989a, S. 10). Die Suche nach sinnvollen Lebensperspektiven und Idealen blieb für viele Jugendliche unbeantwortet. Weder der Staat noch der von ihm dirigierte Jugendverband waren in der Lage, hier wirkliche Orientierungshilfe zu leisten. Nur eine Minderheit der DDR-Jugend versuchte hingegen, ihre Frustrationen, ihren generellen Protest gegen das gehaßte Regime durch Anschluß an eine alternative Jugend-Szene zu artikulieren. Eine Rolle spielten dabei all jene Gruppen, die sich besonders konträr zu offiziell verordneten Positionen und Werten stellten. Ganz nach dem Motto *"je konträrer, je anziehender"* (Rudolf 1990, S. 2). Die Soziologin Loni Nieder-

länder konstatiert, *"daß rechtsradikale Tendenzen in der DDR... in der Konfrontation mit dem heute allgemein anerkannten Zustand des verzerrten und deformierten Sozialismus"* entstanden sind. Diese Entwicklung verlief, so Niederländer, *"synchron zum politischen, moralischen und wirtschaftlichen Verfall der Gesellschaft"* (Niederländer 1990, S. 17). Von der Ablehnung des verhaßten kommunistischen Systems bis hin zur rechtsextremen Orientierung war es für die meisten Skinheads sicherlich nur ein kleiner Schritt. Auch Manfred Behrend vom Institut für Internationale Politik und Wirtschaft sieht in dem autoritären DDR-System den Hauptauslöser des Rechtsextremismus: *"Der Drang, dagegen zu revoltieren, in Opposition zu gehen, trieb Jugendliche dazu, Hakenkreuze zu malen, weil sie wußten, daß man damit den Staat am tiefsten treffen konnte"* (Nitsche 1990, S. 3). Mit ihren neonazistischen Umtrieben, die massiv am antifaschistischen Image der DDR kratzten, brachen die Skinheads zugleich ein jahrzehntelanges Tabu.

Als eine weitere entscheidende Ursache für den jugendlichen Rechtsextremismus benennt Konrad Weiß die geographische Isolation der DDR-Jugend. Der sogenannte "antifaschistische Schutzwall" habe die Jugendlichen im wahrsten Sinne des Wortes eingemauert und von Europa und der Welt abgeschlossen (Es sind unsere Kinder 1990, S. 4). Zudem sei die künstliche Konstruktion einer sozialistischen Nation von der Jugend nie akzeptiert worden, sie hat, so Weiß, geradezu in einem "nationalen Vakuum" gelebt, das sich leicht durch rechte Ideen füllen ließ. Zu erwähnen ist in diesem Kontext auch die von Brück gemachte Feststellung, daß die Rechtsextremisten in der DDR ein "ausgeprägtes Deutschtum" in teilweise sogar regionaler Färbung kennzeichnet (Schurig 1990, S. 12). Es ist gerade in jüngster Zeit offensichtlich, daß in der rechtsextremen Jugend-Szene der DDR ein überhöhter Nationalstolz mit massiver Ausländerfeindlichkeit einhergeht. Inwieweit es gelingt, dem jugendlichen Rechtsextremismus in der DDR seine schillernde Verführungskraft zu nehmen, wird nicht zuletzt davon abhängen, ob sich die Gesellschaft als fähig erweist, Skinheads und andere gefährdete Jugendliche durch eine neue Kultur des öffentlichen Dialogs in die demokratische Umgestaltung einzubeziehen und sie aus ihrem - zum Teil selbst gewählten - gesellschaftlichen Abseits zu befreien.

2. Defizite in der Vergangenheitsbewältigung

Bereits nach den ersten Prozessen gegen Skinheads in der DDR wurden insbesondere aus den Reihen der jüdischen Gemeinden und der evangelischen Kirche Versäumnisse hinsichtlich des Umgangs mit der nationalsozialistischen Vergangenheit beklagt. Seit 1950, nach Abschluß der meisten Prozesse gegen

Beteiligte an nationalsozialistischen Verbrechen, galten für die Staats- und Parteiführung alle Wurzeln des Nationalsozialismus als ausgerottet. Bis November 1989 sind nach DDR-Angaben 12 880 Personen wegen Teilnahme an Kriegsverbrechen und Verbrechen gegen die Menschlichkeit in der DDR verurteilt worden; davon aber bereits 95 Prozent bis zum Jahre 1950 (12 880 Nazis... 1989, S. 1; Baum 1989b, S. 3). Ab diesem Zeitpunkt gehörten "Faschismus" und Antisemitismus, zumindest der Ideologie der SED zufolge, der Vergangenheit an. Indem die Anerkennung einer Mitschuld von der DDR-Führung strikt abgelehnt wurde, versagte sie auch ihrer Gesellschaft und vor allem folgenden Generationen eine selbstkritische Auseinandersetzung mit dem Nationalsozialismus. *"Eine kleine Gruppe von Antifaschisten, die das Land regierte, hat ihr Siegesbewußtsein zu irgendeinem nicht genau zu bestimmenden Zeitpunkt aus pragmatischen Gründen auf die ganze Bevölkerung übertragen"* (Ch. Wolf 1989, S. 3). Die "Sieger der Geschichte" schlossen damit das Kapitel Vergangenheitsbewältigung ab und gingen zur Tagesordnung über.

Werner Liedtke, Leiter der Aktion Sühnezeichen in der DDR, sieht eine Ursache für das Auftauchen von Skinheads in der nur partiellen Darstellung des Nationalsozialismus. Während kommunistischer Widerstand, Täter im Umkreis von SS und Gestapo hinlänglich dargestellt worden seien, würden die Jugendlichen kaum etwas erfahren über die *"Anfälligkeit für Demagogie"* eines Volkes oder über die *"Gefahr des Faszinierenden"* (Röder 1989, S. 6). Durch eine vollkommen einseitige Darstellung der geschichtlichen Abläufe, zwang sich den jungen Leuten geradezu der Eindruck auf, alle ihre Vorfahren seien standhafte kommunistische Widerstandskämpfer gewesen und die wenigen übriggebliebenen "Faschisten" seien nach 1945 allesamt in den Westen übergelaufen. Wie eine Umfrage des Zentralinstituts für Jugendforschung beweist, weckte die Vermittlung des staatlich verordneten Geschichtsbildes über die Zeit des Nationalsozialismus bei den Schülern und Lehrlingen allerdings kein übermäßiges Interesse. *"29 % der Stadt-Lehrlinge, 19 % der Land-Lehrlinge und 22 % der Schüler geben an, sich für die Zeit des Faschismus kaum oder nicht zu interessieren"* (Wendt 1990, S. 5). Auf die Frage, ob es richtig sei, daß der Nationalsozialismus auch gute Seiten gehabt habe, antworteten immerhin 11 Prozent aller Befragten tendenziell, 5 Prozent absolut mit Ja. Bei den Stadt-Lehrlingen tendierten sogar 21 Prozent zu Ja. Zu den Motiven befragt, warum man sich nicht mit Geschichte beschäftige, begründeten dies 40 Prozent der Jugendlichen mit zu langweiliger Wissensvermittlung und 37 Prozent damit, man habe es schon oft genug gehört (ebd.).

Den meisten der DDR-Skinheads dürften daher die Ernsthaftigkeit und die verhängnisvollen Hintergründe des von ihnen kritiklos übernommenen "faschistischen" Vokabulars bisher kaum hinreichend bekannt gewesen sein.

Literatur

Allertz, Robert: "Elf 99-spezial": Neonazis in der DDR. In: Junge Welt, 27. Dezember 1989, Berlin (Ost), S. 5.

An alle Bürger. [Aufruf zur Demonstration am Ehrenmal in Treptow]. In: Neues Deutschland, 2. Januar 1990, Berlin (Ost), S. 3.

Aurich, Eberhard: Was bewegt die FDJ? In: Junge Welt, 28./29. Oktober 1989, Berlin (Ost), S. 3-5.

Baum, Karl-Heinz: Nazi-Parolen und ein Überfall auf die Zions- Kirche. In: Frankfurter Rundschau, 21. November 1987, S. 3.

Baum, Karl-Heinz: Neonazistische Umtriebe in der DDR drakonisch geahndet. In: Frankfurter Rundschau, 6. Juli 1988a, S. 1.

Baum, Karl-Heinz: Kirchentag erinnert an die vielen versperrten Wege in der DDR. In: Frankfurter Rundschau, 27. Juni 1988b, S. 1.

Baum, Karl-Heinz: Filmregisseur stellt wachsenden Faschismus in der DDR fest. In: Frankfurter Rundschau, 18. März 1989a, S. 1.

Baum, Karl-Heinz: Die braunen Flecken am gemeinsamen Erbe. Verblüffend freimütig diskutierten Historiker aus Ost- und West-Berlin über den NS-Staat. In: Frankfurter Rundschau, 1. März 1989b, S. 3.

Behrend, Helgard: Geburtstag eines Skinhead. In: Neue Berliner Illustrierte, 44. Jg. (1988), H. 7, Berlin (Ost), S. 18, 19, 40.

Bei uns ist kein Platz für solche Umtriebe. Vom Prozeß gegen Rowdys vor dem Stadtbezirksgericht Berlin-Mitte. In: National- Zeitung, 10. Februar 1988, Berlin (Ost), S. 6.

Beschluß des Staatsrates der Deutschen Demokratischen Republik über eine Amnestie vom 6. Dezember 1989. In: Gesetzblatt der DDR, Teil I, Nr. 25, 22. Dezember 1989, Berlin (Ost), S. 266.

Brück, Wolfgang: Unsere Gesellschaft und der Rechtsextremismus. In: Pionierleiter, Nr. 3, 1. Februarnummer 1990, Berlin (Ost), S. 11.

Demokratie Jetzt nennt Neonazis in der DDR "ernste Bedrohung". In: General-Anzeiger, 9. Januar 1990, Bonn, S. 11.

Dietrich, Leonore: Nazi-Parolen aus Dummheit? Antisemitische Ausfälle in Erfurt umgehend aufgeklärt. [Gespräch mit Oberst Dieter Johannes, Leiter des Volkspolizei-Kreisamtes Erfurt]. In: Junge Welt, 10. November 1989, Berlin (Ost), S. 15.

Donnerstagsgespräch zu neonazistischen Tendenzen in der DDR und zu den bevorstehenden Wahlen am 6. Mai. [Sendung im DDR-Fernsehen, 1. Programm, am 28. Dezember 1989] In: Rias/Monitor-Dienst, 28. Dezember 1989, Berlin, S. 9-12.

Ehrenmalschänder noch unbekannt. Nationalistische Plakate aus der BRD gefunden. In: Neues Deutschland, 4. Januar 1990, Berlin (Ost), S. 8.

Ehrenmal Treptow besudelt. In: Neues Deutschland, 29. Dezember 1989, Berlin (Ost), S. 1.

Es sind unsere Kinder. Junge Rechtsradikale in der DDR. Zeitgespräche. In: Deutsche Lehrerzeitung, Nr. 6, 1. Februarausgabe 1990, Berlin (Ost), S. 4-5.

Erinnern ist Verpflichtung, ihr Vermächtnis weiterzugeben. Gedenkveranstaltung zum 50. Jahrestag der faschistischen Pogromnacht. In: Neue Zeit, 29. September 1988, Berlin (Ost), S. 1-2.

Felfe, Werner: Aus dem Bericht des Politbüros an die 5. Tagung des Zentralkomitees der SED. In: Neues Deutschland, 17. Dezember 1987, Berlin (Ost), S. 3-11.

Fragen über die Urteilsverkündung hinaus. Ein Bericht über den Prozeß gegen vier "Skinheads" in Berlin. In: Die Kirche, Nr. 51/52, 20. Dezember 1987, Berlin (Ost), S. 2.

Für Partnerschaft gegen neonazistische Tendenzen. In: Berliner Zeitung, 29. Dezember 1989, Berlin (Ost), S. 2.

Gedenkveranstaltung für Opfer der Pogromnacht von 1938. Siegmund Rotstein: Unser ganzes Volk wurde wissend gemacht. In: Neues Deutschland, 29. September 1988, Berlin (Ost), S. 5.

Grundlos schlugen sie auf Bürger ein. Kreisgericht Dresden-West verhandelte gegen vier Skinheads. In: Die Union, 26. Januar 1989, Dresden, S. 6.

Gysi, Gregor: Wir kämpfen für die DDR, für soziale Sicherheit, für Stabilität und Frieden. In: Neues Deutschland, 18. Dez. 1989, Berlin (Ost), S. 5.

Hinze, Albrecht: Die Geschichte muß intensiver aufgearbeitet werden. Siegmund Rotstein zur Situation der Juden in der DDR. In: Süddeutsche Zeitung, 15./16. Dezember 1988, München, S. 10.

Hohe Strafen für Friedhofsschänder. In: Neues Deutschland, 6. Juli 1988, Berlin (Ost), S. 4.

Im Spannungsfeld von Feindbild und Dialog. 5. Güstrower Kolloquium zum Thema "Friedenserziehung". In: Mecklenburger Kirchenzeitung, Nr. 6, 5. Februar 1989, Schwerin, S. 2.

In ernster Sorge vor Gefahr von rechts. In: Neues Deutschland, 28. Dezember 1989, Berlin (Ost), S. 1.

Jüdische Gemeinde besorgt über Rechtsradikalismus in der DDR. In: Süddeutsche Zeitung, 16. Mai 1988, München, S. 5.

Kamenz, Roland: Droht uns Terror? In: Junge Welt, 29. März 1990, Berlin (Ost), S. 6.

Keine Chance für Menschenverächter. Über den Prozeß gegen brutale Rowdys. In: Neue Zeit, 5. Februar 1988, Berlin (Ost), S. 8.

Kein Platz für Neonazismus. In: Neue Zeit, 4. Januar 1990, Berlin (Ost), S. 1.

Kommentar in FDJ-Zeitung von der Kirche kritisiert. In: Evangelischer Pressedienst, Landesdienst Berlin, Nr. 3, 6. Januar 1988, Berlin, S. 1.

Mattheuer, Wolfgang: Ängste als Argumente? In: Sächsisches Tageblatt, 23./24. Dezember 1989, Leipzig, S. 2.

Müller, Harald: Negative Beispiele sind keine guten Wegbegleiter. In: Lausitzer Rundschau, 2. Juni 1988, Cottbus, S. 6.

12.880 Nazis seit 1945 in der DDR verurteilt. In: Neues Deutschland, 1. November 1989, Berlin (Ost), S. 1.

Neonazistische Aktivitäten nehmen zu. Amt für Nationale Sicherheit und Verband der Jüdischen Gemeinden im Gespräch. In: National-Zeitung, 29. November 1989, Berlin (Ost), S. 2.

Neonazistische Drohungen. In: Junge Welt, 9. Januar 1990, Berlin (Ost), S. 2.

Niederländer, Loni: Zu den Ursachen rechtsradikaler Tendenzen in der DDR. In: Neue Justiz, 44. Jg. (1990), H. 1, Berlin (Ost), S. 16-18.

Nitsche, Sybille: Die Revolte endete im Malen von Hakenkreuzen. Gespräch mit Dr. Manfred Behrend zu Rechtsextremismus in der DDR. In: Berliner Allgemeine, 17./18. Februar 1990, Berlin (Ost), S. 3.

Orientierungsschwierigkeiten unter Jugendlichen. In: Die Kirche, 44. Jg., Nr. 6, 5. Februar 1989, Berlin (Ost), S. 2.

Organisierter und brutaler Überfall. In: Der Morgen, 5. Februar 1988, Berlin (Ost), S. 8.

Oschlies, Renate: "Ich bin doch kein eingefleischter Faschist...". Nachdenken über den Umgang mit jungen Faschos. In: Neue Zeit, 24. Februar 1990, Berlin (Ost), S. 5.

Ost-Berlin kritisiert "Skinheads"-Urteile. In: Frankfurter Allgemeine Zeitung, 5. Dezember 1987, S. 4.

Republikaner werden aktiver. In: Junge Welt, 16. März 1990, Berlin (Ost), S. 15.

Richter, Edelbert: [Zur Regierungserklärung von DDR-Ministerpräsident Modrow]. In: Bundespresseamt-Pressespiegel, Rundfunk-Auswertung Deutschland, Nr. 9, 12. Jan. 1990, Bonn, S. 5.

Röder, Bettina: Für einen Dialog und freien Umgang miteinander. 30 Jahre Aktion Sühnezeichen - Ein Gespräch mit dem Leiter Werner Liedtke. In: Die Kirche, 44. Jg., Nr. 21, 22. Mai 1989, Berlin (Ost), S. 6.

Rowdys ermittelt. In: Berliner Zeitung, 19. November 1987, Berlin (Ost), S. 12.

Rudolf, Roland: Protest oder einfach nur Hilflosigkeit? In: Märkische Volksstimme, Beilage "bei uns", 5. Januar 1990, Potsdam, S. 2.

Sauer, Sabine: Prozeß fortgesetzt. Zeugen bestätigen Tatbeteiligung jugendlicher Rowdys. In: Junge Welt, 1. Dezember 1987a, Berlin (Ost), S. 2.

Sauer, Sabine: Strafanträge im Prozeß gegen Rowdys gestellt. In: Junge Welt, 2. Dezember 1987b, Berlin (Ost), S. 7.

Sauer, Sabine: Geringe Freiheitsstrafen für Rowdys. In: Junge Welt, 4. Dezember 1987c, Berlin (Ost), S. 2.

Sauer, Sabine: Härte gegen Skinrowdys - das ist nur gerecht. In: Junge Welt, 30. Dezember 1987d, Berlin (Ost), S. 6.

Sauer, Sabine: Nachtrag zu einem Urteil. Junge-Welt-Gespräch mit Generalstaatsanwalt von Berlin. In: Junge Welt, 1. März 1990, Berlin (Ost), S. 7.

Schänder des Ehrenhains in Gera wurden ermittelt. In: Neues Deutschland, 4. Januar 1990, Berlin (Ost), S. 1.

Schütt, Hans-Dieter: Warum freue ich mich über den Protest gegen ein Gerichtsurteil? In: Junge Welt, 12./13. Dezember 1987, Berlin (Ost), S. 7.

Schumann, Frank: Als Marco M. schwieg, offenbarte er sich. In: Junge Welt, 26. April 1988, Berlin (Ost), S. 7.

Schumann, Frank: Sollen die weitermarschieren, bis alles in Scherben fällt? [Interview mit einem anonymen Sozialwissenschaftler]. In: Junge Welt, 28. Dezember 1989, Berlin (Ost), S. 3-4.

Schurig, Jörg: Erst Demütigung - Dann Wolfsmoral. Interview mit Wolfgang Brück. In: Sonntag, Nr. 11, 18. März 1990, Berlin (Ost), S. 12.

Seit 1987 verstärkt neonazistische Aktivitäten in der DDR. Chef der Kriminalpolizei, Generalleutnant Helmut Nedwig, auf Regierungs-PK [in Radio DDR I]. In: Rias/Monitor-Dienst, 4 Januar 1990, Berlin, S. 7-9.

Skinheads und nichts im Kopf. In: Sächsische Neueste Nachrichten, 24. März 1988, Dresden, S. 6.

Spiegel-TV [Manuskript der Fernsehsendung in RTL plus], Nr. 86, 7. Januar 1990, Hamburg, S. 1-21.

Steiniger, Klaus: Kein Raum für Menschenverachtung. In: Neues Deutschland, 4. Februar 1988, Berlin (Ost), S. 8.

Stiele, Kurt: Nach der Wende erneute Wende? In: Neue Zeit, 6. Januar 1990, Berlin (Ost), S. 3.

Stock, Manfred: Bemerkungen zu einigen informellen Gruppierungen Jugendlicher in der DDR. In: Informationen zur soziologischen Forschung in der DDR, 24. Jg. (1988), H. 4, Berlin (Ost), S. 54-59.

Stolle, Ralph: Narren(?)hände besudeln Tisch und Wende. In: Junge Welt, 29. Dezember 1989, Berlin (Ost), S. 1-2.

Strafgesetzbuch - StGB - sowie angrenzende Gesetze und Bestimmungen. Textausgabe. Hrsg. vom Ministerium der Justiz [der DDR], Berlin (Ost), 6. überarb. u. erw. Auflage 1986, S. 76-78.

Strenge Strafen gegen Rowdys. Stadtgericht Berlin entsprach Antrag des Staatsanwalts. In: Junge Welt, 23. Dezember 1987, Berlin (Ost), S. 2.

Über neofaschistische Tendenzen besorgt. In: Neues Deutschland, 11. Dezember 1989, Berlin (Ost), S. 2.

Unser Land braucht jetzt eine breite Einheitsfront gegen rechts. In: Neues Deutschland, 4. Januar 1990, Berlin (Ost), S. 1-2.

Verfassung der Deutschen Demokratischen Republik vom 6. April 1968 in der Fassung des Gesetzes zur Ergänzung und Änderung der Verfassung der Deutschen Demokratischen Republik vom 7. Oktober 1974. In: Gesetzblatt der DDR, Teil I, Nr. 47, 27. September 1974, Berlin (Ost), S. 432-456.

Viele DDR-Jugendliche finden Türkenwitze lustig. In: Frankfurter Rundschau, 10. November 1987, S. 4.

Vogt, Helmut: Unweit von Sachsenhausen. In: Die Weltbühne, 83. Jg. (1988), H. 21, Berlin (Ost), S. 646-648.

Von rechts droht Gefahr! In: Junge Welt, 29. Dezember 1989, Berlin (Ost), S. 2.

Wächst nun auch die Einsicht? In: Sächsische Neueste Nachrichten, 23. Juni 1988, Dresden, S. 4.

Walther, Maria M.: Zu lange totgeschwiegen. Skinheads und Neonazis gibt es auch in der DDR - bislang ein Tabuthema in den dortigen Medien. [Gespräch mit dem Regisseur Roland Steiner]. In: die tageszeitung, 28. November 1989, Berlin, S. 11-12.

Wartelsteiner, Maxi: Ja, ich war ein Skinhead... aber kein Neofaschist. Gespräch mit Marco M. (20 Jahre). In: Leipziger Volkszeitung, 9./10. Dezember 1989, Leipzig, S. 11.

Weiß, Konrad: Die neue alte Gefahr. Junge Faschisten in der DDR. In: Kontext, Nr. 5, 8. März 1989a, Berlin (Ost), S. 3-12.

Weiß, Konrad: Die braune Stafette. In: Zeitmagazin, Nr. 27, 30. Juni 1989b, Hamburg, S. 40-44.

Weiß, Konrad: Mindestens 1.500 Neonazis in der DDR. In: Junge Welt, 9. Januar 1990, Berlin (Ost), S. 7.

Weiterer Prozeß gegen Rowdys. In: Neues Deutschland, 27. Januar 1988, Berlin (Ost), S. 8.

Weitere Schmierereien und Randale von Neonazigruppen. In: Neues Deutschland, 3. Januar 1990, Berlin (Ost), S. 1-2.

Wendland, Klaus: Vier Fragen zu einer Entscheidung. Verurteilter aus einem Skinhead-Prozeß vorfristig aus der Haft entlassen. In: Junge Welt, 18. Januar 1990, Berlin (Ost), S. 6.

Wendt, Alexander: Die Werte prüfen. ZIJ-Untersuchung zu Folgen von weißen Flecken im Geschichtsbild mußte in den Panzerschrank. In: Sächsisches Tageblatt, 5. Januar 1990, Leipzig, S. 5.

Winkler, Inge: Die Antworten auf das Warum schuldig geblieben. In: Märkische Volksstimme, 19. August 1988, Potsdam, S. 6.

Wolf, Christa: Das haben wir nicht gelernt. In: Wochenpost, Nr. 43, 27. Oktober 1989, Berlin (Ost), S. 3.

Wolf, Dieter: Offene Grenze - freie Bahn? Gespräch mit Oberst der K Wolfgang Pauleit, Hauptabteilung der Kriminalpolizei des Ministeriums des Innern. In: Neues Deutschland, 25./26. November 1989a, Berlin (Ost), S. 9.

Wolf, Dieter: Die Stunde der Rechten in der DDR? Interview mit Dr. Wolfgang Brück, Kriminalsoziologe, Zentralinstitut für Jugendforschung. In: Neues Deutschland, 16./17. Dezember 1989b, Berlin (Ost), S. 7.

Zehntausend im Stadion Halle. Vierter regionaler Kirchentag in der DDR beendet. In: Evangelische Information, 21. Jg. (1988), H. 26, Frankfurt/M., S. 10-12.

Lothar Mertens

DAS BUCH MORMON ODER KOMMUNISTISCHES MANIFEST?

Die Mormonen in der DDR

I. Anfänge und Glaubensinhalte

Gegründet wurde die "Kirche Jesu Christi der Heiligen der Letzten Tage" (so der offizielle Name) von Joseph Smith im amerikanischen Bundesstaat New York im Jahre 1830. Seine Nachfolger führten die zahlreichen Anfeindungen und Verfolgungen ausgesetzten Gläubigen nach Westen, wo die Gemeinschaft am Rande des Großen Salzsees mit der Stadt Salt Lake City das spirituelle Zentrum schufen. Nach dem Nachfolger des Religionsstifters Joseph Smith, Brigham Young, ist eine große private Universität (25.000 Studierende) in Utah benannt, die für die Hochschulausbildung der meisten amerikanischen Gemeinschaftsmitglieder von großer Bedeutung ist (Richter 1985, S. 20). Zum Mormonentum bekennen sich weltweit ca. fünf Millionen Gläubige in 130 Staaten der Erde (Erklärung 1988, S. 2). In Sachsen gibt es Mormonengemeinden seit der Mitte des vergangenen Jahrhunderts.

Die Mormonen gehören nicht dem Ökumenischen Rat der Kirchen an, da erhebliche Differenzen in der Glaubensauslegung bestehen, so etwa in der Überzeugung neben der Bibel sei das "Buch Mormon" eine weitere gleichrangige Offenbarungsquelle. Die Taufe der Mormonen wird hingegen anerkannt, da diese mit einer Trinitätsformel ("Im Namen des Vaters und des Sohnes...") verbunden ist und auch mit Wasser wie in den großen christlichen Kirchen vollzogen wird (Wer oder was 1984, S. 14). Die Taufe wird jedoch erst nach Vollendung des achten Lebensjahres durch Untertauchen vollzogen (Der Kirchenpräsident 1985, S. 2).

Das Buch Mormon, die - neben der Bibel - wichtigste Verkündigungsquelle der Gemeinschaft, will Smith nach eigener Aussage auf goldenen Platten aus der Hand eines Engels empfangen und deren Inhalt mit Hilfe von zwei sogenannten "Sehersteinen" entziffert und übersetzt haben (Ein Tempel 1985, S. 4). Die Hauptpunkte der Lehre sind Religionsbegründer Joseph Smith in dreizehn Artikeln zusammengefaßt, deren Grundgedanke ist: *"Alles Leben entwickelt sich zu immer größerer Vollkommenheit, auch Gott selbst und der Mensch"*

(Stöcker 1985, S. 4). Wichtige Gebote der mormonischen Glaubenslehre sind u.a.: die sexuelle Reinheit vor und außerhalb der Ehe, eine gesunde Lebensweise mit Verzicht auf Alkohol, Nikotin und übermäßigen Fleischverzehr, Wohltätigkeit, wie beispielsweise das Opfer des "Zehnten" an die Kirche (Stöcker 1985, S. 4).

Während nach mormonischer Auffassung das Christentum des Abendlandes jede Vollmacht verloren habe, besitze die Mormonenkirche Zugang zu allen himmlischen Geistesgaben und Heilskräften (Stöcker 1985, S. 4). Ein charakteristisches Merkmal der Mormonen ist der Ausschließlichkeitsanspruch mit dem sie ihre Glaubensüberzeugungen vertreten und ihre Mitmenschen zu missionieren versuchen (Ein Tempel 1985, S. 5). Daher konkurrierte der theologische Ausschließlichkeitsanspruch dieser religiösen Gemeinschaft eigentlich mit dem ideologischen Absolutheitsprimat der sozialistischen Staatspartei; daß die SED die Mormonen in den achtziger Jahren duldeten, hat denn auch weniger mit vorgeblicher Religionsfreiheit in der DDR als vielmehr mit einem außenpolitischen (gewünschte Honecker-Einladung in die USA) und volkswirtschaftlichen (Bauprojekte in Devisen bezahlt; Verbesserung bilateraler Handelsbeziehungen) Kostennutzendenken der Staats- und Parteiführung zu tun, deren diesbezüglicher, über ideologische Hürden hinweg springender Pragmatismus sich auch in anderen Bereichen gezeigt hat.

Eine der zahlreichen Besonderheiten dieser religiösen Sondergemeinschaft ist auch, daß es keine berufsmäßigen oder bezahlten Priester gibt. Jeder männliche Mormone, der den Gesetzen und Geboten entsprechend lebt, kann vom 12. Lebensjahr an das "Priestertum" ausüben (Der Kirchenpräsident, S. 2). In den DDR-Gemeinden sind über 800 Laienprediger für die Verkündigung zuständig (Mormonentempel eingeweiht. Feierlicher Akt 1985, S. 2). Die mormonische Religion weist, wie Yoder/Hartmann treffend konstatieren, "auffällige theologische Kuriositäten" auf: *"Elemente von Science fiction scheinen in der Behauptung durch, Gott residiere auf einem Planeten Kolob. Ursprünglich seien Götter von diesem fernen Planeten zur 'Organisierung' der bereits bestehenden Erde gekommen. Nach seiner Himmelfahrt soll Christus die Ureinwohner Nordamerikas besucht haben. Die Tempelriten weisen Elemente des Freimaurertums, wie geheime Erkennungszeichen, und des Okkultisch-Magischen auf: Das Tempelgewand etwa soll zur Abwehr böser Geister dienen"* (Yoder/Hartmann 1988, S. 226). Besonders der geheime Tempelkult steht nach Auffassung der evangelischen Kirche *"für eine Religiosität, 'die der biblisch-christlichen Botschaft gänzlich fremd ist'"* (Hartmann 1988, S. 10).

Auffälligstes und in der breiten Öffentlichkeit bekanntestes Merkmal dieser auch als "gnostisch-kultischen Mischreligion" gekennzeichneten Gemeinschaft, ist die Polygamie, die allerdings offiziell seit dem Jahre 1890 nicht mehr propagiert wird; jedoch hat die Vielehe als Synonym für die Mormonen sich bis heute gehalten. Ein weiteres obskures Kennzeichen des Ritus ist die Praxis der Ahnentaufe, wodurch Generationen verstorbener Angehöriger nachträglich in die Gemeinschaft aufgenommen werden. Die Totentaufe hat die Mormonen überdies zu den wohl fleißigsten Genealogen der Erde gemacht. In einem atombombensicheren Bunker in der Wüste von Utah beherbergt die Kirch über zwei Milliarden(!) Dokumente und Kopien von Urkunden, Taufscheinen und ähnlichem. Die Evangelische Kirche in der DDR verwehrt den Mormonen bei ihrer fragwürdigen Ahnenforschung den Zugang zu allen Gemeindearchiven und -bibliotheken (Yoder/Hartmann 1988, S. 226).

Die Evangelische Kirche in der DDR ist zunehmend um eine Abgrenzung von den Mormonen bemüht und stellt mittlerweile auch die Anerkennung der Mormonentaufe ernsthaft in Frage (Diskussion 1985, S. 8).. Damit wird vom früheren Standpunkt abgerückt, die Taufe anderer christlicher Gemeinschaften - ungeachtet aller Lehr- und Bekenntnisgegensätze - anzuerkennen, wenn Kirchen unterschiedlicher Konfession diese Taufe im christlichen Ritual trinitarisch und mit Wasser vollzogen haben. Andererseits haben die Mormonen noch nie die Taufe einer anderen christlichen Religionsgemeinschaft als gültig anerkannt (Yoder/Hartmann 1988, S. 226). Für die Evangelische Kirche in der DDR stellen die Mormonen eine "christliche Sondergemeinschaft" (statt des früher verwendeten Begriffs "Sekte") dar, *"die sich in mancher Hinsicht weit vom Zentrum evangelischen Glaubens entfernt hat"* (Stöcker 1985, S. 4). Überdies haben die Mormonen in der DDR bislang jegliche Kontakte im ökumenischen Bereich strikt abgelehnt (Ein Tempel 1985, S. 5).

Im Gegensatz zur DDR wurden die Mormonen in den anderen sozialistischen Staaten nicht bevorzugt behandelt, sondern im Gegenteil *"mißtrauisch beobachtet. Denn die US-amerikanisch geprägte und erzkonservative Gemeinschaft gilt als ausgesprochen intolerant und totalitär. Der Mormonismus strebt eine theokratisch-alttestamentaliche Weltordnung an"* (Yoder/Hartmann 1988, S. 226). Da der US-Geheimdienst CIA mit Vorliebe Neuzugänge unter den zu Disziplin und Loyalität erzogenen jungen Mormonen rekrutiert, werden häufig in den Ostblockstaaten auch Sicherheitsbedenken gegen die Gemeinschaft erhoben (ebd.).

II. Mormonengemeinden in der DDR

Die religiösen, nichtchristlichen Gemeinschaften spielten im öffentlichen Leben der DDR keine Rolle. Begründet liegt dies vor allem darin, daß zum einen diese Gruppierungen in ihrer numerischen Größe verschwindend gering sind und zum anderen ein nach außen abgeschlossenes Gemeindeleben führen (z.B. für die Jüdischen Gemeinden siehe Mertens 1988, S. 136 ff.). Dies gilt auch für die "Kirche Jesu Christi der Heiligen der Letzten Tage". Während in der Bundesrepublik Deutschland rund 25.000 Personen der Kirche angehören, sind es in der DDR ca. 4.500 Mormonen, die in 47 Gemeinden - vornehmlich in den südlichen Bezirken der DDR - organisiert sind (Mormonentempel 1984, S. 1).

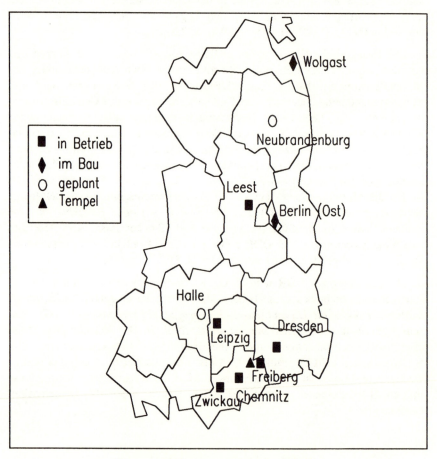

Diagramm 1: Mormonengemeinden in der DDR

Die DDR ist in drei Pfähle (Distrikte) mit Sitz in Freiberg, Leipzig und seit 1988 in Dresden unterteilt, die insgesamt 27 Gemeinden umfassen (Richter 1985, S. 21). Einem Pfahl (vergleichbar einem christlichen Bistum) steht ein Pfahlpräsident vor, der mit mehreren Ratgebern das sogenannte Leitende Gremium bildet (90 Jahre 1984, S. 5). Die größten Gemeinden (kennzeichnend dafür das eigene Gemeindehaus, daß die Mutterkirche erst ab einer bestimmten Größe finanziert) existieren im Bezirk Karl-Marx-Stadt (Chemnitz, Freiberg und Zwickau) und den benachbarten Bezirksstädten Dresden und Leipzig (Zahl der Tempel 1989, S. 6). Von den insgesamt fünf Tempeln, die die Mormonen in Europa besitzen, steht (neben Zollikofen b. Zürich, London, Stockholm und Friedrichsdorf b. Frankfurt/M.) einer im sächsischen Freiberg.

Die Mormonen in der DDR haben sich bis heute nicht vom Mitgliederverlust erholt, der durch die Fluchtwelle der 1950er Jahre entstanden ist. Darüberhinaus verzichteten sie jahrzehntelang weitgehend auf die bei ihnen sonst übliche Missionstätigkeit von Haus zu Haus; offenbar um etwaigen Problemen und Schwierigkeiten mit der Partei- und Staatsführung im SED-Staat aus dem Weg zu gehen (Henkys, 1984, S. 17). Da sie keine aktive Mission betreiben, stagnierte ihre Gesamtzahl (Mormonentempel 1984, S. 1). Andererseits hat die Kirche in den vergangenen Jahren einen starken Verjüngungsprozeß erfahren. Das Durchschnittsalter aller ihrer Mitglieder lag im Jahre 1985 bei lediglich 22,5 Jahren (Richter 1985, S. 22). Daher verwundert es nicht, wenn sich im August 1987 über 300 Jugendliche zu einer Jugendkonferenz versammelten (Zu Besuch 1987, S. 5).

Nach dem Gespräch von "Generalautoritäten" der Kirche mit dem DDR-Staatsratsvorsitzenden, Erich Honecker, im Oktober 1988 teilten Sprecher der Kirche in Salt Lake City mit, daß es von nun an der Mormonenkirche möglich sei - nach Ungarn in einem zweiten sozialistischen Staat - missionarisch zu wirken und Gläubige zu gewinnen (Mormonen dürfen 1988, S. 2). Nach den mit Erich Honecker getroffenen Absprachen durften die Mormonen sogar auch bestimmte Regierungseinrichtungen für ihre religiösen Zusammenkünfte und Konferenzen nutzen! Die infrastrukturelle Expansion der Mormonen-Gemeinden überrascht auch deshalb, weil es bis zum Jahre 1982 keine eigenständige Kirchenorganisation gab und die DDR als Missionsgebiet galt (Röder 1985, S. 2). Allerdings ist die ökonomische Lage der Mormonengemeinde sehr gut, da die Mitglieder ein Zehntel ihres Einkommens an die Kirche abtreten (Richter 1985, S. 22).

Obgleich die volkseigene Bauindustrie schon seit Jahren unter permanentem Arbeitskräfte- und Materialmangel leidet, gab Erich Honecker noch im Frühjahr 1989 den Mormonen die Zusage zum Bau von zehn weiteren Gemeindehäusern. Zur gleichen Zeit brach das DDR-Bauministerium mit der Evangelischen Kirche geschlossene Verträge über Kirchenneubauten und ließ sogar mehrere bereits begonnene kirchliche Bauvorhaben stoppen, die größtenteils aus Devisenspenden der westdeutschen Landeskirchen finanziert wurden (Honecker-Volte, S. 6). Als Begründung für dieses absonderliche Verhalten führte die Regierung die Planrückstände im staatlichen Wohnungsbauprogramm, daß ja bekanntlich nach Parteivorgabe der Wohnungsmangel bis zum Jahre 1990 "als soziale Frage gelöst" sein sollte. Diese Ambivalenz weist deutlich auf den großen politischen Einfluß hin, den die SED-Führung den Mormonen in den Vereinigten Staaten von Amerika zuschreibt (Honecker-Volte, S. 6). Die außenpolitische Wirkung der bevorzugten Behandlung der Mormonen in der DDR darf nicht unterschätzt werden, da Mitglieder der Kirche in ihrem Ursprungsland USA in hohen Regierungsämtern politische Verantwortung tragen (Yoder/Hartmann 1988, S. 227).

III. Die SED und die Mormonen

Das gute Einvernehmen zwischen SED und Mormonen war - neben den verschiedenen außenpolitischen Intentionen - vor allem begründet im Bekenntnis dieser Kirche zur politischen Enthaltsamkeit und der Nichteinmischung in die gesellschaftlichen Belange, da die Mormonen auf ihre Weltkirche orientiert sind und deshalb innenpolitische Vorgänge ignorieren (Yoder/Hartmann 1988, S. 227). Bei einem Gespräch mit Gerald Götting, dem Vorsitzenden der DDR-CDU, hob Henry Burkhardt, der Präsident der Mormonengemeinschaft in der DDR, im September 1988 besonders hervor, daß seine Kirche *"schon immer eine deutliche Trennung zwischen Staat und Kirche praktiziert"* habe (Aus der Konsequenz 1988, S. 1). Die Mormonen sind überdies engagierte Mitglieder der Ost-CDU und waren auch in deren Parteipräsidium vertreten (Heller 1989, S. 6).

Symptomatisch für die wohlwollende und distinguierte Behandlung dürfte die Berichterstattung der Tageszeitung "Neues Deutschland", dem Organ des Zentralkomitees der SED, über eine Zusammenkunft der amerikanischen Mormonen-Delegation mit Erich Honecker sein. Während in der Hauptüberschrift nur von einer Begegnung "mit kirchlichen Repräsentanten" die Rede war, und im Untertitel ein "Vertrauensvolles Gespräch" mit Vertretern der "Kirche Jesu Christi der Heiligen der Letzten Tage" erwähnt wurde, stand die Bezeichnung "Mormonen" erst in der zweiten Textspalte, wobei auch im Bericht fast durchweg von der "Kirche..." gesprochen wurde (Begegnung 1988, S. 1). Erich Honecker erklärte bei diesem Gespräch mit den Repräsentanten der Mormonen im Oktober 1988 u.a., daß im real existierenden Sozialismus vorgeblich alles verwirklicht werde, was dem Wohlergehen der Menschen diene, darum entspreche der Sozialismus auch den christlichen Wertvorstellungen und Zielen. Überdies werde die DDR von den Gläubigen in täglicher und gewissenhafter Arbeit miterrichtet (Begegnung 1988, S. 1). Der amerikanische Präsident der Mormonen, Thomas S. Monson, hob nach seinem Gespräch mit dem DDR-

Staatsratsvorsitzenden hervor, daß in der DDR die Zusammenarbeit zwischen Kirche und Staat gut und vertrauensvoll sei. Dies sei das Verdienst der "ausgewogenen" staatlichen Kirchenpolitik (DDR wird von Gläubigen 1988, S. 1). Honecker selbst hatte bezüglich der staatlichen Kirchenpolitik behauptet, *"sie wage Vertrauen und verdiene Vertrauen"* (Honecker stellt 1988, S. 6). Kompetente westliche Beobachter sahen allerdings - konträr zu den im Honecker-Schönherr-Gespräch geäußerten Prinzipien vom März 1978 -, daß die SED in der Kirchenpolitik *"jede selbständige Regung, jede echte eigenständige Beteiligung an gesellschaftlicher Diskussion und politischer Entscheidung verhindern"* wollte (Henkys, 1988, S. 1). Überdies signalisierte die SED mit ihrem demonstrativen Wohlwollen gegenüber einigen kleineren Religionsgemeinschaften (für die Jüdischen Gemeinden siehe Mertens 1989, S. 247 ff.) ganz offenkundig der Evangelischen Kirche, *"daß an der Religions- und Glaubensfreiheit nicht zu zweifeln sei, daß aber gesellschaftskritisches Engagement zum Konflikt"* führen werde (Hartmann 1988, S. 17).

In einer "Erklärung der Präsidentschaft der Kirche Jesu Christi der Heiligen der Letzten Tage" in der DDR anläßlich der Begegnung mit dem Vorsitzenden des Staatsrates der DDR, Erich Honecker, am 28. Oktober 1988", die in zahlreichen ostdeutschen Tageszeitungen veröffentlicht wurde, werden die wesentlichen Grundsätze des mormonischen Selbstverständnisses aufgeführt (Erklärung 1988, S. 1 f.). Eine kurze Auflistung der wichtigsten Punkte macht deutlich, warum diese Kirche keine Gefahr für den sozialistischen Staat darstellte, sondern im Gegenteil eher staatstragend wirkte. Die Position der Kirche *"im Verhältnis zur staatlichen Obrigkeit ist immer klar und deutlich gewesen, nämlich **die Regierungen zu achten und zu unterstützen**, die uns das recht gewähren, unseren Glauben auszuüben"* (ebd.; Hervorhebung, L.M.). Die Kirchtüren sind zwar weit geöffnet für alle jene, die das Evangelium (in mormonischer Auslegung) kennenlernen wollen, oder die sich ganz einfach nur informieren möchten, da die Welt bekanntlich an falscher Information kranke. Allerdings gilt: *"Die Kirche steht grundsätzlich niemanden zur Verfügung, der bei ihr eine Plattform oder ein Dach für Opposition sucht, oder um 'Sonder- und Gruppenziele' zu verfolgen"*. Dies ist eine deutliche Absage an etwaige Oppositionsgruppierungen, die eine infrastrukturelle Anbindung suchen. Diese Abweisung oppositioneller Gedanken könnte in ihrer semantischen Schärfe auch vom Staatssekretariat für Kirchenfragen formuliert sein. Die vollkommen apolitische Haltung, die keine Verbindung von kirchlicher Autorität mit politischem Einfluß wünscht, manifestiert sich in der Aussage: *"Die Kirche ist keine politische oder gesellschaftliche Organisation"* (ebd.).

Der willfährige Untertanengehorsam der Mormonen umfaßt auch das heikle Problem des Militärdienstes, denn - wie überall in der Welt - *"belehrt und fordert die Kirche ihre Mitglieder auf, sich im öffentlichen Leben zu engagieren* *und sich für Frieden und Recht einzusetzen. Die jungen Männer in der Kirche kommen deshalb auch **ihrer Pflicht zur Wehrdienstleistung nach**"* (ebd.; Hervorhebung, L.M.). Jeden absolutistischen Souverän müßten die beruflichen Einstellungen und Verpflichtungen der Kirchenmitglieder erfreuen: *"Nüchternheit, Sparsamkeit, Fleiß und Freude am Lernen sind den meisten Mitgliedern der Kirche eigen."* Überdies gilt: *"Aufgefordert von der Kirche überall ihr Bestes zu geben, sehen wir die Mitglieder in der DDR erfolgreich auch in der täglichen Arbeit"* (ebd.). Darum verwundert es nicht, wenn der Vertreter des Staatssekretariats für Kirchenfragen, bei der Übergabe des Gemeindehauses in Leest im Oktober 1989 den Beitrag der Mormonen "beim Aufbau der sozialistischen Gesellschaft" entsprechend würdigte (Neues Gemeindehaus für 1989, S. 2). Beim gleichen Anlaß betonte der Leipziger Pfahlpräsident Manfred Schütze den Grundsatz seiner Kirche, *"daß niemand ein guter Mormone sein kann, wenn er den besten Interessen und der allgemeinen Wohlfahrt seines Landes nicht treu ist"* (Ebd., S. 2). Derartige Erklärungen lesen sich, *"wie von der Partei bestellt"* (Henkys, 1988, S. 1). Es verwundert daher nicht, wenn das Zentralorgan der SED, die Tageszeitung "Neues Deutschland" für derart devote Ergebenheitsadressen, wie die oben zitierte Erklärung der Präsidentschaft, sogar seinen Kommentarplatz zur Verfügung stellt (ebd.).

Anläßlich der Übergabe des Dresdner Gemeindezentrums im Herbst 1988 betonte der damalige Staatssekretär für Kirchenfragen, Kurt Löffler, besonders die "Gemeinsamkeit" zwischen der SED und der Kirche die *"Treue zu unserer Heimat DDR zu bekunden"* (Dresden: Gemeindezentrum 1988, S. 3). Der - extra aus den USA angereiste - Präsident der Mormonen, Thomas S. Monson, betonte seinerseits bei dieser Einweihung, seine Kirche *"ehre das Land, in dem sie wohne und gehorche den Gesetzen des Landes"* (Eine erfüllte Verheißung, S. 1). Da die Gemeinden auch keine gesellschaftspolitischen Probleme wie soziale Gerechtigkeit, Umweltfragen oder Rüstungswettlauf ansprechen und ihnen ein "gutes Ehe- und Familienleben" als ein Zeichen vorbildlicher Glaubenshaltung gilt (Ein Tempel 1985, S. 5), sind sie besonders angenehme und brave Staatsbürger für den sozialistischen Staat gewesen. Wie Hartmann betont, weisen SED und Mormonen hingegen *"gleiche Merkmale moralischen Konservativismus und kleinbürgerlicher Wohlanständigkeit auf"* (Hartmann 1988, S. 17), obgleich der religiöse Absolutheitsanspruch dieser Gemeinschaft mit dem ideologischen Führungsanspruch der die Religion negierenden Partei nicht nur konkurrieren sondern unvereinbar ist.

IV. Rege Bautätigkeit seit Mitte der achtziger Jahre

Die Gemeinde in Dresden besteht seit dem Jahre 1855 und ist die älteste in der DDR (Dresden: Gemeindezentrum 1988, S. 3). Die Gemeinde in Freiberg besteht seit dem Jahre 1894 (90 Jahre 1984, S. 5) und die in Zwickau seit dem Jahre 1906 (Weiteres Gemeindehaus 1988, S. 1). Dies zeigt, daß die Mormonen schon seit über ein hundert Jahren im sächsischen Industriegebiet vertreten sind, wenn auch ihre bauliche Ausstattung sich erst seit Mitte der achtziger Jahre verbessert hat, aufgrund der - von der SED-Führung gebilligten - massiven finanziellen Unterstützung durch Mutterkirche in den USA. Folgerichtig sagte der Präsident der Mormonen in der DDR, Henry Burkhardt, in seiner Grußansprache anläßlich der Einweihung des Freiberger Mormonentempels im Juni 1985: *"Mit diesem Tempel geht für die Mitglieder unserer Kirche ein jahrzehntelanger Wunsch in Erfüllung, wofür ich allen staatlichen Vertretern Dank sagen möchte"* (Hervorhebung, L.M.; Mormonentempel eingeweiht 1985, S. 1). Und der Präsident für die Region Europa, Josef B. Wirthlin, wertete die Tempeleröffnung gar als einen *"deutlichen Beweis für die Glaubens- und Gewissensfreiheit"* in der DDR (Mormonentempel wurde 1985, S. 5). Daß andere, nicht von der SED hofierte und zum Teil verbotene Religionsgemeinschaften (z.B. Zeugen Jehovas) ganz andere und vor allem negativere Erfahrungen mit der Staatsmacht haben, sei hier nur am Rande erwähnt (Henkys, 1984, S. 17; Hartmann 1988, S. 17).

Im Oktober 1988 wurde nach zweijähriger Bauzeit ein Gemeindezentrum für den neuen Pfahl Dresden eingeweiht. Das Haus umfaßt eine Kapelle, einen Mehrzwecksaal, ein Tauf- und ein Unterweisungszimmer. Außerdem ist im Untergeschoß das Regionsbüro der Mormonen in der DDR untergebracht (Eine erfüllte Verheißung 1988, S. 1). Ein weiteres Gemeindehaus wurde Ende Oktober 1988 in Zwickau seiner Bestimmung übergeben. Für den Zwickauer Oberbürgermeister Fischer war die Errichtung ein "Ausdruck für das gewachsene und vertrauensvolle Verhältnis zwischen Staat und Kirche in der DDR" (Weiteres Gemeindehaus 1988, S. 1). Das Anfang September 1989 feierlich im Beisammen von zahlreichen Vertretern von Staat und Mormonen (Neues Gemeindehaus der 1989, S. 1) übergebene Gemeindehaus in Chemnitz (Karl-Marx-Stadt) war das fünfte Zentrum, daß die Mormonen nach Freiberg, Dresden, Leipzig und Zwickau in der DDR seit dem Jahre 1985 eröffnen konnten (Mormonen-Gemeindehaus 1989, S. 2). Das wiederum - wie bereits in Dresden und Zwickau - von der Bauakademie der DDR geplante Gebäude umfaßt u.a. eine Kapelle, einen Taufraum und einen Mehrzwecksaal (Gemeindehaus der Mormonen 1989, S. 1).

Bereits einen Monat später, Ende Oktober 1989, wurde dann das sechste Gemeindehaus im Töplitzer Ortsteil Leest (Kreis Potsdam) eröffnet. Auch dieses Haus umfaßt, neben einem Gottesdienstraum für mehr als 150 Personen, Klassenräume für Religionsunterricht, ein Taufzimmer und funktionelle Nebenräume (Neues Gemeindehaus für 1989, S. 2). Zwei weitere Gemeindezentren werden derzeit in Ost-Berlin und Wolgast gebaut (Zahl der Tempel, S. 6). In der Planung befinden sich außerdem entsprechende Einrichtungen in Halle/S. und Neubrandenburg (siehe Graphik 1). Außerdem sollen in den nächsten Jahren noch in siebzehn weiteren Orten der DDR Gemeindezentren entstehen. Besonders die kleineren Gemeinden bemühen sich in jüngster Zeit intensiv um neue Mitglieder, da die "Zentrale" in Salt Lake City erst ab einer bestimmten Gemeindegröße (ca. 150-200 Personen) bereit ist, die für die Erstellung eigener lokaler Gemeindezentren notwendigen finanziellen Mittel zur Verfügung zu stellen (Ein Tempel 1985, S. 5).

V. Der Freiberger Mormonentempel und seine Bedeutung

Im Sommer 1985 wurde in Freiberg nicht nur der erste Tempel der Mormonen in der DDR, sondern der erste im gesamten osteuropäischen Raum fertiggestellt. Die Kosten von 5-6 Millionen Valuta-Mark wurden von der Mutterkirche der Gemeinschaft in Salt Lake City getragen, die auch mit einem wöchentlich per Lear-Jet aus den Vereinigten Staaten anreisenden Bauleiter die korrekte und termingerechte Erstellung des Gemeindezentrums durch den "VEB Komplexer Wohnungsbau Freiberg im Volkseigenen Wohnungsbau 'Wilhelm Pieck', Karl-Marx-Stadt" überwachte (Ein Tempel 1985, S. 4). Freiberg wurde von den Mormonen als Standort für ihren ersten Tempel in Osteuropa vor allem deshalb gewählt, weil die alte sächsische Bergbaustadt auch für die Glaubensbrüder und -schwestern aus den benachbarten Staaten Polen und Tschechoslowakei gut erreichbar ist (Erster Mormonentempel 1985, S. 11).

Vom 1. bis 16. Juni 1985 war der Tempel für die Öffentlichkeit zur Besichtigung zugänglich. Das Gelände der Mormonengemeinde glich während dieser Tage - evangelischen Kirchenzeitungen zufolge - "einem Wallfahrtsort". In langen Schlangen mit bis zu fünfstündiger Wartezeit besichtigten 90.000 Menschen innerhalb dieser sechzehn Tage das Gemeindezentrum (Ein Tempel 1985, S. 4). Seither ist der Tempel nur noch den Mitgliedern der Kirche zugänglich, während für die interessierte Öffentlichkeit *"das mit dem Komfort eines modernen evangelischen Gemeindezentrums ausgestattete Gemeindehaus neben dem Tempel"* offen steht (Ein Tempel 1985, S. 4), daß neben einer Kapelle und vier Büros noch die Klassenräume für die "Sonntagsschule" umfaßt. Eine Besonderheit des Tempels ist, daß er innen fensterlos ist, die schmalen Fensterscheiben sind nur von außen aufgesetzt. (Der Kirchenpräsident 1985, S. 2).

"Daß die Mormonen den unerwartet großen Besucherstrom als einmalige missionarische Chance begriffen" war auch für evangelische Kirchenkreise *"nur zu verständlich"* (Ein Tempel 1985, S. 4). Die Mormonen-Gemeinden in der DDR hatten *"beträchtliche organisatorische Anstrengungen unternommen, um einen möglichst reibungslosen, zugleich aber auch einen möglichst hohen missionarischen Erfolg zu erzielen. Mehrere Dutzend Mitarbeiter waren während der fünfzehn Besuchstage ständig im Einsatz: als Ordner und Aufseher im Tempel, als Missionare auf dem Tempelplatz oder auch als Gesprächspartner im Gemeindezentrum, in dem sich jeder vor dem Besuch des Tempels über das Anliegen der Kirche und die Aufgaben des Tempels informieren konnte"* (Röder 1985, S. 2).

Ein Mormonentempel ist in seiner Funktionalität mit einer christlichen Kirche oder Kathedrale nicht vergleichbar. Die Gottesdienste werden in Gemeindehäusern oder Sälen abgehalten. Der Tempel hingegen ist *"besonderen zeremoniellen Handlungen vorbehalten, ohne deren Absolvierung man zwar sehr wohl Mormone sein kann, ohne die aber doch eine wirkliche Erfüllung mormonischen Glaubens nicht möglich ist"* (Wer oder was 1984, S. 14). Nach mormonischer Überzeugung verkörpern die dort vollzogenen Kulthandlungen die "Tempelidee". Deren wichtigste Kennzeichen sind:

"- Die sog. 'endowments' (wörtlich: 'Begabungen'), Belehrungen über die tieferen Lehren bezüglich der menschlichen Existenz, über Schöpfung, die Stammeltern Adam und Eva, über das Erlösungswirken Christi und die Wiederherstellung des Evangeliums, die jeweils in einem eigens dafür vorgesehenen Raume des Tempels geschehen. Die näheren Einzelheiten der 'endowments' unterliegen strenger Geheimhaltung. Nichtmormonen haben keinen Zutritt.
- Besondere Riten, Waschungen, Salbungen, die Verleihung eines neuen Namens, unter dem man nach dem Tode auch im Jenseits erkannt wird.
- Die Trauung oder Siegelung der Himmlischen Ehen, wozu Eheleute, die auch im jenseitigen Leben verbunden bleiben wollen, einen ewigen Bund schließen. Die einfache standesamtliche Eheschließung und die Trauung außerhalb des Tempels gelten nur für die Zeit des irdischen Lebens. Der Bestand der Ehe auch in Gottes Reich 'Für Zeit und Ewigkeit' wird allein durch die Siegelung im Tempel erreicht, wozu dann noch weitere Voraussetzungen zu erfüllen sind: Beide Ehepartner müssen würdige Mitglieder der Mormonen-Kirche sein. Der Ehemann muß die Berufung zum 'melchisedekischen Priestertum' besitzen, also zum Grad des dem männlichen Mormonen vom 12. Lebensjahr an offenstehenden Priestertums, und beide Ehepartner müssen zuvor auch die 'endowments' empfangen haben. Kinder, die aus einer solchen Ehe hervorgehen, haben automatischen Anteil an den Segnungen des ewigen Bundes. Wurden sie aber schon vor der Siegelung geboren, müssen sie zusammen mit der Siegelung der Ehe ihrer Eltern ebenfalls gesiegelt werden.

- Die stellvertretende Taufe für die Toten. Die Mormonen sind der Überzeugung, ihre verstorbenen Vorfahren noch nachträglich durch eine stellvertretende Taufe (vgl. 1. Kor. 15,29![1]*; L.M.]) auf den Weg aus der Sünde und Knechtschaft hinausführen zu können. Man spricht direkt von einer 'Erlösung der Toten', die wie die Erlösung der Lebenden eine besondere Aufgabe der Kirchen darstelle, wodurch jeder andere zum 'Erlöser' und 'Heiland' werden könne."* (Wer oder was 1984, S. 14).

Besonders die postume Taufe von verstorbenen Angehörigen ist für die großen christlichen Glaubensgemeinschaften eine nicht nachvollziehbare Handlung, die überdies in ihrem Wesen recht obskur anmutet.

VI. Ausblick

Die Kirche, die ständig ein Heer von weltweit 29.000 Missionaren unterhält, die jeweils für achtzehn Monate unentgeltlich missionieren (Richter 1985, S. 21), wird wohl nach der Öffnung der Grenzen und dem Fortfall jeglicher staatlicher Reglementierungen auch in der DDR verstärkt neue Gläubige zu rekrutieren versuchen. Die in der zweiten Hälfte der achtziger Jahre geschaffenen und geplanten baulichen Initiativen lassen jedenfalls eine massive Missionierungswelle erwarten.

---

1   In seinem ersten Korintherbrief spielt der Apostel Paulus in diesem Vers auf die in Korinth gelegentlich vollzogene stellvertretende Taufe zugunsten von ungetauft Verstorbenen an (Das Neue Testament 1980, S. 400).

Literatur

Aus der Konsequenz christlichen Glaubens im aktiven Dienst am Nächsten und am Frieden. Gerald Götting empfing die Leitung der Kirche Jesu Christi der Heiligen der Letzten Tage in der DDR. Präsident Henry Burkhardt informierte über Glaubensgrundsätze seiner Kirche. In: Neue Zeit, 44. Jg., Nr. 207, Do. 1. Sep. 1988, Berlin (Ost), S. 1.

Begegnung Erich Honeckers mit kirchlichen Repräsentanten. In herzlicher und konstruktiver Atmosphäre. Vertrauensvolles Gespräch mit Präsident Thomas S. Monson, Generalautorität und 2. Ratgeber der Ersten Präsidentschaft der Kirche Jesu Christi der Heiligen der Letzten Tage. In: Neues Deutschland, 43. Jg., Nr. 256, Sa./So. 29./30. Oktober 1988, Berlin (Ost), S. 1-2.

CDU-Vorsitzender empfing Mormonen-Kirchenpräsident. Gemeinsamkeiten im Kampf um den Frieden bekräftigt. In: Neues Deutschland, 43. Jg., Nr. 207, Do. 1. Sep. 1988, Berlin (Ost), S. 2.

Das Neue Testament. Einheitsübersetzung der Heiligen Schrift. Hrsg. im Auftrag der Bischöfe Deutschlands, Österreichs, der Schweiz ... des Rates der Evangelischen Kirche in Deutschland. Stuttgart 1980, 2. rev. Aufl.

DDR-CDU wirbt um Mormonen. In: epd [Evangelischer Pressedienst], Landesdienst Berlin, Nr. 164, Do. 1. Sep. 1988, S. 3.

DDR wird von Gläubigen in täglicher gewissenhafter Arbeit mit errichtet. Erich Honecker bei der Begegnung mit Präsident Thomas S. Monson. Empfang für Generalautorität der Kirche Jesu Christi der Heiligen der Letzten Tage und weitere Repräsentanten im Amtssitz des Staatsrates. In: Neue Zeit, 44. Jg., Nr. 256, Sa. 29. Okt. 1988, Berlin (Ost), S. 1.

DDR-Kirchen: Mormonen sind keine christliche Gemeinschaft. In Ost und West wird die Anerkennung der Mormonentaufe überprüft. In: epd [Evangelischer Pressedienst], Landesdienst Berlin, Nr. 158, Mi. 22. Aug. 1985, S. 2.

Der Kirchenpräsident in der Autowerkstatt. In: Glaube und Heimat, 40. Jg., Nr. 6, 10. Feb. 1985, Jena, S. 2.

Diskussion über Gültigkeit der Mormonentaufe. In: Frankfurter Allgemeine Zeitung, Nr. 194, Fr. 23. Aug. 1985, Frankfurt/M., S. 8.

Dresden: Gemeindezentrum der Mormonen übergeben. Pfahlpräsident Apel dankte Staatsorganen der DDR. In: Neues Deutschland, 43. Jg., Nr. 253, Mi. 26. Okt. 1988, Berlin (Ost), S. 3.

Ein Tempel für die Mormonen. In: Potsdamer Kirche, 40. Jg., Nr. 32, 11. Aug. 1985, Potsdam, o.S. (4-5).

Eine erfüllte Verheißung. Gemeindehaus der Kirche Heiligen der Letzten Tage geweiht. In: Neue Zeit, 44. Jg., Nr. 253, Mi. 26. Okt. 1988, Berlin (Ost), S. 1.

Erklärung der Präsidentschaft der Kirche Jesu Christi der Heiligen der Letzten Tage in der DDR anläßlich der Begegnung mit dem Vorsitzenden des Staatsrates der DDR, Erich Honecker, am 28. Oktober 1988. In: Neues Deutschland, 43. Jg., Nr. 256, Sa./So. 29./30. Oktober 1988, Berlin (Ost), S. 1-2. (erschien auch in: Neue Zeit, 44. Jg., Nr. 256, Sa. 29. Okt. 1988, Berlin (Ost), S. 6).

Erneut Mormonenzentrum in der DDR eingeweiht. In: epd [Evangelischer Pressedienst], Landesdienst Berlin, Nr. 203, Di. 27. Okt. 1988, S. 5.

Erster Mormonentempel in der DDR geweiht. In: Süddeutsche Zeitung, 41. Jg., Nr. 147, Sa./So. 29./30. Juni 1985, München, S. 11.

Gemeindehaus der Mormonen in Zwickau wurde eingeweiht. Einrichtung entstand nach Entwurf der DDR-Bauakademie. In: Neues Deutschland, 43. Jg., Nr. 254, Do. 27. Okt. 1988, Berlin (Ost), S. 2.

Gemeindehaus der Mormonen übergeben. Vertrauensvolles Verhältnis Staat und Kirche gewürdigt. In: Sächsische Neueste Nachrichten, 38. Jg., Nr. 212, Fr. 8. Sep. 1989, Dresden, S. 1.

Hartmann, Matthias: Es lebe die Nische. Sparsam, fleißig, positiv - so mag die SED die Mormonen. Zahlreiche Sekten ziehen sich in der DDR auf den religiösen Bereich zurück. Dafür werden sie vom Staat gehätschelt. In: Deutsches Allgemeines Sonntagsblatt, 41. Jg., Nr. 47, 20. Nov. 1988, Hamburg, S. 17.

Heller, Manfred: Chance für kirchliches Leben. In: Neue Zeit, 45. Jg., Nr. 58, Do. 9. März 1989, Berlin (Ost), S. 6.

Henkys, Reinhard: Angepaßt und nach außen abgeschlossen. Sekten und religiöse Gemeinschaften in der DDR. Die Mormonen bauen den ersten Tempel. In: Deutsches Allgemeines Sonntagsblatt 37. Jg., Nr. 38, 16. Sep. 1984, Hamburg, S. 17.

Henkys, Reinhard: Schützenhilfe für die SED. In: Berliner Sonntagsblatt, 43. Jg., Nr. 44, 6. Nov. 1988, Berlin, S. 1.

Honecker stellt Mormonen Kirchenpolitik der DDR dar. In: Süddeutsche Zeitung, 44. Jg., Nr. 252, Mo./Di. 31. Okt./1. Nov. 1988, München, S. 6.

Honecker-Volte. In: Der Spiegel, 43. Jg., Nr. 11, 13. März 1989, Hamburg, S. 6.

In Dresden wurde neues Mormonen-Gemeindezentrum eingeweiht. DDR ist an gutem Verhältnis zur US-amerikanisch geprägten Kirche gelegen. In: epd [Evangelischer Pressedienst], Landesdienst Berlin, Nr. 203, Di. 27. Okt. 1988, S. 4.

Kirchenpräsident Burkhardt an Erich Honecker. Glückwunsch zur Wiederwahl als Staatsratsvorsitzender. In: Neues Deutschland, 41. Jg., Nr. 156, Fr. 4. Juli 1986, Berlin (Ost), S. 1.

Mertens, Lothar: Schwindende Minorität. Das Judentum in der DDR. In: Siegfried Theodor Arndt et al.: Juden in der DDR. Geschichte, Probleme, Perspektiven. (Arbeitsmaterialien zur Geistesgeschichte, Bd. 4). Köln 1988, S. 125-159.

Mertens, Lothar: Zwischen Anpassung und Instrumentalisierung. Die Jüdischen Gemeinden in den achtziger Jahren. In: Kirche im Sozialismus, 15. Jg. (1989), H. 6, Berlin, S. 247-252.

Die Mormonen in Freiberg. Vor der Einweihung des ersten Tempels der "Kirche Jesu Christi der Letzten Tage". In: Die Kirche, 40. Jg., Nr. 9, 3. März 1985, Berlin (Ost), S. 1.

Mormonen bauen Tempel in der DDR. In: epd [Evangelischer Pressedienst], Landesdienst Berlin, Nr. 161, Do. 30. Aug. 1984, S. 4.

Mormonen dürfen in der DDR missionarisch tätig werden. In: Der Tagesspiegel, 44. Jg., Nr. 13109, So. 6. Nov. 1988, Berlin, S. 2.

Mormonen-Gemeindehaus in Karl-Marx-Stadt übergeben. Vertreter der Kirche dankten der Regierung der DDR. In: Neues Deutschland, 44. Jg., Nr. 212, Fr. 8. Sep. 1989, Berlin (Ost), S. 2.

Mormonentempel. In: Glaube und Heimat, 39. Jg., Nr. 42, 14. Okt. 1984, Berlin (Ost), S. 1.

Mormonentempel eingeweiht. Feierliche Schlußsteinlegung in Freiberg. In: Neue Zeit, 41. Jg., Nr. 150, Sa. 29. Juni 1985, Berlin (Ost), S. 1.

Mormonentempel eingeweiht. Feierlicher Akt in Freiberg. Dank für staatliche Hilfe. In: Der Morgen, 41. Jg., Nr. 151, Mo. 1. Juli 1985, Berlin (Ost), S. 2.

Mormonentempel entsteht in Freiberg. In: Mecklenburgische Kirchenzeitung, 39. Jg., Nr. 45, 4. Nov. 1984, Schwerin, S. 2.

Mormonentempel wurde in Freiberg festlich eingeweiht. Dank an Regierung für Großzügigkeit und Loyalität. In: Neues Deutschland, 40. Jg., Nr. 150, Sa./So. 29./30. Juni 1985, Berlin (Ost), S. 5.

Neues Gemeindehaus der Mormonen. Feierliche Übergabe in Karl-Marx-Stadt. In: Neue Zeit, 45. Jg., Nr. 212, Fr. 8. Sep. 1989, Berlin (Ost), S. 1.

Neues Gemeindehaus für Mormonen. In: Neues Deutschland, 44. Jg., Nr. 254, Sa./So. 28./29. Okt. 1989, Berlin (Ost), S. 2.

90 Jahre Mormonen in Freiberg. In: Neue Zeit, 40. Jg., Nr. 255, Sa. 27. Okt. 1984, Berlin (Ost), S. 5.

Richter, Gottfried: Man nennt sie Mormonen. Die Kirche Jesu Christi der Heiligen der Letzten Tage. In: Begegnung, 25. Jg. (1985), H. 10, Berlin (Ost), S. 19-22.

Röder, Hans-Jürgen: Sie fischen in fremden Gewässern. Mit einem Tempelneubau machen die Mormonen in der DDR von sich reden. In: epd [Evangelischer Pressedienst], Landesdienst Berlin, Nr. 121, Fr. 28. Juni 1985, S. 2-3.

Stöcker, F.: Stichwort: Mormonentempel. In: Der Sonntag, 40. Jg., Nr. 3, 20. Jan. 1985, Dresden, o.S. (4).

Unsere Ziele: Stärkung der Republik und Friedenserhalt. Präsidentschaft der Kirche Jesu Christi der Heiligen der Letzten Tage in der DDR an Erich Honecker. In: Neues Deutschland, 43. Jg., Nr. 278, Do. 24. Nov. 1988, Berlin (Ost), S. 2.

Weiteres Gemeindehaus der Mormonen. In: Neue Zeit, 44. Jg., Nr. 254, Do. 27. Okt. 1988, Berlin (Ost), S. 1.

Wer oder was sind die Mormonen? In Friede und Freiheit, 39. Jg. (1984), H. 5, Dresden, S. 14.

Yoder, Bill/Hartmann, Matthias: Unbehelligt in der religiösen Nische. Mormonen und andere religiöse Sondergemeinschaften in der DDR. In: Kirche im Sozialismus, 14. Jg. (1988), H. 6, Berlin, S. 225-227.

Zahl der Tempel ist größer. In: Neue Zeit, 45. Jg., Nr. 93, Do. 20. Apr. 1989, Berlin (Ost), S. 6.

Zu Besuch in der DDR. In: Neue Zeit, 43. Jg., Nr. 203, Sa. 29. Aug. 1987, Berlin (Ost), S. 5.

Stefan Schreiner

ZWISCHEN HOFFNUNG UND FURCHT

Die jüdischen Gemeinden in der DDR nach der Wende

I. Vorbemerkung

Wenige Monate erst nach dem Beginn der Wende sich zu diesem Thema zu äußern, setzt zwei Vorabverständigungen voraus. Zum einen: Alles, was über die derzeitige Situation in der DDR im allgemeinen und über die Lage der jüdischen Gemeinden im besonderen gesagt werden kann und hier niedergeschrieben ist, gilt nur für den Augenblick und entstammt zudem allein der subjektiven Wahrnehmung des Autors dieses Beitrages. Alles, was zum Thema hier zu sagen ist, steht unter dem Vorzeichen der Vorläufigkeit der Existenz der DDR, von der in absehbarer Zeit - nach einem Worte Stefan Heyms - nicht mehr bleiben wird als eine Fußnote in einer Weltgeschichte. Wenn auch nach dem für viele wohl überraschenden Wahlergebnis vom 18. März 1990 infolge der daran anschließenden Regierungsbildung eine gewisse Stabilisierung der politischen Verhältnisse in der DDR möglich ist, so heißt dies aber noch lange nicht, daß damit zugleich auch der gegenwärtige Zustand, diese Mischung von beginnendem Wirtschaftsliberalismus, parteipolitischer Restauration und teilweiser Anarchie mit allen sich daraus für die Bürger der DDR ergebenden sozialen und sozialpsychologischen Folgen tatsächlich überwunden wird.

Und zum anderen: Die jüdischen Gemeinden in der DDR sind Teil, aber auch Teilhaber der Gesellschaft der "noch-DDR", d.h. die Mitglieder dieser Gemeinden teilen, was ihre konkrete Lebenssituation anbetrifft, die Hoffnungen und die Besorgnisse, die in gleicher Weise auch die Hoffnungen und Besorgnisse aller Bürger der "noch-DDR" angesichts der sich vollziehenden Veränderungen sind (Schreiner 1990a, S. 41 ff.).

II. Das gesellschaftliche Interesse an den jüdischen Gemeinden

Nicht erst seit heute oder gestern, sondern durchaus schon seit einiger Zeit,[1] spätestens seit der "Gedenkepidemie" anläßlich des 50. Jahrestages des Pogroms vom 9./10. November 1938 erfreuen sich die kleinen jüdischen Gemeinden in der DDR eines besonderen Interesses seitens der gesellschaftlichen Öffentlichkeit, der in- und ausländischen Medien, aber auch der internationalen Politik. Dies hat gelegentlich zu der Frage schon geführt, wie denn dieses zur numerischen Größe und tatsächlichen gesellschaftlichen Relevanz dieser jüdischen Gemeinden völlig disproportionale Interesse zu erklären sei. Eine Antwort darauf zu versuchen, ist hier nicht der Ort, auch nicht das Thema. Nicht zu übersehen ist indessen, daß dieses vorhandene Interesse jetzt wiederum neu mit Aufmerksamkeit verfolgen läßt, wie sich die jüdischen Gemeinden angesichts der Wende in der DDR heute verhalten bzw. welche Auswirkungen diese Wende auf die Lebenssituation der Gemeinden hat. Dies umso mehr, als die jüdischen Gemeinden vor der Wende ja doch in einer Weise an das staatliche und gesellschaftliche System der DDR angepaßt erschienen, die manchmal - wie der Vorsitzende der Berliner Jüdischen Gemeinde am 25. Januar 1990 während einer öffentlichen Podiumsdiskussion selbstkritisch gesagt hat *"bis an die Grenze des Möglichen gegangen ist"*. Faktum ist, daß die jüdischen Gemeinden trotz des dezidierten Antizionismus und Antiisraelismus der Regierungspolitik der DDR über all die Jahre hin, von den Repressionen am Ende der Stalinära abgesehen (Eschwege 1988; Mertens 1988), unter dem Schutz des Staates gelebt haben, gleichsam als eine gebrauchte Minderheit, um in der Fürsorge für sie u.a. die immer wieder beschworene antifaschistische Grundhaltung der DDR sichtbar zu dokumentieren können; und von manchem Repräsentanten des Verbandes der Jüdischen Gemeinden in der DDR ist dies auch öffentlich honoriert worden. So hatte der Verband der Jüdischen Gemeinden in der DDR noch zum 40. Jahrestag der DDR nicht nur einen eigenen Gottesdienst am 30. August 1989 in der Dresdner Synagoge veranstaltet (Nachrichtenblatt Dez. 1989, S. 13-16), sondern in einem am 9. Oktober 1989 in der Tagespresse veröffentlichten Glückwunschschreiben an die damalige Regierung der DDR u.a. erklärt: *"Gerade für die Juden sei mit der Gründung der DDR erstmals in der deutschen Geschichte ein Wendepunkt vollzogen worden, der eine friedvolle Zukunft in gesicherten sozialen Verhältnissen ermöglicht. Am Aufbau des antifaschistischen sozialistischen deutschen Staates haben wir allseits mitgewirkt... Die Teilhabe am geistigen Klima des Antifaschismus in der DDR, das auf Völ-*

---

[1] Wenn auch ein Artikel, wie der von Rüdiger Rätzke, Hat die DDR erst jetzt die Juden entdeckt? In: Berliner Zeitung, 18./19. Februar 1990, Berlin (Ost), S. 9, nicht mehr als plumpe Apologetik darstellt.

kerverständigung und Entspannung gerichtet sei, enthebe die jüdischen Bürger jedoch nicht der Sorge gegenüber Erscheinungen von Nationalismus, Rassismus und Neofaschismus in der Welt. Die Juden in der DDR werden weiterhin alle Bemühungen des Staates um Völkerverständigung und Abrüstung, zur Erhaltung und Sicherung des Friedens unterstützen" (zit. in Berliner Zeitung, 9.10.1989, S. 8).

Für manchen war es daher erstaunlich, daß bereits am 4. November auf einer außerordentlichen Tagung des Verbandes der Jüdischen Gemeinden in der DDR eine Erklärung verabschiedet und unter dem Titel "Jüdische Gemeinden unterstützen Wandlungen" in der Tagespresse vom 6. November 1989 veröffentlicht worden ist, in der die Gemeindevorsitzenden "die eingeleiteten Wandlungen in der DDR" ausdrücklich begrüßten und feststellten: *"Viele unserer Mitglieder haben sich in der Vergangenheit sehr bewußt für die gesellschaftliche Entwicklung engagiert. Aus diesem Grunde bestehen wir darauf, bei der Um- und Neugestaltung des öffentlichen Lebens keine Abstriche an der die DDR von Anfang an bestimmenden antifaschistischen Grundhaltung zuzulassen."* Notabene: Gerade angesichts der in den letzten Wochen bekannt gewordenen Greueltaten des Stalinismus auch der frühen DDR ist ihr Antifaschismus in Mißkredit geraten; denn die für diese Verbrechen des Stalinismus Verantwortlichen haben doch allenthalben für sich in Anspruch genommen, Antifaschisten (gewesen) zu sein. Wirkliche, ehrliche Antifaschisten fühlen sich angesichts dessen, was da jüngst an die Öffentlichkeit gekommen ist, wie immer wieder zu hören, sehr betroffen. Doch zurück zur Erklärung vom 4. November. Darin heißt es weiter: *"Gleichzeitig sehen wir es als unsere Pflicht an, einige Probleme anzusprechen, die unser spezifisch jüdisches Interesse betreffen."* Als solche Probleme werden im einzelnen benannt: Defizite in der Aufarbeitung deutscher Geschichte, insbesondere der Nazizeit, im Geschichtsunterricht der Schulen; Defizite ebenso in der Aufarbeitung der Stalinära und ihrer Verbrechen wie mangelnde Auseinandersetzung mit Erscheinungen von Antisemitismus und Neonazismus in der DDR, die es trotz des stets beteuerten antifaschistischen Charakters der DDR dennoch gab und gibt. Des weiteren wird erklärt: *"Die Mitglieder der Jüdischen Gemeinden in der DDR haben ein elementares Interesse am Schicksal des Staates Israel. Das Existenzrecht Israels und der Anspruch auf ein glückliches Leben der Juden dortzulande und in Frieden mit den arabischen Nachbarn sind nicht in Frage zu stellen."* Die Erklärung gipfelt schließlich in dem Appell an die Regierung der DDR: *"eine Herstellung und damit Normalisierung der diplomatischen Beziehungen zu Israel trotz der noch vorhandenen konflikthaften Spannungen sofort anzustreben"* (zitiert in Berliner Zeitung, 6.11.1989, S. 6).

Sicher wäre es falsch zu behaupten, all dies sei zuvor noch nie aus dem Munde von Repräsentanten der Jüdischen Gemeinden in der DDR zu hören gewesen. Davon kann keine Rede sein; man lese nur die Editorials des Nachrichtenblattes des Verbandes der Jüdischen Gemeinden in der DDR, um genügend Belege dafür zu finden. Gleichwohl ist in vergleichbarer Programmatik zuvor öffentlich noch nicht gesprochen worden, und manches von dem in der zitierten Erklärung Angesprochenen ist unterdessen ebenso Thema öffentlicher Auseinandersetzung wie Gegenstand politisch-diplomatischer Verhandlungen geworden. Um mit dem letzten zu beginnen:

III. Die DDR und ihre Beziehungen zu Israel

Nachdem die Regierung der DDR seit Hans Modrows Regierungserklärung vom 17. November 1989 verschiedentlich ihre Bereitschaft zur Normalisierung ihrer Beziehungen zu Israel bekräftigt hat,[2] haben, wovon die Medien hinreichend berichtet haben, vom 29. bis 31. Januar 1990 in Kopenhagen Vertreter Israels und der DDR erste offizielle Gespräche dazu geführt. Vorausgegangen war am 22. Januar 1990 in Ost-Berlin ein Staatsakt, während dessen erstmals sechs Bürger der DDR die Auszeichnung "Gerechter unter den Völkern" der Gedenkstätte Yad Vashem in Jerusalem überreicht worden ist. Die Auszeichnung nahm Israels früherer Innen- und Religionsminister Dr. Joseph Burg vor. Eine höchst bemerkenswerte Rede hielt während des Staatsaktes der stellvertretende Ministerpräsident für Kirchenfragen, Lothar de Mazière. Im einzelnen kann darauf hier nicht eingegangen werden (siehe Neue Zeit, 23.1.1990, S. 1 f.; Nachrichtenblatt, März 1990, S. 15).

Unterdessen fand vom 7. bis 9. März 1990 eine weitere Verhandlungsrunde in Kopenhagen statt, und die Fortführung der Gespräche ist beiderseits in Aussicht gestellt worden. Zu den dabei noch zu lösenden Hauptproblemen gehören (nach wie vor): die Frage der Wiedergutmachung und die Revision der jahrzehntelangen Politik des Antizionismus und Antiisraelismus seitens der DDR-Regierung. Zwei wichtige Schritte auf dem Wege zur Lösung dieser Probleme sind noch von der Regierung Hans Modrows getan worden, zum einen in Gestalt eines Briefes, den Hans Modrow Anfang Februar 1990 an den Präsidenten des Jüdischen Weltkongresses sowie an Israels Premier geschrieben hat, und zum anderen in Gestalt einer während der zweiten Kopenhagener Verhandlungsrunde vom Leiter der DDR-Delegation abgegebenen Erklärung zum Thema Zionismus/Antizionismus. Dem o.g. Brief Hans Modrows an den Präsidenten des Jüdischen Weltkongresses sowie Israels Premier beigefügt war eine

---

2 Eine umfassende Aufarbeitung der Beziehungen oder besser: Nicht-Beziehungen zwischen der DDR und dem Staat Israel ist meines Wissens noch ein Desideratum.

Erklärung, die folgenden Wortlaut hat: *"Die DDR anerkennt die Verantwortung des gesamten deutschen Volkes für die Vergangenheit. Diese ergibt sich aus der tiefen Schuld des Hitlerfaschismus, der im Namen des deutschen Volkes schlimmste Verbrechen am jüdischen Volk begangen hat. Unverändert steht die DDR zu ihrer Verpflichtung, alles gegen Rassismus, Nazismus, Antisemitismus und Völkerhaß zu tun, damit auch künftig von deutschem Boden nie wieder Krieg und Faschismus, sondern nur noch Frieden und Völkerverständigung ausgehen. Die DDR hat ihre völkerrechtlichen Pflichten aus dem Potsdamer Abkommen in vollem Umfang erfüllt. Sie anerkennt ihre humanitäre Verpflichtung gegenüber den Überlebenden des jüdischen Volkes, die unter Naziunterdrückung gelitten haben und bekräftigt die Bereitschaft zur solidarischen materiellen Unterstützung ehemaliger Verfolgter des Naziregimes jüdischer Herkunft"* (zit. in Berliner Zeitung, 9.2.1990, S. 1).

Bisher ist diese Erklärung (nur) ein Blatt beschriebenen Papiers. Die durch sie (neu) genährten Wiedergutmachungserwartungen auf seiten Israels wie des Jüdischen Weltkongresses, die sich an den Luxemburger Vereinbarungen mit der Bundesrepublik aus dem Jahre 1952 orientieren., sind bislang ebenso wenig erfüllt wie es bisher auch noch nicht zu den in Modrows Brief an Israels Premier zusätzlich in Aussicht genommen *"Gesprächen über die Regelung vermögensrechtlicher Fragen, die von israelischen Bürgern gestellt werden"*, gekommen ist. Auch die Erklärung des Leiters der DDR-Delegation bei den Kopenhagener Gesprächen, *"daß die DDR gegenwärtig neue Positionen zum Zionismus erarbeite"* (zit. in Neues Deutschland, 14.3.1990, S. 3), ist bisher nicht eingelöst worden.[3] Wenn auch die Regierung der DDR am 8. März 1990 die Gründung einer mit 6,2 Millionen DM ausgestatteten Stiftung zugunsten der israelischen Stiftung "Amcha", die heute in Israel lebenden Überlebenden des Holocaust und an Spätschäden der Naziverfolgung Leidenden psychosoziale Hilfe leistet, beschlossen hat, so ist dies als ein humanitärer Akt zu würdigen, der die eigentliche Wiedergutmachungsproblematik indessen nicht löst. Gleichwohl ist das Besondere an diesem Beschluß (siehe Berliner Zeitung, 9.3.1990, S. 1), daß durch ihn erstmals *"solidarische materielle Unterstützung ehemaliger Verfolgter des Naziregimes"*, wie es in der oben zitierten Erklärung

---

3 Bereits am 26. Januar 1990 haben sich die Arbeitsgemeinschaften Kirche und Judentum der Evangelischen Kirchen in der DDR und die Aktion Sühnezeichen in der DDR in einem Schreiben mit der Bitte an den damaligen Ministerpräsidenten Hans Modrow gewandt, sich "vorbehaltlos allen aus der geschichtlichen Verantwortung der DDR als eines deutschen Staates resultierenden Fragen offen und ehrlich zu stellen" und zugleich "öffentlich und unmißverständlich ... von der jahrzehntelang praktizierten Politik des Antizionismus und ihrer außen- und innenpolitischen Folgen" abzukehren und dazu der nächsten UN-Vollversammlung "den Vorschlag zu unterbreiten, die genannte Resolution (scil. vom 10.11.1975, in der Zionismus als Rassismus verurteilt wird) für ungültig zu erklären".

Hans Modrows heißt, zugunsten von Betroffenen geleistet wird, die nicht Bürger der DDR sind und nicht in der DDR leben. Bislang nämlich wurde solche Unterstützung ausschließlich an in der DDR lebende anerkannte Opfer des Faschismus, wie der amtliche Terminus lautet, in Gestalt einer monatlich gezahlten Ehrenpension in Ergänzung zur allgemeinen Rente gewährt. Mit der Gründung der Vereinigung "Stiftung Amcha in der DDR e.V." am 17. März 1990 ist der erste Schritt zur Verwirklichung des genannten Regierungsbeschlusses getan worden.

Zu erwähnen ist schließlich, wenn es um die Beziehungen zu Israel geht, die Gründung einer "Gesellschaft DDR-Israel für Verständigung und Zusammenarbeit e.V.". Während eines Symposiums der Berliner Jüdischen Gemeinde am 11. November 1989 angeregt, wurde eine entsprechende Initiative durch eine Pressemitteilung am 5. Januar 1990 auf den Weg gebracht. Die formelle Gründung dieser Gesellschaft fand dann am 31. März 1990 in Berlin statt. Dabei ist die Frage natürlich berechtigt, und sie ist oft auch schon gestellt worden, ob die Gründung einer solchen Gesellschaft, deren Anliegen es ist, dem gegenseitigen Kennenlernen der Menschen Israels und der DDR, dem gegenseitigen Austausch und Gespräch und der Förderung kultureller und wissenschaftlicher Zusammenarbeit dienen zu können, heute, gleichsam am Vorabend der Aufgabe eigenstaatlicher Existenz der DDR noch einen Sinn macht, oder ob eine solche Aktivität ebenso wie auch die begonnenen diplomatischen Verhandlungen nicht zu spät, viel zu spät kommt. In der Tat ist dies spät, aber nicht zu spät; denn selbst wenn die Eigenstaatlichkeit der DDR in absehbarer Zeit nicht mehr gegeben ist, so haben doch diejenigen, die bis dato Bürger der DDR sind, gegenüber Israel noch immer eine eigene Tagesordnung, nämlich jene aus vierzig Jahren gegenseitigen Nicht-wahrnehmens sich ergebenden Probleme aufzuarbeiten.[4]

IV. Innerjüdische Differenzierungen

Der innergesellschaftliche Differenzierungsprozeß, wie er sich an der Gründung einer Vielzahl von politischen Parteien, Bürgerbewegungen, gesellschaftlichen Vereinigungen und Interessengemeinschaften ablesen läßt, hat auch vor den Toren der jüdischen Gemeinden nicht halt gemacht. Die Rede ist hier nicht von der Neukonstituierung und Wiedereinsetzung in die Rechte der von den Nazibehörden 1939 aufgelösten orthodoxen Gemeinde Adass Jisroel mit allen

---

4 Eine Dokumentation zur Vorbereitung und Gründung der Gesellschaft DDR-Israel befindet sich im Druck.

damit zusammenhängenden Problemen, Auseinandersetzungen und Schwierigkeiten. Dies wäre ein eigenes Thema, dessen sachgerechte Behandlung weit über den hier gebotenen Rahmen hinausginge.[5] Die Rede ist hier vom Jüdischen Kulturverein. Am 13. Dezember 1989 berichtete die Tageszeitung "Neue Zeit" auf ihrer ersten Seite: *"Eine Gruppe jüdischer Bürger in Berlin hat vorgeschlagen, in der DDR einen jüdischen Kulturverein zu gründen. Er soll ... der Zusammenschluß von in der DDR lebenden Bürgern jüdischer Herkunft und ihren Angehörigen unabhängig von ihrer Weltanschauung sein und ist dem Gedenken der Millionen jüdischer Opfer verpflichtet. Der Verein richtet seine Aufmerksamkeit auf die Geschichte der Juden und auf die Verbreitung des Wissens über jüdische Geschichte und Kultur und erstrebt mit seiner Tätigkeit die Bewahrung des Judentums und des jüdischen Lebens, die Wahrnehmung der Interessen von Bürgern jüdischer Herkunft und ihrer Angehörigen sowie die Verbreitung des Wissens um jüdische Geschichte und Gegenwart."*

Die Gründungsveranstaltung des mit dem eben zitierten Aufruf vorgeschlagenen Jüdischen Kulturvereins fand am 22. Januar 1990 im Kulturraum der Berliner Jüdischen Gemeinde statt. Im Nachrichtenblatt des Verbandes der Jüdischen Gemeinden in der DDR wird darüber berichtet: *"Zahlreiche Briefe aus der gesamten DDR hatten zuvor gezeigt, daß es in vielen Orten Bürger jüdischer Herkunft gibt, die an einer Mitgliedschaft interessiert sind. Der Kulturverein steht allen in der DDR lebenden Bürgern aus jüdischen Familien und ihren Angehörigen offen und ist an der Zusammenarbeit mit Personen und Organisationen interessiert, die sich mit der Geschichte und Gegenwart des Judentums beschäftigen. Er strebt Kontakte zu jüdischen Gruppen und Organisationen in aller Welt, besonders in Israel, an"* (Ebd., März 1990, S. 24). Unterdessen hat der Kulturverein am 31. März 1990 seine erste ordentliche Mitgliederversammlung veranstaltet und darüberhinaus bereits erste, seinem Anliegen dienende kulturelle Veranstaltungen durchgeführt, die sich guten Zuspruchs erfreuen. Angekündigt hat der Vorstand des Kulturvereins, gemeinsam mit der Lauder-Foundation die Vorbereitungen zur Eröffnung eines jüdischen Cafè-Hauses in der Oranienburger Straße; das einmal ein kulturelles Zentrum im Herzen Berlins werden soll.

So sehr die einen die Gründung dieses Kulturvereins begrüßt haben, so problematisch ist sie anderen, gerade des formulierten Selbstverständnisses des Kulturvereins wegen. Nach eigenem Selbstverständnis will er - wie oben zitiert - *"allen in der DDR lebenden Bürgern aus jüdischen Familien und ihren Angehörigen offen"* stehen und - so heißt es ergänzend in der Berliner Zeitung vom 24. Januar 1990 (S. 2) - *"Bürgern jüdischer Herkunft und ihren Angehöri-*

---

5 Als selbständige Gemeinde ist Adass Jisroel nur in Ost-Berlin anerkannt; sie ist aber nicht Mitglied des Verbandes der Jüdischen Gemeinden in der DDR.

gen jüdische Geschichte und Kultur nahebringen und das Andenken der von den Faschisten ermordeten Juden ehren". Manche Vertreter der jüdischen Gemeinde, die - der deutsch-jüdischen Tradition folgend - ihr Judentum bzw. Judesein ausschließlich in der Bindung an eine Religionsgemeinde und als religiöse Identität begreifen, sehen in diesem Kulturverein daher nicht nur eine säkulare Konkurrenz zur Religionsgemeinde, sondern betrachten seine Gründung zugleich auch als eine Art Spaltung der jüdischen Gemeinschaft. Sie vermuten, daß über jenen Kulturverein nun all jene *"Bürger jüdischer Herkunft und ihre Angehörigen"* (ob diese auch "jüdischer Herkunft" sein müssen, geht aus dem Text nicht hervor) in die jüdische Gemeinschaft aufgenommen werden sollen oder können, denen die bestehenden Religionsgemeinden und ihre Vorstände eine Aufnahme - aus welchen Gründen im einzelnen auch immer - nicht ermöglichen.

Für andere bedeutet die Begrenzung der Mitgliedschaft auf "Bürger jüdischer Herkunft" nicht nur eine Art "Arierparagraph", sondern zugleich auch eine - von ihnen im übrigen bedauerte - Ausgrenzung und in gewissem Sinne auch Diskreditierung all der "Bürger nicht-jüdischer Herkunft", die sich in der Vergangenheit, als es in Staat und Gesellschaft nicht immer und durchaus nicht opportun gewesen ist (!), um die Bewahrung und Pflege jüdischer Kultur und jüdischen Erbes ebenso wie um Verbreitung jüdischen Wissens bemüht und verdient gemacht haben. (Übrigens ist dies unterdessen auch von Mitgliedern des Kulturvereins selbst empfunden worden, weshalb man jetzt noch einen Freundeskreis des Jüdischen Kulturvereins gebildet hat, der interessierten Nichtjuden zur Mitgliedschaft offensteht).

Andere befürchten darüberhinaus, daß das Selbstverständnis des Kulturvereins, das Judesein nicht ausschließlich in religiösen Kategorien faßt und daher nicht an die Zugehörigkeit resp. Mitgliedschaft in einer Synagogengemeinde bindet, also mit der bislang gewahrten deutsch-jüdischen Tradition bricht, am Ende möglicherweise eine Diskussion um das Problem Judentum als nationale Minderheit auslöst, wie sie derzeit zum Beispiel in Ungarn und Polen, aber auch in der Sowjetunion (neu) aufgebrochen ist (Borodowskij 1990; Kovàcs 1983/1988; Kanowitsch 1990; Krajewski 1990; Tschlenov 1989), und damit indirekt mindestens nationalistische Tendenzen in Teilen der nichtjüdischen deutschen Gesellschaft in die Hände spielt, die in den Juden Fremde, Ausländer gar, nicht aber Deutsche sehen wollen. Wieder andere schließlich sind der Meinung, daß sich der Kulturverein durch sein erstes öffentliches Auftreten, nämlich durch seine gemeinsam mit der SED-PDS und einigen anderen linken und marxistischen Gruppen unter einen Aufruf zu einer Demonstration am 17. Januar 1990 zu Ehren von Karl Liebknecht und Rosa Luxemburg gesetzte Unterschrift und seine auch darüberhinaus dokumentierte - personale - Nähe zur SED-PDS um seine politische Glaubwürdigkeit gebracht hat. Wie dem auch sei, der Kulturverein hat sich - außerhalb der Synagogengemeinde etabliert, eine kontinuierliche Arbeit begonnen, wie nicht zuletzt an seinem Veranstaltungsprogramm abzulesen ist, und dies alles durchaus in einer gewissen Konkurrenz zur Religionsgemeinde.

V. Furcht vor neuem Antisemitismus

Während es vor allem im Dezember 1989 und im Januar 1990 und gelegentlich auch in den Wochen des Wahlkampfes unmittelbar vor dem Termin der Wahlen zur Volkskammer am 18. März 1990 so schien, zumindest vordergründig, als würden Glasnost und Perestroika in der DDR dieselben Folgen haben wie in den anderen Mittel- und Osteuropäischen Ländern, ganz zu schweigen von der Sowjetunion, nämlich ein dramatisches Anwachsen nationalistischer Tendenzen und damit auch eines neuen Antisemitismus, der in den Juden wiederum die Schuldigen für alle Fehlentwicklungen und Mißerfolge der Perestroika sieht, so ist diese Sorge wieder ruhig(er) geworden. Das bedeutet freilich nicht, daß es plötzlich keinerlei Antisemitismus in der DDR mehr gäbe. In der Tat häuften sich - wie bekannt und von den Medien hinreichend publik gemacht (Arenz 1992) - vor allem im Dezember 1989 und Januar 1990 Vorfälle von Schändungen jüdischer Friedhöfe und - parallel dazu auffälligerweise - sowjetischer Soldatenfriedhöfe und Ehrenmale; besonders spektakulär war die Schändung des sowjetischen Ehrenmals im Berliner Treptower Park Anfang Januar 1990. Die Täter solcher Schändungen sind, von drei Fällen abgesehen, nicht gefunden worden; vielleicht - dieses Eindrucks kann man sich als unvoreingenommener Beobachter schwerlich erwehren - konnten und sollten sie auch gar nicht gefunden werden, da es sich um offenbar inszenierte Vorfälle handelte. Vorfälle, die inszeniert worden sind, um die Existenzberechtigung, ja Existenznotwendigkeit bestimmter Sicherheitsorgane nachdrücklichst unter Beweis stellen zu können. Denn just zu dem Zeitpunkt, zu dem endgültig klar war, daß diese Sicherheitsorgane in der DDR keine Neuauflage erleben werden, hörten auch die Friedhofsschändungen auf und haben sich bis heute nicht wiederholt. Gleiches gilt auch für das im Wahlkampf von einer bestimmten Partei immer wieder in grellsten Farben an die Wand gemalte Schreckgespenst des Neonazismus, der sich in rasanter Geschwindigkeit in der DDR ausbreite, nicht zuletzt deshalb, weil man angesichts der von den Bürgerkomitees vorgenommenen Versiegelung gewisser Aktenbestände nichts mehr über den Trägerkreis dieses rechtsradikalen und neonazistischen Ideengutes in Erfahrung bringen könne und daher auch nicht mehr in der Lage sei, entsprechend gegen solche Personen und Gruppierungen vorzugehen. Doch nachdem all die im Vorwahl-

und Wahlkampf in den ersten Monaten des Jahres 1990 vorausgesagten Aktivitäten, die von Neonazis in der DDR geplanten Aufmärsche etc., angefangen von dem für den 30. Januar 1990 vorausgesagten neonazistischen Marsch auf Berlin, nicht stattgefunden haben und die dagegen organisierten Demonstrationen wie Seifenblasen geplatzt sind, ist es auch um dieses "Argument" wieder still geworden. Neonazismus und Antisemitismus aus innenpolitischen oder auch nur wahlkampftaktischen Gründen zu instrumentalisieren, ist bislang jedenfalls nicht, vielleicht sollte man jedoch vorsichtiger sagen: noch nicht gelungen. Daß es sich hier tatsächlich um eine Instrumentalisierung handelt, darf man einem Interview entnehmen, das das italienischsprachige Schweizer Fernsehen RTSI mit Markus Wolf, dem ehemaligen Vizeminister für Staatssicherheit und Chef der Hauptabteilung Aufklärung des früheren Ministeriums für Staatssicherheit der DDR, geführt und am 12. Januar 1990 ausgestrahlt hat. In besagtem Interview hat Markus Wolf in perfider Weise die Lage ehemaliger Stasi-Mitarbeiter und SED-Genossen in der DDR nach der Wende mit dem Schicksal der Juden in Nazideutschland verglichen und die Auseinandersetzung mit der von dem "Juden Gregor Gysi" geführten SED-PDS als antisemitische Aktivität eingestuft (Lutherische Weltinformation, 18.1.1990, S. 10). Und wenn man dann Ende März 1990 neben dem Grenzübergang Heinrich-Heine-Straße in Berlin geschrieben lesen konnte: "Gysi nach Israel", dann fühlte man sich an Markus Wolfs Worte erinnert und begann eigene Schlußfolgerungen zu ziehen...

Ohne mit dem Vorstehenden die in der gegenwärtigen "noch-DDR" tatsächlich auch vorhandene Gefahr eines plötzlich aufbrechenden Antisemitismus leugnen oder auch nur verharmlosen zu wollen, kann man gleichwohl feststellen, daß die Sorge, ja die nackte Angst ums Überleben, die derzeit weite Kreise der Juden in der Sowjetunion erfaßt hat und sie zu Hunderten und Tausenden das Land verlassen läßt, (Kanowitsch 1990; Kerneck 1990; Sinjawski 1990), von den Juden in der DDR bisher jedenfalls nicht geteilt wird. Rein äußerlich hat sich an ihrer konkreten Lebenssituation nur wenig geändert; und von den Juden aus der Sowjetunion wird ihre Situation, wird die Lage in der DDR offenbar als so gut angesehen, daß schon jetzt eine spürbare, in deutlichem Zunehmen begriffene stete Einwanderung von Juden aus der Sowjetunion eingesetzt hat, die in der DDR kommen mit der festen Absicht, in der DDR um Asyl nachzusuchen und also hier zu bleiben.[6]

---

6 Geradezu auffällig oft und ausführlich berichten Zeitungen in der DDR in der letzten Zeit von der sich zunehmend verschlechternden Situation der Juden in der Sowjetunion und ihren Auswanderungsbemühungen vorab nach Israel.

VI. Jüdisches Leben in der DDR heute

Wenn es eben hieß, daß sich an der konkreten Lebenssituation der Juden in der DDR rein äußerlich nur wenig geändert hat, so bezieht sich dies zunächst und vor allem auf das Leben und die Arbeit der jüdischen Gemeinden als Institutionen. Sie führen ihre Arbeit in der gewohnten Weise fort, ebenso in den Gemeindeeinrichtungen wie in der Stiftung "Neue Synagoge Berlin - Centrum Judaicum". Die finanzielle Absicherung ihrer Tätigkeit durch Kostenübernahme durch den Staat ist - wie bisher - garantiert. Durch Regierungsbeschluß vom 8. März 1990 (Berliner Zeitung, 9.3.1990, S. 1) ist das Budget der jüdischen Gemeinden sogar noch etwas aufgestockt und ihre materielle Situation insgesamt etwas verbessert worden. Auch die um Verständigung und Zusammenarbeit mit den jüdischen Gemeinden bemühten Organisationen und Gruppierungen, wie die Aktion Sühnezeichen, die Arbeitsgemeinschaften Kirche und Judentum, die Evangelische Akademie u.a., führen wie bisher ihre Arbeit weiter (Schreiner 1990b), wofür ihnen kürzlich erst seitens des Vorstandes der Ost-Berliner Jüdischen Gemeinde erneut ein offizielles Wort des Dankes gesagt worden ist. Erwähnung verdient in diesem Zusammenhang auch der Vortrag, den der stellvertretende Vorsitzende der Ost-Berliner Jüdischen Gemeinde und Direktor der Stiftung "Neue Synagoge Berlin - Centrum Judaicum" anläßlich der Eröffnung der "Woche der Brüderlichkeit" am 4. März 1990 in der West-Berliner "Freien Volksbühne" gehalten hat. Darin hatte er u.a. betont, daß gerade *"in der gegenwärtigen Situation einer dynamischen Veränderung politischer Verhältnisse, 'die auch unseren Lebensraum wesentlich berührt', ... die jährlich stattfindende Woche eine neue Aktualität"* gewinne. *"Brüderlichkeit sei heute mehr denn je gefragt, 'wo die Möglichkeit der Eskalation von Gewalt gegen den Nebenmenschen zu einer realen Gefahr führen kann.' Die Jüdische Gemeinde Berlin ... wolle sich nach ihren Möglichkeiten künftig in die Bemühungen der Gesellschaft für christlich-jüdische Zusammenarbeit verstärkt mit einbringen"* (zit. in Neue Zeit, 7.3.1990, S. 2).

Um einiges größer geworden, vielfältiger natürlich auch, sind die Möglichkeiten der jüdischen Gemeinden, mit ausländischen, internationalen jüdischen Organisationen zusammenzuarbeiten, oder überhaupt erst einmal in engeren Kontakt zu kommen. Ob dies am Ende auch dazu führen wird, daß wieder einmal ein - für längere Zeit amtierender - Gastrabbiner für die Arbeit in den jüdischen Gemeinden in der DDR gewonnen werden kann, steht derzeit ebenso wie vieles andere auch noch ganz in den Sternen. Eine Beantwortung dieser Frage wird nicht zuletzt auch davon abhängen, in welcher Weise die im Verband der Jüdischen Gemeinden in der DDR zusammengeschlossenen Gemeinden in Zukunft ihre Beziehungen zu den Mitgliedsgemeinden des Zentralrates der Juden in Deutschland gestalten werden.

Wenn von einer Änderung in der Haltung der jüdischen Gemeinden in der DDR gegenüber Staat und Gesellschaft gesprochen werden kann, dann in dem Sinne, daß man fernerhin stärker auf der Eigenständigkeit und auch Unabhängigkeit der Gemeinden gegenüber Staat und Gesellschaft insistiert; eine nochmalige so enge Anlehnung an eine politische Partei wie in der Vergangenheit kommt nicht wieder in Frage und wird es folglich nicht wieder geben. Noch am 4. Dezember 1989 hat sich der Verband der Jüdischen Gemeinden in der DDR - gleichsam als Antwort auf Bundeskanzler Kohls "Zehn-Punkte-Plan zur deutschen Einheit" vom 27. November 1989 - mit allem Nachdruck dafür ausgesprochen, daß *"die deutsche Frage genauso offen ist wie die Zukunft Europas"*. Entsprechend hat sich der Verband in seiner Erklärung, die den eben zitierten Satz als Überschrift trägt und am 5. Dezember 1989 in der Tagespresse veröffentlicht worden ist, zum entschiedenen Fürsprecher der deutschen Zweistaatlichkeit gemacht und für die Aufrechterhaltung der Zweistaatlichkeit Deutschlands als Urteil der Geschichte plädiert (Neue Zeit 5.12.1989, S. 1 f.; Nachrichtenblatt, März 1990, S. 12). Doch diese Erklärung ist - wie so vieles andere auch - durch den Gang der Ereignisse längst zur Makulatur geworden und inhaltlich gänzlich von der Tagesordnung gestrichen. Auch im Verband der Jüdischen Gemeinden in der DDR hat man begonnen, über eine Vereinigung mit dem Zentralrat der Juden in Deutschland nachzudenken; und erste Schritte in diese Richtung sind unterdessen bereits getan worden. Am 6. Februar 1990 fand in West-Berlin ein erstes Treffen von Vertretern des Zentralrates der Juden in Deutschland und des Verbandes der Jüdischen Gemeinden in der DDR statt,[7] bei dem laut Kommuniqué "Möglichkeiten einer umfassenden Zusammenarbeit in der Zukunft" erörtert worden sind (Neue Zeit, 7.2.1990, S. 2). Zwischenzeitlich wurden diese Überlegungen bereits während der letzten ordentlichen Verbandstagung am 31. März/1. April 1990 in Dresden fortgeführt, an der - *"ein Politikum von ganz besonderer Bedeutung"* (Neue Zeit, 3.4.1990, S. 6) - erstmals der Vorsitzende des Zentralrates der Juden in Deutschland offiziell teilgenommen hat. In einem am Rande der Verbandstagung mit der Nachrichtenagentur ADN geführten Interview erklärte der Vorsitzende des Zentralrates der Juden in Deutschland, durch seine Teilnahme *"wolle er... den Verband der Jüdischen Gemeinden in der DDR politisch und moralisch stärken"*. Für ihn sei *"der Verband einziger Ansprechpartner für jüdische Angelegenheiten ... und diesbezüglich die einzige legitime Vertretung"* (zit. in Neue Zeit, 3.4.1990, S. 6).

Ob allerdings - wie gelegentlich schon spekuliert wird - diese Vereinigung von Verband der Jüdischen Gemeinden in der DDR und Zentralrat der Juden in

---

7 Seit seiner Gründung am 19. Juli 1950 bis zum Frühjahr 1953 gehörten die jüdischen Gemeinden in der DDR dem Zentralrat der Juden in Deutschland an; der Verband der jüdischen Gemeinden in der DDR ist erst nach dieser Trennung gegründet worden.

Deutschland schon alsbald zustande kommen wird, also vielleicht das Haus in der Oranienburger Straße 28 wieder das Zentralbüro werden wird oder/und der Wiederaufbau der Neuen Synagoge in Berlin, der kontinuierlich weitergeführt wird, am Ende als jüdisches Museum für ganz Berlin dient und damit den Bau des für West-Berlin geplanten jüdischen Museums letztlich überflüssig macht, all das steht derzeit noch völlig dahin. Vorerst merkt der Besucher der kleinen Betstube in der Synagoge in der Rykestraße am Erev Schabbat (Freitagabend) nur, daß der Raum zum Gottesdienst immer voll besetzt ist und daß sich unter denen, die sich da zum Abendgebet versammelt haben, immer wieder neue Gesichter finden, und zwar nicht nur von Personen, die in Ost-Berlin leben...

Nachwort

Bei dem vorangegangenen Text handelt es sich um eine leicht überarbeitete Fassung meines Vortrages, der anläßlich der Tagung der Fachgruppe Sozialwissenschaft der Gesellschaft für Deutschlandforschung e.V. am 12. April 1990 in der Akademie für Politische Bildung in Tutzing gehalten worden ist. Bei der Überarbeitung ist bewußt davon abgesehen worden, die weitere, seit dem Vortragstage eingetretene Entwicklung einzubeziehen; denn aus der Rückschau ist der 12. April 1990 im Hinblick auf das Thema des Vortrages in gewissem Sinne eine Zäsur, markiert durch die international stark beachtete Erklärung, die die am 18. März 1990 gewählte Volkskammer der DDR anläßlich ihrer ersten Tagung verabschiedet hat. So aber möchte der vorstehende Beitrag gleichsam ein Resümee der Übergangszeit, welche die Amtszeit der Regierung Modrow gewesen ist, im Hinblick auf die im Thema angesprochene Problematik sein. Eine Einbeziehung der seit dem 12. April 1990 eingetretenen Entwicklung würde demgegenüber den gesetzten Rahmen und das damit verbundene Anliegen gesprengt haben.

Literatur

Arenz, Waltraud: Skinheads in der DDR. In: Minderheiten in und Übersiedler aus der DDR. Hrsg. von Dieter Voigt/Lothar Mertens. Berlin 1992.

Borodowskij, Mark: Jüdisches Leben in Moskau heute. In: Judaica, 46. Jg. (1990), H. 2, Basel, S. 113-117.

Eschwege, Helmut: Die jüdische Bevölkerung der Jahre nach der Kapitulation Hitlerdeutschlands auf dem Gebiet der DDR bis zum Jahre 1953. In: Siegfried Theodor Arndt/Helmut Eschwege/Peter Honigmann/Lothar Mertens: Juden in der DDR. Geschichte - Probleme - Perspektiven. (Arbeitsmaterialien zur Geistesgeschichte, Bd. 4). Köln 1988, S. 63-100.

Kanowitsch, Grigori: Die jüdische Kamillenblüte. In: Judaica, 46. Jg. (1990), H. 2, Basel, S. 118-125.

Kerneck, Barbara: Die Reihen lichten sich. In: Die Tageszeitung (DDR-Ausgabe), 21. März 1990, Berlin, S. 6.

Kovàcs, Andras: Die Juden in der heutigen Ungarischen Gesellschaft. In: Sociologisch Tijdschrift, 10. Jg. (1983), S. 242-286.

Kovàcs, Andras: Das Dilemma der Assimilation - zur Genese der Identität ungarischer Juden. In: Rainer Bauböck et. al. (Hg.): "... und raus bist du!" Ethnische Minderheiten in der Politik. Wien 1988, S. 267-279.

Krajewski, Stanislaw: In Warschau heute Jude sein. In: Judaica, 46. Jg. (1990), H. 2, Basel, S. 82-98.

Mertens, Lothar: Schwindende Minorität. Das Judentum in der DDR. In: Siegfried Theodor Arndt/Helmut Eschwege/Peter Honigmann/Lothar Mertens: Juden in der DDR. Geschichte - Probleme - Perspektiven. (Arbeitsmaterialien zur Geistesgeschichte, Bd. 4). Köln 1988, S. 125-159.

Nachrichtenblatt des Verbandes der Jüdischen Gemeinden in der DDR. Dresden 1989-1990.

Schreiner, Stefan: Die jüdischen Gemeinden in der DDR. In: Orientierung, 54. Jg., Nr. 4, 28. Feb. 1990a, Zürich, S. 41-45.

Schreiner, Stefan: Interview. In: Jüdische Gemeindezeitung Frankfurt/M., Pessach 5750, Frankfurt/M. 1990b, S. 16-17.

Sinjawski, Andrej: Spiel mit dem Feuer über russische Nationalisten und Antisemitismus. In: Die Tageszeitung, 6. März 1990, Berlin.

Tschlenov, Michail: A Voice in the Wilderness. In: Soviet Jewish Affairs, 19. Jg. (1989), London, S. 47-50.

DIE VERFASSERINNEN UND VERFASSER

Waltraud Arenz
geb. 1961; M.A., Wissenschaftliche Mitarbeiterin im Gesamtdeutschen Institut - Bundesanstalt für gesamtdeutsche Aufgaben, Bonn.
Studium der Fächer Politische Wissenschaft, Neuere Geschichte und Soziologie in Bonn.
Arbeitsschwerpunkte: Jugend und Jugendpolitik in der DDR.

Hannelore Belitz-Demiriz
geb. 1953; Dr. Sportwiss., Wissenschaftliche Mitarbeiterin an der Ruhr-Universität Bochum.
Studium der Fächer Geographie, Sport- und Sozialwissenschaft in Bochum.
Arbeitsschwerpunkte: Sport- und Freizeitsoziologie, vergleichende Deutschlandforschung.

Wilhelm Bleek
geb. 1940; Dr. phil. Dr. rer. pol., Professor für Politische Wissenschaft an der Ruhr-Universität Bochum
Studium der Fächer Politische Wissenschaft, Neuere Geschichte und Öffentliches Recht in Bonn und an der FU Berlin.
Arbeitsschwerpunkte: Politische Systeme in Deutschland, Öffentlicher Dienst, Systemvergleich.

Peter Brenske
geb. 1956; Wissenschaftlicher Mitarbeiter.
Studium der Fächer Sozialwissenschaft und Wirtschaftswissenschaft in Hamburg und Bochum.
Arbeitsschwerpunkte: Wohnungsbau in der DDR.

Karl Wilhelm Fricke
geb. 1929; Redakteur beim Deutschlandfunk in Köln, Leiter der Ost-West-Redaktion.
Studium der Fächer Rechtswissenschaft und Soziologie in Wilhelmshaven und Berlin.
Arbeitsschwerpunkte: Politik und Geschichte der SED, politische Strafjustiz in der DDR.

Siegfried Grundmann
geb. 1938; Prof. Dr. sc. phil., Wissenschaftlicher Mitarbeiter am Berliner Institut für Sozialwissenschaftliche Studien GmbH.
Studium des Faches Philosophie in Leipzig.
Arbeitsschwerpunkte: Stadt- und Territorialsoziologie, Migrationsforschung.

Sabine Meck
geb. 1955; Dr. rer. soc., freiberufliche Publizistin.
Studium der Fächer Sozialwissenschaft, Slawistik und Sportwissenschaft in Bochum und Gießen.
Arbeitsschwerpunkte: DDR- und Sowjetunionforschung, Public Relations.

Lothar Mertens
geb. 1959; Dr. rer. soc., Wissenschaftlicher Mitarbeiter an der Ruhr-Universität Bochum.
Studium der Fächer Geschichte, kath. Theologie und Soziologie in Bochum und Köln.
Arbeitsschwerpunkte: Deutsche Sozial- und Bildungsgeschichte im 19./20. Jahrhundert, vergleichende Deutschland- und DDR-Forschung.

Norman M. Naimark
geb. 1944; Dr. phil., Professor für Geschichte an der Stanford Universität, Direktor des Center for Russian and East European Studies, Stanford University.
Studium des Faches Geschichte in Stanford.
Arbeitsschwerpunkte: SBZ/DDR-Geschichte, Geschichte des Kommunismus, Polnische und Russische Arbeiterbewegung.

Volker Ronge
geb. 1943; Dr. rer. pol., Professor für Allgemeine Soziologie an der Bergischen Universität-GH Wuppertal.
Studium der Fächer Politikwissenschaft und Rechtswissenschaft an der FU Berlin.
Arbeitsschwerpunkte: Gesellschaftstheorie, Migrations- und Integrationsforschung, Policy-Forschung.

Ines Schmidt
geb. 1956; Dr. phil., Wissenschaftliche Mitarbeiterin am Berliner Institut für Sozialwissenschaftliche Studien GmbH.
Studium des Faches Soziologie in Berlin (Ost).
Arbeitsschwerpunkte: Stadt- und Territorialsoziologie, Migrationsforschung.

Stefan Schreiner
geb. 1947; Dr. sc. theol., Dozent für Judaistik an der Humboldt-Universität zu Berlin.
Studium des Faches Evangelische Theologie in Halle/S.
Arbeitsschwerpunkte: Judaistik und Religionsgeschichte.

Klaus-Peter Schwitzer
geb. 1946; Dr. phil., Projektleiter am Institut für Soziologie und Sozialpolitik der Akademie der Wissenschaften in Berlin (Ost).
Studium der Fächer Philosophie und Soziologie in Berlin (Ost).
Arbeitsschwerpunkte: Alterssoziologie, Theorie der Sozialpolitik, soziale Sicherungssysteme und soziale Lage von gesellschaftlichen Gruppen.

Deutschlandforschung

Schriftenreihe der Gesellschaft für Deutschlandforschung

25 Alexander Fischer/
Günther Heydemann (Hrsg.)
Geschichtswissenschaft in der DDR
Band I: Historische Entwicklung, Theoriediskussion und Geschichtsdidaktik
XX, 564 S. 1988. DM 128,–
⟨3-428-06570-0⟩

Band II: Vor- und Frühgeschichte bis Neueste Geschichte
XVIII, 862 S. 1990. DM 198,–
⟨3-428-06800-9⟩

26 Jens Hacker /
Siegfried Mampel (Hrsg.)
Europäische Integration und deutsche Frage
177 S. 1989. DM 24,–
⟨3-428-06684-7⟩

27 Dieter Voigt (Hrsg.)
Qualifikationsprozesse und Arbeitssituation von Frauen in der Bundesrepublik Deutschland und in der DDR
238 S. 1989. DM 36,–
⟨3-428-06738-X⟩

28 Konrad Löw (Hrsg.)
Beharrung und Wandel
Die DDR und die Reformen des Michail Gorbatschow
111 S. 1990. DM 22,–
⟨3-428-06859-9⟩

29 Maria Haendcke-Hoppe /
Erika Lieser-Triebnigg (Hrsg.)
40 Jahre innerdeutsche Beziehungen
195 S. 1990. DM 32,–
⟨3-428-06952-8⟩

30 Siegfried Baske (Hrsg.)
Pädagogische Berufe in der Bundesrepublik Deutschland und in der Deutschen Demokratischen Republik
197 S. 1990. DM 24,–
⟨3-428-07052-6⟩

31 Siegfried Mampel /
Alexander Uschakow (Hrsg.)
Die Reformen in Polen und die revolutionären Erneuerungen in der DDR
Jahrbuch 1990
114 S. 1991. DM 22,–
⟨3-428-07071-2⟩

32 Karl Eckart /
Jens-Uwe Gerloff (Hrsg.)
Energiestrukturveränderungen und ihre Raumwirksamkeit in den beiden deutschen Staaten
123 S. 1991. DM 22,–
⟨3-428-07231-6⟩

33 Konrad Löw (Hrsg.)
Ursachen und Verlauf der deutschen Revolution 1989
188 S. 1991. DM 24,–
⟨3-428-07276-6⟩

Duncker & Humblot · Berlin

Abhandlungen des Göttinger Arbeitskreises

Herausgegeben vom Göttinger Arbeitskreis

1 **Polen heute.** 91 S. 1979 ⟨3-428-04387-1⟩ DM 26,–

2 **Die Sowjetunion heute.** Innenpolitik, Wirtschaft und Gesellschaft. 127 S. 1981 ⟨3-428-04883-0⟩ DM 38,–

3 **Sowjetische Weltpolitik unter Breschnew.** Von R. Dirnecker. 140 S. 1981 ⟨3-428-04909-8⟩ DM 48,–

4 **China und die Ost-West-Beziehungen.** 87 S. 1981 ⟨3-428-04954-3⟩ DM 24,–

5 **Die Sowjetunion im Übergang von Breschnew zu Andropow.** 131 S. 1983 ⟨3-428-05529-2⟩ DM 48,–

6 **Nation und Selbstbestimmung in Politik und Recht.** 108 S. 1984 ⟨3-428-05612-4⟩ DM 18,60

7 **Sowjetpolitik unter Gorbatschow.** Die Innen- und Außenpolitik der UdSSR 1985 - 1990. 150 S. 1991 ⟨3-428-07079-8⟩ DM 68,–

8 **Deutschland und das bolschewistische Rußland** von Brest-Litowsk bis 1941. 126 S. 1991 ⟨3-428-07248-0⟩ DM 44,–

9 **Preußen – Deutschland und Rußland** vom 18. bis zum 20. Jahrhundert. 118 S. 1991 ⟨3-428-07249-9⟩ DM 44,–

Duncker & Humblot · Berlin